BIRMANO
VOCABULARIO

PALABRAS MÁS USADAS

ESPAÑOL-
BIRMANO

Las palabras más útiles
Para expandir su vocabulario y refinar
sus habilidades lingüísticas

7000 palabras

Vocabulario Español-Birmano - 7000 palabras más usadas

por Andrey Taranov

Los vocabularios de T&P Books buscan ayudar en el aprendizaje, la memorización y la revisión de palabras de idiomas extranjeros. El diccionario se divide por temas, cubriendo toda la esfera de las actividades cotidianas, de negocios, ciencias, cultura, etc.

El proceso de aprendizaje de palabras utilizando los diccionarios temáticos de T&P Books le proporcionará a usted las siguientes ventajas:

- La información del idioma secundario está organizada claramente y predetermina el éxito para las etapas subsiguientes en la memorización de palabras.
- Las palabras derivadas de la misma raíz se agrupan, lo cual permite la memorización de grupos de palabras en vez de palabras aisladas.
- Las unidades pequeñas de palabras facilitan el proceso de reconocimiento de enlaces de asociación que se necesitan para la cohesión del vocabulario.
- De este modo, se puede estimar el número de palabras aprendidas y así también el nivel de conocimiento del idioma.

T&P Books Publishing
www.tpbooks.com

ISBN: 978-1-83955-065-2

Este libro está disponible en formato electrónico o de E-Book también.
Visite www.tpbooks.com o las librerías electrónicas más destacadas en la Red.

VOCABULARIO BIRMANO
palabras más usadas

Los vocabularios de T&P Books buscan ayudar al aprendiz a aprender, memorizar y repasar palabras de idiomas extranjeros. Los vocabularios contienen más de 7000 palabras comúnmente usadas y organizadas de manera temática.

- El vocabulario contiene las palabras corrientes más usadas.
- Se recomienda como ayuda adicional a cualquier curso de idiomas.
- Capta las necesidades de aprendices de nivel principiante y avanzado.
- Es conveniente para uso cotidiano, prácticas de revisión y actividades de auto-evaluación.
- Facilita la evaluación del vocabulario.

Aspectos claves del vocabulario

- Las palabras se organizan según el significado, no según el orden alfabético.
- Las palabras se presentan en tres columnas para facilitar los procesos de repaso y auto-evaluación.
- Los grupos de palabras se dividen en pequeñas secciones para facilitar el proceso de aprendizaje.
- El vocabulario ofrece una transcripción sencilla y conveniente de cada palabra extranjera.

El vocabulario contiene 198 temas que incluyen lo siguiente:

Conceptos básicos, números, colores, meses, estaciones, unidades de medidas, ropa y accesorios, comida y nutrición, restaurantes, familia nuclear, familia extendida, características de personalidad, sentimientos, emociones, enfermedades, la ciudad y el pueblo, exploración del paisaje, compras, finanzas, la casa, el hogar, la oficina, el trabajo en oficina, importación y exportación, promociones, búsqueda de trabajo, deportes, educación, computación, la red, herramientas, la naturaleza, los países, las nacionalidades y más ...

TABLA DE CONTENIDO

GUÍA DE PRONUNCIACIÓN

El sistema de transcripción 'The Myanmar Language Commission Transcription System' (MLCTS) se utiliza como una transcripción en este libro.
Una descripción de este sistema se puede encontrar aquí:
https://en.wiktionary.org/wiki/Wiktionary:Burmese_transliteration
https://en.wikipedia.org/wiki/MLC_Transcription_System

ABREVIATURAS
usadas en el vocabulario

Abreviatura en español

adj	-	adjetivo
adv	-	adverbio
anim.	-	animado
conj	-	conjunción
etc.	-	etcétera
f	-	sustantivo femenino
f pl	-	femenino plural
fam.	-	uso familiar
fem.	-	femenino
form.	-	uso formal
inanim.	-	inanimado
innum.	-	innumerable
m	-	sustantivo masculino
m pl	-	masculino plural
m, f	-	masculino, femenino
masc.	-	masculino
mat	-	matemáticas
mil.	-	militar
num.	-	numerable
p.ej.	-	por ejemplo
pl	-	plural
pron	-	pronombre
sg	-	singular
v aux	-	verbo auxiliar
vi	-	verbo intransitivo
vi, vt	-	verbo intransitivo, verbo transitivo
vr	-	verbo reflexivo
vt	-	verbo transitivo

CONCEPTOS BÁSICOS

Conceptos básicos. Unidad 1

1. Los pronombres

yo	ကျွန်ုပ်	kjunou'
tú	သင်	thin
él	သူ	thu
ella	သူမ	thu ma.
ello	၎င်း	jin:
nosotros, -as	ကျွန်ုပ်တို့	kjunou' tou.
vosotros, -as	သင်တို့	thin dou.
Usted	သင်	thin
Ustedes	သင်တို့	thin dou.
ellos	သူတို့	thu dou.
ellas	သူမတို့	thu ma. dou.

2. Saludos. Salutaciones. Despedidas

¡Hola! (fam.)	မင်္ဂလာပါ	min ga. la ba
¡Hola! (form.)	မင်္ဂလာပါ	min ga. la ba
¡Buenos días!	မင်္ဂလာနံနက်ခင်းပါ	min ga. la nan ne' gin: ba
¡Buenas tardes!	မင်္ဂလာနေ့လယ်ခင်းပါ	min ga. la nei. le gin: ba
¡Buenas noches!	မင်္ဂလာညနေခင်းပါ	min ga. la nja nei gin: ba
decir hola	နှုတ်ဆက်သည်	hnou' hsei' te
¡Hola! (a un amigo)	ဟိုင်း	hain:
saludo (m)	ဟာလို	ha. lou
saludar (vt)	နှုတ်ဆက်သည်	hnou' hsei' te
¿Cómo estáis?	နေကောင်းပါသလား	nei gaun: ba dha la:
¿Cómo estás?	အဆင်ပြေလား	ahsin bjei la:
¿Qué hay de nuevo?	ဘာထူးသေးလဲ	ba du: dei: le:
¡Chau! ¡Adiós!	နောက်မှတွေ့ကြမယ်	nau' hma. dwei. gja. me
¡Hasta la vista! (form.)	ဂွတ်ဘိုင်	gu' bain
¡Hasta la vista! (fam.)	တာ့တာ	ta. da
¡Hasta pronto!	မကြာခင်ပြန်ဆုံကြမယ်	ma gja. gin bjan zoun gja. me
¡Adiós!	နှုတ်ဆက်ပါတယ်	hnou' hsei' pa de
despedirse (vr)	နှုတ်ဆက်သည်	hnou' hsei' te
¡Hasta luego!	တာ့တာ	ta. da
¡Gracias!	ကျေးဇူးတင်ပါတယ်	kjei: zu: din ba de
¡Muchas gracias!	ကျေးဇူးအများကြီးတင်ပါတယ်	kjei: zu: amja: kji: din ba de

De nada	ရပါတယ်	ja. ba de
No hay de qué	ကိစ္စမရှိပါဘူး	kei. sa ma. shi. ba bu:
De nada	ရပါတယ်	ja. ba de
¡Disculpa!	ဆောရီးနော်	hso: ji: no:
¡Disculpe!	တောင်းပန်ပါတယ်	thaun: ban ba de
disculpar (vt)	ခွင့်လွှတ်သည်	khwin. hlu' te
disculparse (vr)	တောင်းပန်သည်	thaun: ban de
Mis disculpas	တောင်းပန်ပါတယ်	thaun: ban ba de
¡Perdóneme!	ခွင့်လွှတ်ပါ	khwin. hlu' pa
perdonar (vt)	ခွင့်လွှတ်သည်	khwin. hlu' te
¡No pasa nada!	ကိစ္စမရှိပါဘူး	kei. sa ma. shi. ba bu:
por favor	ကျေးဇူးပြု၍	kjei: zu: pju. i.
¡No se le olvide!	မမေ့ပါနဲ့	ma. mei. ba ne.
¡Ciertamente!	ရတာပေါ့	ja. da bo.
¡Claro que no!	မဟုတ်တာသေချာတယ်	ma hou' ta dhei gja de
¡De acuerdo!	သဘောတူတယ်	dhabo: tu de
¡Basta!	တော်ပြီ	to bji

3. Números cardinales. Unidad 1

cero	သုည	thoun nja.
uno	တစ်	ti'
dos	နှစ်	hni'
tres	သုံး	thoun:
cuatro	လေး	lei:
cinco	ငါး	nga:
seis	ခြောက်	chau'
siete	ခုနစ်	khun hni'
ocho	ရှစ်	shi'
nueve	ကိုး	kou:
diez	တစ်ဆယ်	ti' hse
once	တစ်ဆယ့်တစ်	ti' hse. ti'
doce	တစ်ဆယ့်နှစ်	ti' hse. hni'
trece	တစ်ဆယ့်သုံး	ti' hse. thoun:
catorce	တစ်ဆယ့်လေး	ti' hse. lei:
quince	တစ်ဆယ့်ငါး	ti' hse. nga:
dieciséis	တစ်ဆယ့်ခြောက်	ti' hse. khau'
diecisiete	တစ်ဆယ့်ခုနစ်	ti' hse. khu ni'
dieciocho	တစ်ဆယ့်ရှစ်	ti' hse. shi'
diecinueve	တစ်ဆယ့်ကိုး	ti' hse. gou:
veinte	နှစ်ဆယ်	hni' hse
veintiuno	နှစ်ဆယ့်တစ်	hni' hse. ti'
veintidós	နှစ်ဆယ့်နှစ်	hni' hse. hni'
veintitrés	နှစ်ဆယ့်သုံး	hni' hse. thuan:
treinta	သုံးဆယ်	thoun: ze
treinta y uno	သုံးဆယ့်တစ်	thoun: ze. di'

| treinta y dos | သုံးဆယ့်နှစ် | thoun: ze. hni' |
| treinta y tres | သုံးဆယ့်သုံး | thoun: ze. dhoun: |

cuarenta	လေးဆယ်	lei: hse
cuarenta y uno	လေးဆယ့်တစ်	lei: hse. ti'
cuarenta y dos	လေးဆယ့်နှစ်	lei: hse. hni'
cuarenta y tres	လေးဆယ့်သုံး	lei: hse. thaun:

cincuenta	ငါးဆယ်	nga: ze
cincuenta y uno	ငါးဆယ့်တစ်	nga: ze di'
cincuenta y dos	ငါးဆယ့်နှစ်	nga: ze hni'
cincuenta y tres	ငါးဆယ့်သုံး	nga: ze dhoun:

sesenta	ခြောက်ဆယ်	chau' hse
sesenta y uno	ခြောက်ဆယ့်တစ်	chau' hse. di'
sesenta y dos	ခြောက်ဆယ့်နှစ်	chau' hse. hni'
sesenta y tres	ခြောက်ဆယ့်သုံး	chau' hse. dhoun:

setenta	ခုနစ်ဆယ်	khun hni' hse.
setenta y uno	ခုနစ်ဆယ့်တစ်	qunxcy•tx
setenta y dos	ခုနစ်ဆယ့်နှစ်	khun hni' hse. hni
setenta y tres	ခုနစ်ဆယ့်သုံး	khu. ni' hse. dhoun:

ochenta	ရှစ်ဆယ်	shi' hse
ochenta y uno	ရှစ်ဆယ့်တစ်	shi' hse. ti'
ochenta y dos	ရှစ်ဆယ့်နှစ်	shi' hse. hni'
ochenta y tres	ရှစ်ဆယ့်သုံး	shi' hse. dhun:

noventa	ကိုးဆယ်	kou: hse
noventa y uno	ကိုးဆယ့်တစ်	kou: hse. ti'
noventa y dos	ကိုးဆယ့်နှစ်	kou: hse. hni'
noventa y tres	ကိုးဆယ့်သုံး	kou: hse. dhaun:

4. Números cardinales. Unidad 2

cien	တစ်ရာ	ti' ja
doscientos	နှစ်ရာ	hni' ja
trescientos	သုံးရာ	thoun: ja
cuatrocientos	လေးရာ	lei: ja
quinientos	ငါးရာ	nga: ja

seiscientos	ခြောက်ရာ	chau' ja
setecientos	ခုနစ်ရာ	khun hni' ja
ochocientos	ရှစ်ရာ	shi' ja
novecientos	ကိုးရာ	kou: ja

mil	တစ်ထောင်	ti' htaun
dos mil	နှစ်ထောင်	hni' taun
tres mil	သုံးထောင်	thoun: daun
diez mil	တစ်သောင်း	ti' thaun:
cien mil	တစ်သိန်း	ti' thein:

| millón (m) | တစ်သန်း | ti' than: |
| mil millones | ဘီလီယံ | bi li jan |

5. Números. Fracciones

fracción (f)	အပိုင်းကိန်း	apain: gein:
un medio	နစ်ပိုင်းတစ်ပိုင်း	hni' bain: di' bain:
un tercio	သုံးပိုင်းတစ်ပိုင်း	thoun: bain: di' bain:
un cuarto	လေးပိုင်းတစ်ပိုင်း	lei: bain: ti' pain:
un octavo	ရှစ်ပိုင်းတစ်ပိုင်း	shi' bain: di' bain:
un décimo	ဆယ်ပိုင်းတစ်ပိုင်း	hse bain: da' bain:
dos tercios	သုံးပိုင်းနစ်ပိုင်း	thoun: bain: hni' bain:
tres cuartos	လေးပိုင်းသုံးပိုင်း	lei: bain: dhoun: bain:

6. Números. Operaciones básicas

sustracción (f)	နုတ်ခြင်း	nou' khjin:
sustraer (vt)	နုတ်သည်	nou' te
división (f)	စားခြင်း	sa: gjin:
dividir (vt)	စားသည်	sa: de
adición (f)	ပေါင်းခြင်း	paun: gjin:
sumar (totalizar)	ပေါင်းသည်	paun: de
adicionar (vt)	ထပ်ပေါင်းသည်	hta' paun: de
multiplicación (f)	မြှောက်ခြင်း	hmjau' chin:
multiplicar (vt)	မြှောက်သည်	hmjau' de

7. Números. Miscelánea

cifra (f)	ကိန်းဂဏန်း	kein: ga nan:
número (m) (~ cardinal)	ကိန်း	kein:
numeral (m)	ဂဏန်းအက္ခရာ	ganan: e' kha ja
menos (m)	အနုတ်	ahnou'
más (m)	အပေါင်း	apaun:
fórmula (f)	ပုံသေနည်း	poun dhei ne:
cálculo (m)	တွက်ချက်ခြင်း	twe' che' chin:
contar (vt)	ရေတွက်သည်	jei dwe' te
calcular (vt)	ရေတွက်သည်	jei dwe' te
comparar (vt)	နိုင်းယှဉ်သည်	hnain: shin de
¿Cuánto?	ဘယ်လောက်လဲ	be lau' le:
suma (f)	ပေါင်းလဒ်	paun: la'
resultado (m)	ရလဒ်	jala'
resto (m)	အကြွင်း	akjwin:
algunos, algunas ...	အချို့	achou.
poco (adv)	အနည်းငယ်	ane: nge
resto (m)	ကျန်သော	kjan de.
uno y medio	တစ်ခုခွဲ	ti' khu. khwe:
docena (f)	ဒါဇင်	da zin
en dos	တစ်ဝက်စီ	ti' we' si
en partes iguales	ညီတူညီမျှ	nji du nji hmja.

mitad (f)	တစ်ဝက်	ti' we'
vez (f)	ကြိမ်	kjein

8. Los verbos más importantes. Unidad 1

abrir (vt)	ဖွင့်သည်	hpwin. de
acabar, terminar (vt)	ပြီးသည်	pji: de
aconsejar (vt)	အကြံပေးသည်	akjan bei: de
adivinar (vt)	မှန်းဆသည်	hman za de
advertir (vt)	သတိပေးသည်	dhadi. pei: de
alabarse, jactarse (vr)	ကြွားသည်	kjwa: de

almorzar (vi)	နေ့လယ်စာစားသည်	nei. le za za de
alquilar (~ una casa)	ငှားသည်	hnga: de
amenazar (vt)	ခြိမ်းခြောက်သည်	chein: gjau' te
arrepentirse (vr)	နောင်တရသည်	naun da. ja. de
ayudar (vt)	ကူညီသည်	ku nji de
bañarse (vr)	ရေကူးသည်	jei ku: de

bromear (vi)	စနောက်သည်	sanau' te
buscar (vt)	ရှာသည်	sha de
caer (vi)	ကျဆင်းသည်	kja zin: de
callarse (vr)	နှုတ်ဆိတ်သည်	hnou' hsei' te
cambiar (vt)	ပြောင်းလဲသည်	pjaun: le: de
castigar, punir (vt)	အပြစ်ပေးသည်	apja' pei: de

cavar (vt)	တူးသည်	tu: de
cazar (vi, vt)	အမဲလိုက်သည်	ame: lai' de
cenar (vi)	ညစာစားသည်	nja. za za: de
cesar (vt)	ရပ်သည်	ja' te
coger (vt)	ဖမ်းသည်	hpan: de
comenzar (vt)	စတင်သည်	sa. tin de

comparar (vt)	နှိုင်းယှဉ်သည်	hnain: shin de
comprender (vt)	နားလည်သည်	na: le de
confiar (vt)	ယုံကြည်သည်	joun kji de
confundir (vt)	ရောထွေးသည်	jo: dwei: de
conocer (~ a alguien)	သိသည်	thi. de
contar (vt) (enumerar)	ရေတွက်သည်	jei dwe' te

contar con ...	အားကိုးသည်	a: kou: de
continuar (vt)	ဆက်လုပ်သည်	hse' lou' te
controlar (vt)	ထိန်းချုပ်သည်	htein: gjou' te
correr (vi)	ပြေးသည်	pjei: de
costar (vt)	ကုန်ကျသည်	koun kja de
crear (vt)	ဖန်တီးသည်	hpan di: de

9. Los verbos más importantes. Unidad 2

dar (vt)	ပေးသည်	pei: de
dar una pista	အရိပ်အမြွက်ပေးသည်	aji' ajmwe' pei: de
decir (vt)	ပြောသည်	pjo: de

decorar (para la fiesta)	အလှဆင်သည်	ahla. zin dhe
defender (vt)	ကာကွယ်သည်	ka gwe de
dejar caer	ဖြုတ်ချသည်	hpjou' cha. de
desayunar (vi)	နံနက်စာစားသည်	nan ne' za za: de
descender (vi)	ဆင်းသည်	hsin: de

dirigir (administrar)	ညွှန်ကြားသည်	hnjun gja: de
disculpar (vt)	ခွင့်လွှတ်သည်	khwin. hlu' te
disculparse (vr)	တောင်းပန်သည်	thaun: ban de
discutir (vt)	ဆွေးနွေးသည်	hswe: nwe: de
dudar (vt)	သံသယဖြစ်သည်	than thaja. bji' te

encontrar (hallar)	ရှာတွေ့သည်	sha dwei. de
engañar (vi, vt)	လိမ်ပြောသည်	lain bjo: de
entrar (vi)	ဝင်သည်	win de
enviar (vt)	ပို့သည်	pou. de

equivocarse (vr)	မှားသည်	hma: de
escoger (vt)	ရွေးသည်	jwei: de
esconder (vt)	ဖုံးကွယ်သည်	hpoun: gwe de
escribir (vt)	ရေးသည်	jei: de
esperar (aguardar)	စောင့်သည်	saun. de

esperar (tener esperanza)	မျှော်လင့်သည်	hmjo. lin. de
estar (vi)	ဖြစ်နေသည်	hpji' nei de
estar de acuerdo	သဘောတူသည်	dhabo: tu de
estudiar (vt)	သင်ယူလေ့လာသည်	thin ju lei. la de

exigir (vt)	တိုက်တွန်းသည်	tai' tun: de
existir (vi)	တည်ရှိသည်	ti shi. de
explicar (vt)	ရှင်းပြသည်	shin: bja. de
faltar (a las clases)	ပျက်ကွက်သည်	pje' kwe' te
firmar (~ el contrato)	လက်မှတ်ထိုးသည်	le' hma' htou: de

girar (~ a la izquierda)	ကွေ့သည်	kwei. de
gritar (vi)	အော်သည်	o de
guardar (conservar)	ထိန်းထားသည်	htein: da: de
gustar (vi)	ကြိုက်သည်	kjai' de
hablar (vi, vt)	ပြောသည်	pjo: de

hacer (vt)	ပြုလုပ်သည်	pju. lou' te
informar (vt)	အကြောင်းကြားသည်	akjaun: kja: de
insistir (vi)	တိုက်တွန်းပြောဆိုသည်	tou' tun: bjo: zou de
insultar (vt)	စော်ကားသည်	so ga: de

interesarse (vr)	စိတ်ဝင်စားသည်	sei' win za: de
invitar (vt)	ဖိတ်သည်	hpi' de
ir (a pie)	သွားသည်	thwa: de
jugar (divertirse)	ကစားသည်	gaza: de

10. Los verbos más importantes. Unidad 3

| leer (vi, vt) | ဖတ်သည် | hpa' te |
| liberar (ciudad, etc.) | လွတ်မြောက်စေသည် | lu' mjau' sei de |

llamar (por ayuda)	ခေါ်သည်	kho de
llegar (vi)	ရောက်သည်	jau' te
llorar (vi)	ငိုသည်	ngou de

matar (vt)	သတ်သည်	tha' te
mencionar (vt)	ဖော်ပြသည်	hpjo bja. de
mostrar (vt)	ပြသည်	pja. de
nadar (vi)	ရေကူးသည်	jei ku: de

negarse (vr)	ငြင်းဆန်သည်	njin: zan de
objetar (vt)	ငြင်းသည်	njin: de
observar (vt)	စောင့်ကြည့်သည်	saun. gji. de
oír (vt)	ကြားသည်	ka: de

olvidar (vt)	မေ့သည်	mei. de
orar (vi)	ရှိခိုးသည်	shi. gou: de
ordenar (mil.)	အမိန့်ပေးသည်	amin. bei: de
pagar (vi, vt)	ပေးရှေသည်	pei: gjei de
pararse (vr)	ရပ်သည်	ja' te

participar (vi)	ပါဝင်သည်	pa win de
pedir (ayuda, etc.)	တောင်းဆိုသည်	taun: hsou: de
pedir (en restaurante)	မှာသည်	hma de
pensar (vi, vt)	ထင်သည်	htin de

percibir (ver)	သတိထားမိသည်	dhadi. da: mi. de
perdonar (vt)	ခွင့်လွှတ်သည်	khwin. hlu' te
permitir (vt)	ခွင့်ပြုသည်	khwin bju. de
pertenecer a ...	ပိုင်ဆိုင်သည်	pain zain de

planear (vt)	စီစဉ်သည်	si zin de
poder (v aux)	တတ်နိုင်သည်	ta' nain de
poseer (vt)	ပိုင်ဆိုင်သည်	pain zain de
preferir (vt)	ပိုကြိုက်သည်	pou gjai' te
preguntar (vt)	မေးသည်	mei: de

preparar (la cena)	ချက်ပြုတ်သည်	che' pjou' te
prever (vt)	ကြိုမြင်သည်	kjou mjin de
probar, tentar (vt)	စမ်းကျည့်သည်	san: kji. de
prometer (vt)	ကတိပေးသည်	gadi pei: de
pronunciar (vt)	အသံထွက်သည်	athan dwe' te

proponer (vt)	အဆိုပြုသည်	ahsou bju. de
quebrar (vt)	ဖျက်ဆီးသည်	hpje' hsi: de
quejarse (vr)	တိုင်ပြောသည်	tain bjo: de
querer (amar)	ချစ်သည်	chi' te
querer (desear)	လိုချင်သည်	lou gjin de

11. Los verbos más importantes. Unidad 4

recomendar (vt)	အကြံပြုထောက်ခံသည်	akjan pju htau' khan de
regañar, reprender (vt)	ဆူသည်	hsu. de
reírse (vr)	ရယ်သည်	je de
repetir (vt)	ထပ်လုပ်သည်	hta' lou' te

reservar (~ una mesa)	မှာသည်	hma de
responder (vi, vt)	ဖြေသည်	hpjei de

robar (vt)	ခိုးသည်	khou: de
saber (~ algo mas)	သိသည်	thi. de
salir (vi)	ထွက်သည်	htwe' te
salvar (vt)	ကယ်ဆယ်သည်	ke ze de
seguir ...	လိုက်သည်	lai' te
sentarse (vr)	ထိုင်သည်	htain de

ser (vi)	ဖြစ်သည်	hpji' te
ser necesario	အလိုရှိသည်	alou' shi. de
significar (vt)	ဆိုလိုသည်	hsou lou de
sonreír (vi)	ပြုံးသည်	pjoun: de
sorprenderse (vr)	အံ့ဩသည်	an. o. de

subestimar (vt)	လျှော့တွက်သည်	sho. dwe' de
tener (vt)	ရှိသည်	shi. de
tener hambre	ဗိုက်ဆာသည်	bai' hsa de
tener miedo	ကြောက်သည်	kjau' te

tener prisa	လောသည်	lo de
tener sed	ရေဆာသည်	jei za de
tirar, disparar (vi)	ပစ်သည်	pi' te
tocar (con las manos)	ကိုင်သည်	kain de
tomar (vt)	ယူသည်	ju de
tomar nota	ရေးထားသည်	jei: da: de

trabajar (vi)	အလုပ်လုပ်သည်	alou' lou' te
traducir (vt)	ဘာသာပြန်သည်	ba dha bjan de
unir (vt)	ပေါင်းစည်းသည်	paun: ze: de
vender (vt)	ရောင်းသည်	jaun: de
ver (vt)	မြင်သည်	mjin de
volar (pájaro, avión)	ပျံသန်းသည်	pjan dan: de

12. Los colores

color (m)	အရောင်	ajaun
matiz (m)	အသွေးအဆင်း	athwei: ahsin:
tono (m)	အရောင်အသွေး	ajaun athwei:
arco (m) iris	သက်တံ	the' tan

blanco (adj)	အဖြူရောင်	ahpju jaun
negro (adj)	အနက်ရောင်	ane' jaun
gris (adj)	မဲရောင်	khe: jaun

verde (adj)	အစိမ်းရောင်	asain: jaun
amarillo (adj)	အဝါရောင်	awa jaun
rojo (adj)	အနီရောင်	ani jaun

azul (adj)	အပြာရောင်	apja jaun
azul claro (adj)	အပြာနုရောင်	apja nu. jaun
rosa (adj)	ပန်းရောင်	pan: jaun
naranja (adj)	လိမ္မော်ရောင်	limmo jaun

| violeta (adj) | ခရမ်းရောင် | khajan: jaun |
| marrón (adj) | အညိုရောင် | anjou jaun |

| dorado (adj) | ရွှေရောင် | shwei jaun |
| argentado (adj) | ငွေရောင် | ngwei jaun |

beige (adj)	ဝါညိုနုရောင်	wa njou nu. jaun
crema (adj)	နို့ဆီရောင်	nou. hni' jaun
turquesa (adj)	စိမ်းပြာရောင်	sein: bja jaun
rojo cereza (adj)	ချယ်ရီရောင်	che ji jaun
lila (adj)	ခရမ်းဖျော့ရောင်	khajan: bjo. jaun
carmesí (adj)	ကြက်သွေးရောင်	kje' thwei: jaun

claro (adj)	အရောင်ဖျော့သော	ajaun bjo. de.
oscuro (adj)	အရောင်ရင့်သော	ajaun jin. de.
vivo (adj)	တောက်ပသော	tau' pa. de.

de color (lápiz ~)	အရောင်ရှိသော	ajaun shi. de.
en colores (película ~)	ရောင်စုံ	jau' soun
blanco y negro (adj)	အဖြူအမည်း	ahpju ame:
unicolor (adj)	တစ်ရောင်တည်းရှိသော	ti' jaun te: shi. de.
multicolor (adj)	အရောင်စုံသော	ajaun zoun de.

13. Las preguntas

¿Quién?	ဘယ်သူလဲ	be dhu le:
¿Qué?	ဘာလဲ	ba le:
¿Dónde?	ဘယ်မှာလဲ	be hma le:
¿Adónde?	ဘယ်ကိုလဲ	be gou le:
¿De dónde?	ဘယ်ကလဲ	be ga. le:
¿Cuándo?	ဘယ်တော့လဲ	be do. le:
¿Para qué?	ဘာအတွက်လဲ	ba atwe' le:
¿Por qué?	ဘာကြောင့်လဲ	ba gjaun. le:

¿Por qué razón?	ဘာအတွက်လဲ	ba atwe' le:
¿Cómo?	ဘယ်လိုလဲ	be lau le:
¿Qué ...? (~ color)	ဘယ်လိုမျိုးလဲ	be lau mjou: le:
¿Cuál?	ဘယ်ဟာလဲ	be ha le:

¿A quién?	ဘယ်သူ့ကိုလဲ	be dhu. gou le:
¿De quién? (~ hablan ...)	ဘယ်သူ့အကြောင်းလဲ	be dhu. kjaun: le:
¿De qué?	ဘာအကြောင်းလဲ	ba akjain: le:
¿Con quién?	ဘယ်သူ့နဲ့လဲ	be dhu ne. le:

| ¿Cuánto? | ဘယ်လောက်လဲ | be lau' le: |
| ¿De quién? | ဘယ်သူ့ | be dhu. |

14. Las palabras útiles. Los adverbios. Unidad 1

¿Dónde?	ဘယ်မှာလဲ	be hma le:
aquí (adv)	ဒီမှာ	di hma
allí (adv)	ဟိုမှာ	hou hma.

en alguna parte	တစ်နေရာရာမှာ	ti' nei ja ja hma
en ninguna parte	ဘယ်မှာမှ	be hma hma.

junto a ...	နားမှာ	na: hma
junto a la ventana	ပြတင်းပေါက်နားမှာ	badin: pau' hna: hma

¿A dónde?	ဘယ်ကိုလဲ	be gou le:
aquí (venga ~)	ဒီဘက်ကို	di be' kou
allí (vendré ~)	ဟိုဘက်ကို	hou be' kou
de aquí (adv)	ဒီဘက်မှ	di be' hma
de allí (adv)	ဟိုဘက်မှ	hou be' hma.

cerca (no lejos)	နီးသည်	ni: de
lejos (adv)	အဝေးမှာ	awei: hma

cerca de ...	နားမှာ	na: hma
al lado (de ...)	ဘေးမှာ	bei: hma
no lejos (adv)	မနီးမဝေး	ma. ni ma. wei:

izquierdo (adj)	ဘယ်	be
a la izquierda (situado ~)	ဘယ်ဘက်မှာ	be be' hma
a la izquierda (girar ~)	ဘယ်ဘက်	be be'

derecho (adj)	ညာဘက်	nja be'
a la derecha (situado ~)	ညာဘက်မှာ	nja be' hma
a la derecha (girar)	ညာဘက်	nja be'

delante (yo voy ~)	ရှေ့မှာ	shei. hma
delantero (adj)	ရှေ့	shei.
adelante (movimiento)	ရှေ့	shei.

detrás de ...	နောက်မှာ	nau' hma
desde atrás	နောက်က	nau' ka.
atrás (da un paso ~)	နောက်	nau'

centro (m), medio (m)	အလယ်	ale
en medio (adv)	အလယ်မှာ	ale hma

de lado (adv)	ဘေးမှာ	bei: hma
en todas partes	နေရာတိုင်းမှာ	nei ja dain: hma
alrededor (adv)	ပတ်လည်မှာ	pa' le hma

de dentro (adv)	အထဲမှ	a hte: hma.
a alguna parte	တစ်နေရာရာကို	ti' nei ja ja gou
todo derecho (adv)	တိုက်ရိုက်	tai' jai'
atrás (muévelo para ~)	အပြန်	apjan

de alguna parte (adv)	တစ်နေရာရာမှ	ti' nei ja ja hma.
no se sabe de dónde	တစ်နေရာရာမှ	ti' nei ja ja hma.

primero (adv)	ပထမအနေဖြင့်	pahtama. anei gjin.
segundo (adv)	ဒုတိယအနေဖြင့်	du. di. ja. anei bjin.
tercero (adv)	တတိယအနေဖြင့်	tati. ja. anei bjin.

de súbito (adv)	မတော်တဆ	ma. do da. za.
al principio (adv)	အစမှာ	asa. hma

21

por primera vez	ပထမဆုံး	pahtama. zoun:
mucho tiempo antes ...	မတိုင်ခင် အတော်လေး အလိုက	ma. dain gin ato lei: alou ga.
de nuevo (adv)	အသစ်တဖန်	athi' da. ban
para siempre (adv)	အမြဲတမ်း	amje: dan:

jamás, nunca (adv)	ဘယ်တော့မှ	be do hma.
de nuevo (adv)	တဖန်	tahpan
ahora (adv)	အခုတော့	akhu dau.
frecuentemente (adv)	ခဏခဏ	khana. khana.
entonces (adv)	ထိုသို့ဖြစ်လျှင်	htou dhou. bji' shin
urgentemente (adv)	အမြန်	aman
usualmente (adv)	ပုံမှန်	poun hman

a propósito, ...	စကားမစပ်	zaga: ma. za'
es probable	ဖြင်နိုင်သည်	hpjin nain de
probablemente (adv)	ဖြစ်နိုင်သည်	hpji' nein de
tal vez	ဖြစ်နိုင်သည်	hpji' nein de
además ...	ဒါ့အပြင်	da. apjin
por eso ...	ဒါကြောင့်	da gjaun.
a pesar de ...	သော်လည်း	tho lei:
gracias a ...	ကြောင့်	kjaun.

qué (pron)	ဘာ	ba
que (conj)	ဟု	hu
algo (~ le ha pasado)	တစ်ခုခု	ti' khu. gu.
algo (~ así)	တစ်ခုခု	ti' khu. gu.
nada (f)	ဘာမှ	ba hma.

quien	ဘယ်သူ	be dhu.
alguien (viene ~)	တစ်ယောက်ယောက်	ti' jau' jau'
alguien (¿ha llamado ~?)	တစ်ယောက်ယောက်	ti' jau' jau'

nadie	ဘယ်သူမှ	be dhu hma.
a ninguna parte	ဘယ်ကိုမှ	be gou hma.
de nadie	ဘယ်သူမှမပိုင်သော	be dhu hma ma. bain de.
de alguien	တစ်ယောက်ယောက်ရဲ့	ti' jau' jau' je.

tan, tanto (adv)	ဒီလို	di lou
también (~ habla francés)	ထို့ပြင်လည်း	htou. bjin le:
también (p.ej. Yo ~)	လည်းဘဲ	le: be:

15. Las palabras útiles. Los adverbios. Unidad 2

¿Por qué?	ဘာကြောင့်လဲ	ba gjaun. le:
no se sabe porqué	တစ်ခုခုကြောင့်	ti' khu. gu. gjaun.
porque ...	အဘယ်ကြောင့်ဆိုသော်	abe gjo:n. zou dho
por cualquier razón (adv)	တစ်ခုခုအတွက်	ti' khu. gu. atwe'

y (p.ej. uno y medio)	နှင့်	hnin.
o (p.ej. té o café)	သို့မဟုတ်	thou. ma. hou'
pero (p.ej. me gusta, ~)	ဒါပေမဲ့	da bei me.
para (p.ej. es para ti)	အတွက်	atwe'
demasiado (adv)	အလွန်	alun
sólo, solamente (adv)	သာ	tha

exactamente (adv)	အတိအကျ	ati. akja.
unos ...,	ခန့်	khan.
cerca de ... (~ 10 kg)		

aproximadamente	ခန့်မှန်းခြေအားဖြင့်	khan hman: gjei a: bjin.
aproximado (adj)	ခန့်မှန်းခြေဖြစ်သော	khan hman: gjei bji' te.
casi (adv)	နီးပါး	ni: ba:
resto (m)	ကျန်သော	kjan de.

el otro (adj)	တခြားသော	tacha: de.
otro (p.ej. el otro día)	အခြားသော	apja: de.
cada (adj)	တိုင်း	tain:
cualquier (adj)	မဆို	ma. zou
mucho (innum.)	အများကြီး	amja: gji:
mucho (num.)	အမြောက်အများ	amjau' amja:
muchos (mucha gente)	များစွာသော	mja: zwa de.
todos	အားလုံး	a: loun:

a cambio de ...	အစား	asa:
en cambio (adv)	အစား	asa:
a mano (hecho ~)	လက်ဖြင့်	le' hpjin.
poco probable	ဖြစ်နိုင်ခြေ နည်းသည်	hpji' nain gjei ni: de

probablemente	ဖြစ်နိုင်သည်	hpji' nein de
a propósito (adv)	တမင်	tamin
por accidente (adv)	အမှတ်တမဲ့	ahma' ta. me.

muy (adv)	သိပ်	thei'
por ejemplo (adv)	ဥပမာအားဖြင့်	upama a: bjin.
entre (~ nosotros)	ကြား	kja:
entre (~ otras cosas)	ကြားထဲတွင်	ka: de: dwin:
tanto (~ gente)	ဒီလောက်	di lau'
especialmente (adv)	အထူးသဖြင့်	a htu: dha. hjin.

Conceptos básicos. Unidad 2

16. Los opuestos

rico (adj)	ချမ်းသာသော	chan: dha de.
pobre (adj)	ဆင်းရဲသော	hsin: je: de.
enfermo (adj)	နေမကောင်းသော	nei ma. kaun: de.
sano (adj)	ကျန်းမာသော	kjan: ma de.
grande (adj)	ကြီးသော	kji: de.
pequeño (adj)	သေးသော	thei: de.
rápidamente (adv)	မြန်မြန်	mjan mjan
lentamente (adv)	ဖြည်းဖြည်း	hpjei: bjei:
rápido (adj)	မြန်သော	mjan de.
lento (adj)	ဖြည်းသော	hpjei: de.
alegre (adj)	ပျော်ရွှင်သော	pjo shwin de.
triste (adj)	ဝမ်းနည်းသော	wan: ne: de.
juntos (adv)	အတူတကွ	atu da. kwa.
separadamente	သီးခြင်းစီ	thi: gjin: zi
en voz alta	ကျယ်လောင်စွာ	kje laun zwa
en silencio	တိတ်ဆိတ်စွာ	tei' hsei' swa
alto (adj)	မြင့်သော	mjin. de.
bajo (adj)	ပုသော	pu dho:
profundo (adj)	နက်သော	ne' te.
poco profundo (adj)	တိမ်သော	tein de
sí	ဟုတ်တယ်	hou' te
no	မဟုတ်ဘူး	ma hou' bu:
lejano (adj)	ဝေးသော	wei: de.
cercano (adj)	နီးသော	ni: de.
lejos (adv)	အဝေးမှာ	awei: hma
cerco (adv)	အနီးမှာ	ani: hma
largo (adj)	ရှည်သော	shei lja: zu: sha. zwa ode
corto (adj)	တိုသော	tou de.
bueno (de buen corazón)	သ�‌ဘောကောင်းသော	thabo: kaun: de.
malvado (adj)	ယုတ်မာသော	jou' ma de.

| casado (adj) | မိန်းမရှိသော | mein: ma. shi. de. |
| soltero (adj) | တစ်ဦးတည်းဖြစ်သော | ti' u: te: hpi' te. |

| prohibir (vt) | တားမြစ်သည် | ta: mji' te |
| permitir (vt) | ခွင့်ပြုသည် | khwin bju. de |

| fin (m) | အဆုံး | ahsoun: |
| principio (m) | အစ | asa. |

| izquierdo (adj) | ဘယ် | be |
| derecho (adj) | ညာဘက် | nja be' |

| primero (adj) | ပထမ | pahtama. |
| último (adj) | နောက်ဆုံးဖြစ်သော | nau' hsoun: bji' te. |

| crimen (m) | ရာဇဝတ်မှု | raza. wu' hma. |
| castigo (m) | အပြစ်ပေးခြင်း | apja' pei: gjin: |

| ordenar (vt) | အမိန့်ချသည် | amin. gja. de |
| obedecer (vi, vt) | နာခံသည် | na gan de |

| recto (adj) | ဖြောင့်တန်းသော | hpjaun. dan: de. |
| curvo (adj) | ကောက်ကွေ့သော | kau' kwe. de. |

| paraíso (m) | ကောင်းကင်ဘုံ | kaun: gin boun |
| infierno (m) | ငရဲ | nga. je: |

| nacer (vi) | မွေးဖွားသည် | mwei: bwa: de |
| morir (vi) | ကွယ်လွန်သည် | kwe lun de |

| fuerte (adj) | သန်မာသော | than ma de. |
| débil (adj) | အားပျော့သော | a: bjo. de. |

| viejo (adj) | အိုမင်းသော | ou min de. |
| joven (adj) | ငယ်ရွယ်သော | ngwe jwe de. |

| viejo (adj) | အိုဟောင်းသော | ou haun: de. |
| nuevo (adj) | သစ်သော | thi' te. |

| duro (adj) | မာသော | ma de. |
| blando (adj) | နူးညံ့သော | nu: njan. de. |

| tibio (adj) | နွေးသော | nwei: de. |
| frío (adj) | အေးသော | ei: de. |

| gordo (adj) | ဝသော | wa. de. |
| delgado (adj) | ပိန်သော | pein de. |

| estrecho (adj) | ကျဉ်းသော | kjin de. |
| ancho (adj) | ကျယ်သော | kje de. |

| bueno (adj) | ကောင်းသော | kaun: de. |
| malo (adj) | ဆိုးသော | hsou: de. |

| valiente (adj) | ရဲရင့်သော | je: jin. de. |
| cobarde (adj) | ကြောက်တတ်သော | kjau' ta' te. |

17. Los días de la semana

lunes (m)	တနင်္လာ	tanin: la
martes (m)	အင်္ဂါ	in ga
miércoles (m)	ဗုဒ္ဓဟူး	bou' da. hu:
jueves (m)	ကြာသပတေး	kja dha ba. dei:
viernes (m)	သောကြာ	thau' kja
sábado (m)	စနေ	sanei
domingo (m)	တနင်္ဂနွေ	tanin: ganwei

hoy (adv)	ယနေ့	ja. nei.
mañana (adv)	မနက်ဖြန်	mane' bjan
pasado mañana	သဘက်ခါ	dhabe' kha
ayer (adv)	မနေ့က	ma. nei. ka.
anteayer (adv)	တနေ့က	ta. nei. ga.

día (m)	နေ့	nei.
día (m) de trabajo	ရုံးဖွင့်ရက်	joun: hpwin je'
día (m) de fiesta	ပွဲတော်ရက်	pwe: do je'
día (m) de descanso	ရုံးပိတ်ရက်	joun: bei' je'
fin (m) de semana	ရုံးပိတ်ရက်များ	joun: hpwin je' mja:

todo el día	တနေ့လုံး	ta. nei. loun:
al día siguiente	နောက်နေ့	nau' nei.
dos días atrás	လွန်ခဲ့သော နှစ်ရက်က	lun ge: de. hni' ja' ka.
en vísperas (adv)	အကြိုနေ့မှာ	akjou nei. hma
diario (adj)	နေ့စဉ်	nei. zin
cada día (adv)	နေ့တိုင်း	nei dain:

semana (f)	ရက်သတ္တပတ်	je' tha' daba'
semana (f) pasada	ပြီးခဲ့တဲ့အပတ်က	pji: ge. de. apa' ka.
semana (f) que viene	လာမယ့်အပတ်မှာ	la. me. apa' hma
semanal (adj)	အပတ်စဉ်	apa' sin
cada semana (adv)	အပတ်စဉ်	apa' sin
2 veces por semana	တစ်ပတ် နှစ်ကြိမ်	ti' pa' hni' kjein
todos los martes	အင်္ဂါနေ့တိုင်း	in ga nei. dain:

18. Las horas. El día y la noche

mañana (f)	နံနက်ခင်း	nan ne' gin:
por la mañana	နံနက်ခင်းမှာ	nan ne' gin: hma
mediodía (m)	မွန်းတည့်	mun: de.
por la tarde	နေ့လယ်စာစားချိန်ပြီးနောက်	nei. le za za: gjein bji: nau'

noche (f)	ညနေခင်း	nja. nei gin:
por la noche	ညနေခင်းမှာ	nja. nei gin: hma
noche (f) (p.ej. 2:00 a.m.)	ည	nja
por la noche	ညမှာ	nja hma
medianoche (f)	သန်းခေါင်ယံ	than: gaun jan

segundo (m)	စက္ကန့်	se' kan.
minuto (m)	မိနစ်	mi. ni'
hora (f)	နာရီ	na ji

media hora (f)	နာရီဝက်	na ji we'
cuarto (m) de hora	ဆယ့်ငါးမိနစ်	hse. nga: mi. ni'
quince minutos	၁၅ မိနစ်	ta' hse. nga: mi ni'
veinticuatro horas	နှစ်ဆယ်လေးနာရီ	hni' hse lei: na ji
salida (f) del sol	နေထွက်ချိန်	nei dwe' gjein
amanecer (m)	အာရုဏ်ဦး	a joun u:
madrugada (f)	နံနက်စောစော	nan ne' so: zo:
puesta (f) del sol	နေဝင်ချိန်	nei win gjein
de madrugada	နံနက်အစောပိုင်း	nan ne' aso: bain:
esta mañana	ယနေ့နံနက်	ja. nei. nan ne'
mañana por la mañana	မနက်ဖြန်နံနက်	mane' bjan nan ne'
esta tarde	ယနေ့နေ့လယ်	ja. nei. nei. le
por la tarde	နေ့လယ်စာစားချိန်ပြီးနောက်	nei. le za za: gjein bji: nau'
mañana por la tarde	မနက်ဖြန်မွန်းလွဲပိုင်း	mane' bjan mun: lwe: bain:
esta noche (p.ej. 8:00 p.m.)	ယနေ့ညနေ	ja. nei. nja. nei
mañana por la noche	မနက်ဖြန်ညနေ	mane' bjan nja. nei
a las tres en punto	၃ နာရီတွင်	thoun: na ji dwin
a eso de las cuatro	၄ နာရီခန့်တွင်	lei: na ji khan dwin
para las doce	၁၂ နာရီအရောက်	hse. hni' na ji ajau'
dentro de veinte minutos	နောက် မိနစ် ၂၀ မှာ	nau' mi. ni' hni' se hma
dentro de una hora	နောက်တစ်နာရီမှာ	nau' ti' na ji hma
a tiempo (adv)	အချိန်ကိုက်	achein kai'
... menos cuarto	မတ်တင်း	ma' tin:
durante una hora	တစ်နာရီအတွင်း	ti' na ji atwin:
cada quince minutos	၁၅ မိနစ်တိုင်း	ta' hse. nga: mi ni' htain:
día y noche	၂၄ နာရီလုံး	hna' hse. lei: na ji

enero (m)	ဇန်နဝါရီလ	zan na. wa ji la.
febrero (m)	ဖေဖော်ဝါရီလ	hpei bo wa ji la
marzo (m)	မတ်လ	ma' la.
abril (m)	ဧပြီလ	ei bji la.
mayo (m)	မေလ	mei la.
junio (m)	ဇွန်လ	zun la.
julio (m)	ဇူလိုင်လ	zu lain la.
agosto (m)	သြဂုတ်လ	o: gou' la.
septiembre (m)	စက်တင်ဘာလ	sa' htin ba la.
octubre (m)	အောက်တိုဘာလ	au' tou ba la.
noviembre (m)	နိုဝင်ဘာလ	nou win ba la.
diciembre (m)	ဒီဇင်ဘာလ	di zin ba la.
primavera (f)	နွေဦးရာသီ	nwei: u: ja dhi
en primavera	နွေဦးရာသီမှာ	nwei: u: ja dhi hma
de primavera (adj)	နွေဦးရာသီနှင့်ဆိုင်သော	nwei: u: ja dhi hnin. zain de.
verano (m)	နွေရာသီ	nwei: ja dhi

| en verano | နွေရာသီမှာ | nwei: ja dhi hma |
| de verano (adj) | နွေရာသီနှင့်ဆိုင်သော | nwei: ja dhi hnin. zain de. |

otoño (m)	ဆောင်းဦးရာသီ	hsaun: u: ja dhi
en otoño	ဆောင်းဦးရာသီမှာ	hsaun: u: ja dhi hma
de otoño (adj)	ဆောင်းဦးရာသီနှင့်ဆိုင်သော	hsaun: u: ja dhi hnin. zain de.

invierno (m)	ဆောင်းရာသီ	hsaun: ja dhi
en invierno	ဆောင်းရာသီမှာ	hsaun: ja dhi hma
de invierno (adj)	ဆောင်းရာသီနှင့်ဆိုင်သော	hsaun: ja dhi hnin. zain de.
mes (m)	လ	la.
este mes	ဒီလ	di la.
al mes siguiente	နောက်လ	nau' la
el mes pasado	ယခင်လ	jakhin la.

hace un mes	ပြီးခဲ့တဲ့တစ်လကျော်	pji: ge. de. di' la. gjo
dentro de un mes	နောက်တစ်လကျော်	nau' ti' la. gjo
dentro de dos meses	နောက်နှစ်လကျော်	nau' hni' la. gjo
todo el mes	တစ်လလုံး	ti' la. loun:
todo un mes	တစ်လလုံး	ti' la. loun:

mensual (adj)	လစဉ်	la. zin
mensualmente (adv)	လစဉ်	la. zin
cada mes	လတိုင်း	la. dain:
dos veces por mes	တစ်လနှစ်ကြိမ်	ti' la. hni' kjein:

año (m)	နှစ်	hni'
este año	ဒီနှစ်မှာ	di hna' hma
el próximo año	နောက်နှစ်မှာ	nau' hni' hnma
el año pasado	ယခင်နှစ်မှာ	jakhin hni' hma
hace un año	ပြီးခဲ့တဲ့တစ်နှစ်ကျော်က	pji: ge. de. di' hni' kjo ga.
dentro de un año	နောက်တစ်နှစ်ကျော်	nau' ti' hni' gjo
dentro de dos años	နောက်နှစ်နှစ်ကျော်	nau' hni' hni' gjo
todo el año	တစ်နှစ်လုံး	ti' hni' loun:
todo un año	တစ်နှစ်လုံး	ti' hni' loun:

cada año	နှစ်တိုင်း	hni' tain:
anual (adj)	နှစ်စဉ်ဖြစ်သော	hni' san bji' te.
anualmente (adv)	နှစ်စဉ်	hni' san
cuatro veces por año	တစ်နှစ်လေးကြိမ်	ti' hni' lei: gjein

fecha (f) (la ~ de hoy es ...)	နေ့စွဲ	nei. zwe:
fecha (f) (~ de entrega)	ရက်စွဲ	je' swe:
calendario (m)	ပြက္ခဒိန်	pje' gadein

medio año (m)	နှစ်ဝက်	hni' we'
seis meses	နှစ်ဝက်	hni' we'
estación (f)	ရာသီ	ja dhi
siglo (m)	ရာစု	jazu.

20. La hora. Miscelánea

| tiempo (m) | အချိန် | achein |
| momento (m) | အခိုက်အတန့် | akhai' atan. |

instante (m)	ခဏ	khana.
instantáneo (adj)	ချက်ချင်း	che' chin:
lapso (m) de tiempo	ကာလအပိုင်းအခြား	ka la apain: acha:
vida (f)	ဘဝ	ba. wa.
eternidad (f)	ထာဝရ	hta wa. ja.

época (f)	ခေတ်	khi'
era (f)	ခေတ်	khi'
ciclo (m)	စက်ဝန်း	se' wun:
periodo (m)	အချိန်ပိုင်း	achein bain:
plazo (m) (~ de tres meses)	သက်တမ်း	the' tan

futuro (m)	အနာဂတ်	ana ga'
futuro (adj)	အနာဂတ်	ana ga'
la próxima vez	နောက်တစ်ကြိမ်	nau' ti' kjein
pasado (m)	အတိတ်	ati'
pasado (adj)	လွန်ခဲ့သော	lun ge. de.
la última vez	ပြီးခဲ့သောတစ်ခေါက်	pji: ge. dho di' gau'
más tarde (adv)	နောက်မှ	nau' hma.
después	ပြီးနောက်	pji: nau'
actualmente (adv)	ယခုအချိန်	jakhu. achein
ahora (adv)	အခု	akhu.
inmediatamente	ချက်ချင်း	che' chin:
pronto (adv)	မကြာခင်	ma. gja gin
de antemano (adv)	ကြိုတင်	kjou tin

hace mucho tiempo	တော်တော်ကြာကြာက	to do gja gja
hace poco (adv)	သိပ်မကြာခင်က	thei' ma. gja gjin ga.
destino (m)	ကံတရား	kan daja:
recuerdos (m pl)	အမှတ်တရ	ahma' ta ra
archivo (m)	မော်ကွန်း	mo gun:
durante ...	အချိန်အတွင်း	achein atwin
mucho tiempo (adv)	ကြာကြာ	kja gja
poco tiempo (adv)	ခဏ	khana.
temprano (adv)	စောစော	so: zo:
tarde (adv)	နောက်ကျမှ	nau' kja. hma.

para siempre (adv)	အမြဲတမ်း	amje: dan:
comenzar (vt)	စတင်သည်	sa. tin de
aplazar (vt)	ရွှေ့ဆိုင်းသည်	shwei. zain: de

simultáneamente	တချိန်တည်းမှာ	takhein de: hma
permanentemente	အမြဲတမ်း	amje: dan:
constante (ruido, etc.)	ဆက်တိုက်ဖြစ်သော	hse' dain bja' de.
temporal (adj)	ယာယီဖြစ်သော	ja ji bji' te.

a veces (adv)	တခါတလေ	takha talei
raramente (adv)	ရှားရှားပါးပါး	sha: sha: ba: ba:
frecuentemente	ခဏခဏ	khana. khana.

21. Las líneas y las formas

| cuadrado (m) | စတုရန်း | satu. jan: |
| cuadrado (adj) | စတုရန်းပုံဖြစ်သော | satu. jan: boun bji' te. |

círculo (m)	အဝိုင်း	awain:
redondo (adj)	ဝိုင်းေသာ	wain: de.
triángulo (m)	တြိဂံ	tri. gan
triangular (adj)	တြိဂံပုံဖြစ်ေသာ	tri. gan bou hpi' te

óvalo (m)	ဘဲဥပုံ	be: u. boun
oval (adj)	ဘဲဥပုံဖြစ်ေသာ	be: u. boun pja' de.
rectángulo (m)	ေထာင့်မှန်စတုဂံ	htaun. hman zatu. gan
rectangular (adj)	ေထာင့်မှန်ဖြစ်ေသာ	htaun. hman hpji' te.

pirámide (f)	ဂူချွန်းပုံ	htu. gjwan: boun
rombo (m)	ရမ်ဘီ	ran bu
trapecio (m)	ထရာပီးဇီးယမ်း	htaja bi: zi: jan:
cubo (m)	ကုဘတုံး	ku ba. toun:
prisma (m)	ပရစ်ဇမ်	pa. ji' zan

circunferencia (f)	အဝန်း	awun:
esfera (f)	ထုလုံး	htu. loun:
globo (m)	ရှိုးမောင်လုံးဝန်းေသာ	mou maun loun: wun: de.
diámetro (m)	အချင်း	achin:
radio (m)	အချင်းဝက်	achin: we'
perímetro (m)	ပတ်လည်အနား	pa' le ana:
centro (m)	ဗဟို	ba hou

horizontal (adj)	အလျားလိုက်	alja: lai'
vertical (adj)	ဒေါင်လိုက်	daun lou'
paralela (f)	အပြိုင်	apjain
paralelo (adj)	အပြိုင်ဖြစ်ေသာ	apjain bja' te.

línea (f)	မျဉ်း	mjin:
trazo (m)	ရျက်	che'
recta (f)	မျဉ်းဖြောင့်	mjin: baun.
curva (f)	မျဉ်းကွေး	mjin: gwei:
fino (la ~a línea)	ပါးေသာ	pa: de.
contorno (m)	ကွန်တိုမျဉ်း	kun tou mjin:

intersección (f)	ဖြတ်မှတ်	hpja' hma'
ángulo (m) recto	ေထာင့်မှန်	htaun. hman
segmento (m)	အပိုင်း	apain:
sector (m)	စက်ဝိုင်းဇိတ်	se' wain: zei'
lado (m)	အနား	ana:
ángulo (m)	ေထာင့်	htaun.

22. Las unidades de medida

peso (m)	အလေးချိန်	alei: gjein
longitud (f)	အရှည်	ashei
anchura (f)	အကျယ်	akje
altura (f)	အမြင့်	amjin.
profundidad (f)	အနက်	ane'
volumen (m)	ထုထည်	du. de
área (f)	အကျယ်အဝန်း	akje awun:
gramo (m)	ဂရမ်	ga ran
miligramo (m)	မီလီဂရမ်	mi li ga. jan

kilogramo (m)	ကီလိုဂရမ်	ki lou ga jan
tonelada (f)	တန်	tan
libra (f)	ပေါင်	paun
onza (f)	အောင်စ	aun sa.
metro (m)	မီတာ	mi ta
milímetro (m)	မီလီမီတာ	mi li mi ta
centímetro (m)	စင်တီမီတာ	sin ti mi ta
kilómetro (m)	ကီလိုမီတာ	ki lou mi ta
milla (f)	မိုင်	main
pulgada (f)	လက်မ	le' ma
pie (m)	ပေ	pei
yarda (f)	ကိုက်	kou'
metro (m) cuadrado	စတုရန်းမီတာ	satu. jan: mi ta
hectárea (f)	ဟက်တာ	he' ta
litro (m)	လီတာ	li ta
grado (m)	ဒီဂရီ	di ga ji
voltio (m)	ဗို့	boi.
amperio (m)	အမ်ပီယာ	an bi ja
caballo (m) de fuerza	မြင်းကောင်ရေအား	mjin: gaun jei a:
cantidad (f)	အရေအတွက်	ajei adwe'
un poco de ...	နည်းနည်း	ne: ne:
mitad (f)	တစ်ဝက်	ti' we'
docena (f)	ဒါဇင်	da zin
pieza (f)	ခု	khu.
dimensión (f)	အတိုင်းအတာ	atain: ata
escala (f) (del mapa)	စကေး	sakei:
mínimo (adj)	အနည်းဆုံး	ane: zoun
el más pequeño (adj)	အသေးဆုံး	athei: zoun:
medio (adj)	အလယ်အလတ်	ale ala'
máximo (adj)	အများဆုံး	amja: zoun:
el más grande (adj)	အကြီးဆုံး	akji: zoun:

23. Contenedores

tarro (m) de vidrio	ဖန်ဘူး	hpan bu:
lata (f)	သံဘူး	than bu:
cubo (m)	ရေပုံး	jei boun:
barril (m)	စည်ပိုင်း	si bain:
palangana (f)	ဇလုံ	za loun
tanque (m)	သံစည်	than zi
petaca (f) (de alcohol)	အရက်ပုလင်းပြား	aje' pu lin: pja:
bidón (m) de gasolina	ဓာတ်ဆီပုံး	da' hsi boun:
cisterna (f)	တိုင်ကီ	tain ki
taza (f) (mug de cerámica)	မတ်ခွက်	ma' khwe'
taza (f) (~ de café)	ခွက်	khwe'

platillo (m)	အောက်ခံပန်းကန်ပြား	au' khan ban: kan pja:
vaso (m) (~ de agua)	ဖန်ခွက်	hpan gwe'
copa (f) (~ de vino)	ဝိုင်ခွက်	wain gwe'
olla (f)	ပေါင်းအိုး	paun: ou:

| botella (f) | ပုလင်း | palin: |
| cuello (m) de botella | ပုလင်းလည်ပင်း | palin: le bin: |

garrafa (f)	ဖန်ချိုင့်	hpan gjain.
jarro (m) (~ de agua)	ကရား	kaja:
recipiente (m)	အိုးခွက်	ou: khwe'
tarro (m)	မြေအိုး	mjei ou:
florero (m)	ပန်းအိုး	pan: ou:

frasco (m) (~ de perfume)	ပုလင်း	palin:
frasquito (m)	ပုလင်းကလေး	palin: galei:
tubo (m)	ဘူး	bu:

saco (m) (~ de azúcar)	ဂုံနိအိတ်	goun ni ei'
bolsa (f) (~ plástica)	အိတ်	ei'
paquete (m) (~ de cigarrillos)	ဘူး	bu:

caja (f)	စက္ကူဘူး	se' ku bu:
cajón (m) (~ de madera)	သေတ္တာ	thi' ta
cesta (f)	တောင်း	taun:

24. Materiales

material (m)	အထည်	a hte
madera (f)	သစ်သား	thi' tha:
de madera (adj)	သစ်သားနှင့်လုပ်သော	thi' tha: hnin. lou' te.

| vidrio (m) | ဖန် | hpan |
| de vidrio (adj) | ဖန်နှင့်လုပ်သော | hpan hnin. lou' te |

| piedra (f) | ကျောက် | kjau' |
| de piedra (adj) | ကျောက်ဖြင့်လုပ်ထားသော | kjau' hpjin. lou' hta: de. |

| plástico (m) | ပလတ်စတစ် | pa. la' sa. ti' |
| de plástico (adj) | ပလတ်စတစ်နှင့်လုပ်သော | pa. la' sa. ti' hnin. zain de |

| goma (f) | ရော်ဘာ | jo ba |
| de goma (adj) | ရော်ဘာနှင့်လုပ်သော | jo ba hnin. lou' te. |

| tela (f) | အထည် | a hte |
| de tela (adj) | အထည်နှင့်လုပ်သော | a hte hnin. lou' te. |

| papel (m) | စက္ကူ | se' ku |
| de papel (adj) | စက္ကူနှင့်လုပ်သော | se' ku hnin. lou' te. |

cartón (m)	စက္ကူထူ	se' ku htu
de cartón (adj)	စက္ကူထူနှင့်လုပ်သော	se' ku htu hnin. lou' te.
polietileno (m)	ပေါလီသင်း	po li thin:
celofán (m)	မှန်ကြည်စက္ကူ	hman gji se' ku

linóleo (m) ကွမ်းခင်း ဖယောင်းပုဆိုး kjan: khin:
hpa jaun: pou hsou:

contrachapado (m) အထပ်သား a hta' tha:

porcelana (f) ကြွေ kjwei
de porcelana (adj) ကြွေနှင့်လုပ်သော kjwei hnin. lou' te
arcilla (f), barro (m) မြေစေး mjei zei:
de barro (adj) မြေထည် mjei de
cerámica (f) ကြွေထည်မြေထည် kjwei de mjei de
de cerámica (adj) ကြွေထည်မြေထည်နှင့်လုပ်သော kjwei de mjei de hnin. lou' te.

25. Los metales

metal (m) သတ္တု tha' tu.
metálico (adj) သတ္တုနှင့်လုပ်သော tha' tu. hnin. lou' te.
aleación (f) သတ္တုစပ် tha' tu. za'

oro (m) ရွှေ shwei
de oro (adj) ရွှေနှင့်လုပ်သော shwei hnin. lou' te
plata (f) ငွေ ngwei
de plata (adj) ငွေနှင့်လုပ်သော ngwei hnin. lou' de.

hierro (m) သံ than
de hierro (adj) သံနှင့်လုပ်သော than hnin. lou' te.
acero (m) သံမကို than mani.
de acero (adj) သံမကိနှင့်လုပ်သော than mani. hnin. lou' te.
cobre (m) ကြေးနီ kjei: ni
de cobre (adj) ကြေးနီနှင့်လုပ်သော kjei: ni hnin. lou. de.

aluminio (m) အလူမီနီယံ alu mi ni jan
de aluminio (adj) အလူမီနီယံနှင့်လုပ်သော alu mi ni jan hnin. lou' te.
bronce (m) ကြေးညို kjei: njou
de bronce (adj) ကြေးညိုနှင့်လုပ်သော kjei: njou hnin. lou' de.

latón (m) ကြေးဝါ kjei: wa
níquel (m) နီကယ် ni ke
platino (m) ရွှေဖြူ shwei bju
mercurio (m) ပြဒါး bada:
estaño (m) သံဖြူ than bju
plomo (m) ခဲ khe:
zinc (m) သွပ် thu'

EL SER HUMANO

El ser humano. El cuerpo

26. El ser humano. Conceptos básicos

ser (m) humano	လူ	lu
hombre (m) (varón)	အမျိုးသား	amjou: dha:
mujer (f)	အမျိုးသမီး	amjou: dhami:
niño -a (m, f)	ကလေး	kalei:
niña (f)	ကောင်မလေး	kaun ma. lei:
niño (m)	ကောင်လေး	kaun lei:
adolescente (m)	ဆယ်ကျော်သက်	hse gjo dhe'
viejo, anciano (m)	လူကြီး	lu gji:
vieja, anciana (f)	အမျိုးသမီးကြီး	amjou: dhami: gji:

27. La anatomía humana

organismo (m)	ဇီဝရုပ်	zi wa ju'
corazón (m)	နှလုံး	hnaloun:
sangre (f)	သွေး	thwei:
arteria (f)	သွေးလွှတ်ကြော	thwei hlwa' kjo:
vena (f)	သွေးပြန်ကြော	thwei: bjan gjo:
cerebro (m)	ဦးနှောက်	oun: hnau'
nervio (m)	အာရုံကြော	a joun gjo:
nervios (m pl)	အာရုံကြောများ	a joun gjo: mja:
vértebra (f)	ကျောရိုးအဆစ်	kjo: jou: ahsi'
columna (f) vertebral	ကျောရိုး	kjo: jou:
estómago (m)	အစာအိမ်	asa: ein
intestinos (m pl)	အူ	au
intestino (m)	အူ	au
hígado (m)	အသည်း	athe:
riñón (m)	ကျောက်ကပ်	kjau' ka'
hueso (m)	အရိုး	ajou:
esqueleto (m)	အရိုးစု	ajou: zu
costilla (f)	နံရိုး	nan jou:
cráneo (m)	ဦးခေါင်းခွံ	u: gaun: gwan
músculo (m)	ကြွက်သား	kjwe' tha:
bíceps (m)	လက်ရှိကြွက်သား	le' jou: gjwe' tha:
tríceps (m)	လက်မောင်းနောက်သား	le' maun: nau' tha:
tendón (m)	အရွတ်	ajwa'
articulación (f)	အဆစ်	ahsi'

pulmones (m pl)	အဆုတ်	ahsou'
genitales (m pl)	အင်္ဂါဇာတ်	in ga za'
piel (f)	အရေပြား	ajei bja:

28. La cabeza

cabeza (f)	ခေါင်း	gaun:
cara (f)	မျက်နှာ	mje' hna
nariz (f)	နှာခေါင်း	hna gaun:
boca (f)	ပါးစပ်	pa: zi'

ojo (m)	မျက်စိ	mje' si.
ojos (m pl)	မျက်စိများ	mje' si. mja:
pupila (f)	သူငယ်အိမ်	thu nge ein
ceja (f)	မျက်ခုံး	mje' khoun:
pestaña (f)	မျက်တောင်	mje' taun
párpado (m)	မျက်ခွံ	mje' khwan

lengua (f)	လျှာ	sha
diente (m)	သွား	thwa:
labios (m pl)	နှုတ်ခမ်း	hna' khan:
pómulos (m pl)	ပါးရိုး	pa: jou:
encía (f)	သွားဖုံး	thwahpoun:
paladar (m)	အာခေါင်	a gaun

ventanas (f pl)	နှာခေါင်းပေါက်	hna gaun: bau'
mentón (m)	မေးစေ့	mei: zei.
mandíbula (f)	မေးရိုး	mei: jou:
mejilla (f)	ပါး	pa:

frente (f)	နဖူး	na. hpu:
sien (f)	နားထင်	na: din
oreja (f)	နားရွက်	na: jwe'
nuca (f)	နောက်စေ့	nau' sei.
cuello (m)	လည်ပင်း	le bin:
garganta (f)	လည်ချောင်း	le gjaun:

pelo, cabello (m)	ဆံပင်	zabin
peinado (m)	ဆံပင်ပုံစံ	zabin boun zan
corte (m) de pelo	ဆံပင်ညှပ်သည့်ပုံစံ	zabin hnja' thi. boun zan
peluca (f)	ဆံပင်တု	zabin du.

bigote (m)	နှုတ်ခမ်းမွေး	hnou' khan: hmwei:
barba (f)	မုတ်ဆိတ်မွေး	mou' hsei' hmwei:
tener (~ la barba)	အရှည်ထားသည်	ashei hta: de
trenza (f)	ကျစ်ဆံမြီး	kji' zan mji:
patillas (f pl)	ပါးသိုင်းမွေး	pa: dhain: hmwei:

pelirrojo (adj)	ဆံပင်အနီရောင်ရှိသော	zabin ani jaun shi. de
gris, canoso (adj)	အရောင်ဖျော့သော	ajaun bjo. de.
calvo (adj)	ထိပ်ပြောင်သော	htei' pjaun de.
calva (f)	ဆံပင်ကျွတ်နေသောနေရာ	zabin kju' nei dho nei ja
cola (f) de caballo	မြင်းမြီးပုံစံဆံပင်	mjin: mji: boun zan zan bin
flequillo (m)	ဆံရစ်	hsaji'

29. El cuerpo

mano (f)	လက်	le'
brazo (m)	လက်မောင်း	le' maun:
dedo (m)	လက်ချောင်း	le' chaun:
dedo (m) del pie	ခြေချောင်း	chei gjaun:
dedo (m) pulgar	လက်မ	le' ma
dedo (m) meñique	လက်သန်း	le' than:
uña (f)	လက်သည်းခွံ	le' the: dou' tan zin:
puño (m)	လက်သီး	le' thi:
palma (f)	လက်ဝါး	le' wa:
muñeca (f)	လက်ကောက်ဝတ်	le' kau' wa'
antebrazo (m)	လက်ဖျံ	le' hpjan
codo (m)	တံတောင်ဆစ်	daduan zi'
hombro (m)	ပခုံး	pakhoun:
pierna (f)	ခြေထောက်	chei htau'
planta (f)	ခြေထောက်	chei htau'
rodilla (f)	ဒူး	du:
pantorrilla (f)	ခြေသလုံးကြွက်သား	chei dha. loun: gjwe' dha:
cadera (f)	တင်ပါး	tin ba:
talón (m)	ခြေဖနောင့်	chei ba. naun.
cuerpo (m)	ခန္ဓာကိုယ်	khan da kou
vientre (m)	ဗိုက်	bai'
pecho (m)	ရင်ဘတ်	jin ba'
seno (m)	နို့	nou.
lado (m), costado (m)	နံပါး	nan ba:
espalda (f)	ကျော	kjo:
zona (f) lumbar	ခါးအောက်ပိုင်း	kha: au' pain:
cintura (f), talle (m)	ခါး	kha:
ombligo (m)	ချက်	che'
nalgas (f pl)	တင်ပါး	tin ba:
trasero (m)	နောက်ပိုင်း	nau' pain:
lunar (m)	မှဲ့	hme.
marca (f) de nacimiento	မွေးရာပါအမှတ်	mwei: ja ba ahma'
tatuaje (m)	တက်တူး	te' tu:
cicatriz (f)	အမာရွတ်	ama ju'

La ropa y los accesorios

30. La ropa exterior. Los abrigos

ropa (f)	အဝတ်အစား	awu' aza:
ropa (f) de calle	အပေါ်ဝတ်အင်္ကျီ	apo we' in: gji
ropa (f) de invierno	ဆောင်းတွင်းဝတ်အဝတ်အစား	hsaun: dwin: wu' awu' asa:
abrigo (m)	ကုတ်အင်္ကျီရှည်	kou' akji shi
abrigo (m) de piel	သားမွေးအနွေးထည်	tha: mwei: anwei: de
abrigo (m) corto de piel	အမွေးပွအပေါ်အင်္ကျီ	ahmwei pwa po akji.
chaqueta (f) plumón	ငှက်မွေးကုတ်အင်္ကျီ	hnge' hmwei: kou' akji.
cazadora (f)	အပေါ်အင်္ကျီ	apo akji.
impermeable (m)	မိုးကာအင်္ကျီ	mou: ga akji
impermeable (adj)	ရေလုံသော	jei loun de.

31. Ropa de hombre y mujer

camisa (f)	ရှပ်အင်္ကျီ	sha' in gji
pantalones (m pl)	ဘောင်းဘီ	baun: bi
jeans, vaqueros (m pl)	ဂျင်းဘောင်းဘီ	gjin: bain: bi
chaqueta (f), saco (m)	အပေါ်အင်္ကျီ	apo akji.
traje (m)	အနောက်တိုင်းဝတ်စုံ	anau' tain: wu' saun
vestido (m)	ဂါဝန်	ga wun
falda (f)	စကတ်	saka'
blusa (f)	ဘလောက်စ်အင်္ကျီ	ba. lau' s in: gji
rebeca (f),	ကြယ်သီးပါသော အနွေးထည်	kje dhi: ba de. anwei: dhe
chaqueta (f) de punto		
chaqueta (f)	အပေါ်ဖုံးအင်္ကျီ	apo hpoun akji.
camiseta (f) (T-shirt)	တီရှပ်	ti shi'
pantalones (m pl) cortos	ဘောင်းဘီတို	baun: bi dou
traje (m) deportivo	အားကစားဝတ်စုံ	a: gaza: wu' soun
bata (f) de baño	ရေချိုးခန်းဝတ်စုံ	jei gjou: gan: wu' soun
pijama (m)	ညအိပ်ဝတ်စုံ	nja a' wu' soun
suéter (m)	ဆွယ်တာ	hswe da
pulóver (m)	ဆွယ်တာ	hswe da
chaleco (m)	ဝစ်ကုတ်	wi' kou'
frac (m)	တေးလ်ကုတ်အင်္ကျီ	tei: l kou' in: gji
esmoquin (m)	ညစာစားပွဲဝတ်စုံ	nja. za za: bwe: wu' soun
uniforme (m)	ယူနီဝတ်စုံ	tu nji wa' soun
ropa (f) de trabajo	အလုပ်ဝင် ဝတ်စုံ	alou' win wu' zoun
mono (m)	စက်ရုံဝတ်စုံ	se' joun wu' soun
bata (f) (p. ej. ~ blanca)	ဂျူတိကုတ်	gju di gou'

32. La ropa. La ropa interior

ropa (f) interior	အတွင်းခံ	atwin: gan
bóxer (m)	ယောက်ျားဝတ်အတွင်းခံ	jau' kja: wu' atwin: gan
bragas (f pl)	မိန်းကလေးဝတ်အတွင်းခံ	mein: galei: wa' atwin: gan
camiseta (f) interior	စွပ်ကျယ်	su' kje
calcetines (m pl)	ခြေအိတ်များ	chei ei' mja:
camisón (m)	ညအိပ်ဝါဂွန်ရှည်	nja a' ga wun she
sostén (m)	ဘရာစီယာ	ba ra si ja
calcetines (m pl) altos	ခြေအိတ်ရှည်	chei ei' shi
pantimedias (f pl)	အသားကပ်-ဘောင်းဘီရှည်	atha: ka' baun: bi shei
medias (f pl)	စတော့ကင်	sato. kin
traje (m) de baño	ရေကူးဝတ်စုံ	jei ku: wa' zoun

33. Gorras

gorro (m)	ဦးထုပ်	u: htou'
sombrero (m) de fieltro	ဦးထုပ်ပျော့	u: htou' pjo.
gorra (f) de béisbol	ရှာထိုးဦးထုပ်	sha dou: u: dou'
gorra (f) plana	လူကြီးဆောင်းဦးထုပ်ပြား	lu gji: zaun: u: dou' pja:
boina (f)	ဘယ်ရီဦးထုပ်	be ji u: htu'
capuchón (m)	အကျီတွင်ပါသော ခေါင်းစွပ်	akji. twin pa dho: gaun: zu'
panamá (m)	ဦးထုပ်အဝိုင်း	u: htou' awain:
gorro (m) de punto	သိုးမွေးခေါင်းစွပ်	thou: mwei: gaun: zu'
pañuelo (m)	ခေါင်းစည်းပုဝါ	gaun: zi: bu. wa
sombrero (m) de mujer	အမျိုးသမီးဆောင်းဦးထုပ်	amjou: dhami: zaun: u: htou'
casco (m) (~ protector)	ဦးထုပ်အမာ	u: htou' ama
gorro (m) de campaña	တပ်မတော်သုံးဦးထုပ်	ta' mado dhoun: u: dou'
casco (m) (~ de moto)	အမာစားဦးထုပ်	ama za: u: htou'
bombín (m)	ဦးထုပ်လုံး	u: htou' loun:
sombrero (m) de copa	ဦးထုပ်မြင့်	u: htou' mjin.

34. El calzado

calzado (m)	ဖိနပ်	hpana'
botas (f pl)	ရှူးဖိနပ်	shu: hpi. na'
zapatos (m pl) (~ de tacón bajo)	မိန်းကလေးဇီးရှူးဖိနပ်	mein: galei: zi: shu: bi. na'
botas (f pl) altas	လည်ရှည်ဖိနပ်	le she bi. na'
zapatillas (f pl)	အိမ်တွင်းစီးကွင်းထိုးဖိနပ်	ein dwin:
tenis (m pl)	အားကစားဖိနပ်	a: gaza: bana'
zapatillas (f pl) de lona	ပတ္တူဖိနပ်	pa' tu bi. na'
sandalias (f pl)	ကြိုးသိုင်းဖိနပ်	kjou: dhain: bi. na'
zapatero (m)	ဖိနပ်ချုပ်သမား	hpana' chou' tha ma:
tacón (m)	ဒေါက်	dau'

par (m)	အစုံ	asoun.
cordón (m)	ဖိနပ်ကြိုး	hpana' kjou:
encordonar (vt)	ဖိနပ်ကြိုးရှည်သည်	hpana' kjou: gjin de
calzador (m)	ဖိနပ်စီးရာသွင်သုံးသည့် ဖိနပ်ကော	hpana' si: ja dhwin dhoun: dhin. hpana' ko
betún (m)	ဖိနပ်တိုက်ဆေး	hpana' tou' hsei:

35. Los textiles. Las telas

algodón (m)	ဝါဂျည်	wa gji
de algodón (adj)	ဝါဂျည်မှ	wa gji hma.
lino (m)	ရှည်ကြမ်း	che kjan:
de lino (adj)	ရှည်ကြမ်းမှ	che kjan: hma.
seda (f)	ပိုးရှည်	pou: gje
de seda (adj)	ပိုးသားဖြင့်ပြုလုပ်ထားသော	pou: dha: bjin. bju. lou' hta: de.
lana (f)	သိုးမွေးရှည်	thou: mwei: gji
de lana (adj)	သိုးမွေးဖြင့်ပြုလုပ်ထားသော	thou: mwei: bjin. bju lou' hta: de.
terciopelo (m)	ကတ္တီပါ	gadi ba
gamuza (f)	မျက်နာပြင်ကြမ်းသောသားရေ	mje' hna bin gjain: dho dha: jei
pana (f)	ရှည်ကတ္တီပါ	che gadi ba
nilón (m)	နိုင်လွန်	nain lun
de nilón (adj)	နိုင်လွန်မှ	nain lun hma
poliéster (m)	ပေါ်လီအက်စတာ	po li e' sa. ta
de poliéster (adj)	ပေါ်လီအက်စတာ	po li e' sa. ta
piel (f) (cuero)	သားရေ	tha: ei
de piel (de cuero)	သားရေမှ	tha: jei hma.
piel (f) (~ de zorro, etc.)	သားမွေး	tha: mwei:
de piel (abrigo ~)	သားမွေးဖြင့်ပြုလုပ်ထားသော	tha: mwei: bjin. bju. lou' hta: de.

36. Accesorios personales

guantes (m pl)	လက်အိတ်	lei' ei'
manoplas (f pl)	နစ်ကန့်လက်အိတ်	hni' kan. le' ei'
bufanda (f)	မာဖလာ	ma ba. la
gafas (f pl)	မျက်မှန်	mje' hman
montura (f)	မျက်မှန်ကိုင်း	mje' hman gain:
paraguas (m)	ထီး	hti:
bastón (m)	တုတ်ကောက်	tou' kau'
cepillo (m) de pelo	ခေါင်းဘီး	gaun: bi:
abanico (m)	ပန်ကန်	pan gan
corbata (f)	လည်စည်း	le zi:
pajarita (f)	ဖဲပြားပုံလည်စည်း	hpe: bja: boun le zi:

tirantes (m pl)	‌‌သောင်းဘီသိုင်းကြိုး	baun: bi dhain: gjou:
moquero (m)	လက်ကိုင်ပုဝါ	le' kain bu. wa

peine (m)	ဘီး	bi:
pasador (m) de pelo	ဆံညှပ်	hsan hnja'
horquilla (f)	ကလစ်	kali'
hebilla (f)	ခါးပတ်ခေါင်း	kha: ba' khaun:

cinturón (m)	ခါးပတ်	kha: ba'
correa (f) (de bolso)	ပုံးသိုင်းကြိုး	pu. goun: dhain: gjou:

bolsa (f)	လက်ကိုင်အိတ်	le' kain ei'
bolso (m)	မိန်းကလေးပုံးလွယ်အိတ်	mein: galei: bou goun: lwe ei'
mochila (f)	ကျောပိုးအိတ်	kjo: bou: ei'

37. La ropa. Miscelánea

moda (f)	ဖက်ရှင်	hpe' shin
de moda (adj)	ခေတ်မီသော	khi' mi de.
diseñador (m) de moda	ဖက်ရှင်ဒီဇိုင်နာ	hpe' shin di zain na

cuello (m)	အကြီကောက်လာ	akji. ko la
bolsillo (m)	အိတ်ကပ်	ei' ka'
de bolsillo (adj)	အိတ်ဆောင်	ei' hsaun
manga (f)	အကြီလက်	akji. le'
presilla (f)	အကြီရှိတ်ကွင်း	akji. gjei' kwin:
bragueta (f)	‌‌သောင်းဘီလျှာဆက်	baun: bi ja ze'

cremallera (f)	ဇစ်	zi'
cierre (m)	ရှိတ်စရာ	che' zaja
botón (m)	ကြယ်သီး	kje dhi:
ojal (m)	ကြယ်သီးပေါက်	kje dhi: bau'
saltar (un botón)	ပြုတ်ထွက်သည်	pjou' htwe' te

coser (vi, vt)	စက်ချုပ်သည်	se' khjou' te
bordar (vt)	ပန်းထိုးသည်	pan: dou: de
bordado (m)	ပန်းထိုးခြင်း	pan: dou: gjin:
aguja (f)	အပ်	a'
hilo (m)	အပ်ချည်	a' chi
costura (f)	ချုပ်ရိုး	chou' jou:

ensuciarse (vr)	ညစ်ပေသွားသည်	nji' pei dhwa: de
mancha (f)	အစွန်းအထင်း	aswan: ahtin:
arrugarse (vr)	တွန့်ကြေစေသည်	tun. gjei zei de
rasgar (vt)	ပေါက်ပြဲသွားသည်	pau' pje dhwa: de
polilla (f)	အဝတ်ပိုးဖလံ	awu' pou: hpa. lan

38. Productos personales. Cosméticos

pasta (f) de dientes	သွားတိုက်ဆေး	thwa: tai' hsei:
cepillo (m) de dientes	သွားတိုက်တံ	thwa: tai' tan
limpiarse los dientes	သွားတိုက်သည်	thwa: tai' te

maquinilla (f) de afeitar	သင်တုန်းဓား	thin toun: da:
crema (f) de afeitar	မုတ်ဆိတ်ရိတ် ဆပ်ပြာ	mou' zei' jei' hsa' pja
afeitarse (vr)	ရိတ်သည်	jei' te

| jabón (m) | ဆပ်ပြာ | hsa' pja |
| champú (m) | ခေါင်းလျှော်ရည် | gaun: sho je |

tijeras (f pl)	ကတ်ကြေး	ka' kjei:
lima (f) de uñas	လက်သည်းတိုက်တံစဉ်း	le' the:
cortaúñas (m pl)	လက်သည်းညှပ်	le' the: hnja'
pinzas (f pl)	ဇာဂနာ	za ga. na

cosméticos (m pl)	အလှကုန်ပစ္စည်း	ahla. koun pji' si:
mascarilla (f)	မျက်နာပေါင်းတင်ခြင်း	mje' hna baun: din gjin:
manicura (f)	လက်သည်းအလှပြင်ခြင်း	le' the: ahla bjin gjin
hacer la manicura	လက်သည်းအလှပြင်သည်	le' the: ahla bjin de
pedicura (f)	ခြေသည်းအလှပြင်သည်	chei dhi: ahla. pjin de

bolsa (f) de maquillaje	မိတ်ကပ်အိတ်	mi' ka' ei'
polvos (m pl)	ပေါင်ဒါ	paun da
polvera (f)	ပေါင်ဒါဘူး	paun da bu:
colorete (m), rubor (m)	ပါးနီ	pa: ni

perfume (m)	ရေမွှေး	jei mwei:
agua (f) de tocador	ရေမွှေး	jei mwei:
loción (f)	လိုးရှင်း	lou shin:
agua (f) de Colonia	အော်ဒီကာလုန်းရေမွှေး	o di ka lun: jei mwei:

sombra (f) de ojos	မျက်ခွံဆိုးဆေး	mje' khwan zou: zei:
lápiz (m) de ojos	အိုင်းလိုင်းနာတောင့်	ain: lain: na daun.
rímel (m)	မျက်တောင်ခြယ်ဆေး	mje' taun gje zei:

pintalabios (m)	နှုတ်ခမ်းနီ	hna' khan: ni
esmalte (m) de uñas	လက်သည်းဆိုးဆေး	le' the: azou: zei:
fijador (m) para el pelo	ဆံပင်သုံး စပရေး	zabin dhoun za. ba. jei:
desodorante (m)	ချွေးနံ့ပျောက်ဆေး	chwei: nan. bjau' hsei:

crema (f)	ခရင်မ်	khajin m
crema (f) de belleza	မျက်နာခရင်မ်	mje' hna ga. jin m
crema (f) de manos	ဟန်ခရင်မ်	han kha. rin m
crema (f) antiarrugas	အသားအရေကြောက်ကာကွယ်ဆေး	atha: gjau' ka gwe zei:
crema (f) de día	နေ့လိမ်းခရင်မ်	nei. lein: ga jin'm
crema (f) de noche	ညလိမ်းခရင်မ်	nja lein: khajinm
de día (adj)	နေ့လယ်ဘက်သုံးသော	nei. le be' thoun: de.
de noche (adj)	ညဘက်သုံးသော	nja. be' thoun: de.

tampón (m)	အဝတောင့်	ataun.
papel (m) higiénico	အိမ်သာသုံးစက္ကူ	ein dha dhoun: se' ku
secador (m) de pelo	ဆံပင်အခြောက်ခံစက်	zabin achou' hsan za'

39. Las joyas

| joyas (f pl) | လက်ဝတ်ရတနာ | le' wa' ja. da. na |
| precioso (adj) | အဖိုးတန် | ahpou' dan |

contraste (m)	ရွှေ့ငွေ့ကဲမှတ်	shwei ge: ngwei ge: hma'
anillo (m)	လက်စွပ်	le' swa'
anillo (m) de boda	လက်ထပ်လက်စွပ်	le' hta' le' swa'
pulsera (f)	လက်ကောက်	le' kau'

pendientes (m pl)	နားကပ်	na: ka'
collar (m) (~ de perlas)	လည်ဆွဲ	le zwe:
corona (f)	သရဖူ	tharahpu:
collar (m) de abalorios	လည်ဆွဲပုတီး	le zwe: bu. di:

diamante (m)	စိန်	sein
esmeralda (f)	မြ	mja.
rubí (m)	ပတ္တမြား	pa' ta. mja:
zafiro (m)	နီလာ	ni la
perla (f)	ပုလဲ	pale:
ámbar (m)	ပယင်း	pajin:

40. Los relojes

reloj (m)	နာရီ	na ji
esfera (f)	နာရီဒိုက်ခွက်	na ji dai' hpwe'
aguja (f)	နာရီလက်တံ	na ji le' tan
pulsera (f)	နာရီကြိုး	na ji gjou:
correa (f) (del reloj)	နာရီကြိုး	na ji gjou:

pila (f)	ဓာတ်ခဲ	da' khe:
descargarse (vr)	အားကုန်သည်	a: kun de
cambiar la pila	ဘတ်ထရီလဲသည်	ba' hta ji le: de
adelantarse (vr)	မြန်သည်	mjan de
retrasarse (vr)	နောက်ကျသည်	nau' kja. de

reloj (m) de pared	တိုင်ကပ်နာရီ	tain ka' na ji
reloj (m) de arena	သဲနာရီ	the: naji
reloj (m) de sol	နေနာရီ	nei na ji
despertador (m)	နှိုးစက်	hnou: ze'
relojero (m)	နာရီပြင်ဆရာ	ma ji bjin zaja
reparar (vt)	ပြင်သည်	pjin de

La comida y la nutrición

carne (f)	အသား	atha:
gallina (f)	ကြက်သား	kje' tha:
pollo (m)	ကြက်ကလေး	kje' ka, lei:
pato (m)	ဘဲသား	be: dha:
ganso (m)	ဘဲငန်းသား	be: ngan: dha:
caza (f) menor	တောကောင်သား	to: gaun dha:
pava (f)	ကြက်ဆင်သား	kje' hsin dha:

carne (f) de cerdo	ဝက်သား	we' tha:
carne (f) de ternera	နွားကလေးသား	nwa: ga. lei: dha:
carne (f) de carnero	သိုးသား	thou: tha:
carne (f) de vaca	အမဲသား	ame: dha:
conejo (m)	ယုန်သား	joun dha:

salchichón (m)	ဝက်အူရှောင်း	we' u gjaun:
salchicha (f)	အသားရှောင်း	atha: gjaun:
beicon (m)	ဝက်သားနယ်ခြောက်	we' has: ne gjau'
jamón (m)	ဝက်ပေါင်ခြောက်	we' paun gjau'
jamón (m) fresco	ဝက်ပေါင်ကြက်တိုက်	we' paun gje' tai'

paté (m)	အနှစ်အခဲပျော့	ahni' akhe pjo.
hígado (m)	အသည်း	athe:
carne (f) picada	ကြိတ်သား	kjei' tha:
lengua (f)	လျှာ	sha

huevo (m)	ဥ	u.
huevos (m pl)	ဥများ	u. mja:
clara (f)	အကာ	aka
yema (f)	အနှစ်	ahni'

pescado (m)	ငါး	nga:
mariscos (m pl)	ပင်လယ်အစားအစာ	pin le asa: asa
crustáceos (m pl)	အခွံမာရေနေသတ္တဝါ	akhun ma jei nei dha' ta. wa
caviar (m)	ငါးဥ	nga: u.

cangrejo (m) de mar	ကကန်း	kanan:
camarón (m)	ပုစွန်	bazun
ostra (f)	ကမာကောင်	kama kaun
langosta (f)	ကျောက်ပုစွန်	kjau' pu. zun
pulpo (m)	ရေဘဝဲသား	jei ba. we: dha:
calamar (m)	ပြည်ကြီးငါး	pjei gji: nga:

esturión (m)	စတာဂျင်ငါး	sata gjin nga:
salmón (m)	ဆော်လမွန်ငါး	hso: la. mun nga:
fletán (m)	ပင်လယ်ငါးကြီးသား	pin le nga: gji: dha:
bacalao (m)	ငါးကြီးဆီထုတ်သောငါး	nga: gji: zi dou' de. nga:

caballa (f)	မက်ကရယ်ငါး	me' ka. je nga:
atún (m)	တူနာငါး	tu na nga:
anguila (f)	ငါးရှဉ့်	nga: shin.

trucha (f)	ထရောက်ငါး	hta. jau' nga:
sardina (f)	ငါးသေတ္တာငါး	nga: dhei ta' nga:
lucio (m)	ပိုက်ငါး	pai' nga
arenque (m)	ငါးသလောက်	nga: dha. lau'

pan (m)	ပေါင်မုန့်	paun moun.
queso (m)	ဒိန်ခဲ	dain ge:
azúcar (m)	သကြား	dhagja:
sal (f)	ဆား	hsa:

arroz (m)	ဆန်စပါး	hsan zaba
macarrones (m pl)	အီတလီခေါက်ဆွဲ	ita. li khau' hswe:
tallarines (m pl)	ခေါက်ဆွဲ	gau' hswe:

mantequilla (f)	ထောပတ်	hto: ba'
aceite (m) vegetal	ဆီ	hsi
aceite (m) de girasol	နေကြာပန်းဆီ	nei gja ban: zi
margarina (f)	ဟင်းရွက်အဆီခဲ	hin: jwe' ahsi khe:

olivas, aceitunas (f pl)	သံလွင်သီး	than lun dhi:
aceite (m) de oliva	သံလွင်ဆီ	than lun zi

leche (f)	နွားနို့	nwa: nou.
leche (f) condensada	နို့ဆီ	ni. zi
yogur (m)	ဒိန်ချဉ်	dain gjin
nata (f) agria	နို့ချဉ်	nou. gjin
nata (f) líquida	မလိုင်	ma. lain

mayonesa (f)	ခပ်ပျစ်ပျစ်စားမြိန်ရည်	kha' pji' pji' sa: mjein jei
crema (f) de mantequilla	ထောပတ်မလိုင်	hto: ba' ma. lein

cereales (m pl) integrales	နှံစားစေ့	nhnan za: zei.
harina (f)	ဂျုံမှုန့်	gjoun hmoun.
conservas (f pl)	စည်သွပ်ဗူးများ	si dhwa' bu: mja:

copos (m pl) de maíz	ပြောင်းဖူးမုန့်ဆန်း	pjaun: bu: moun. zan:
miel (f)	ပျားရည်	pja: je
confitura (f)	ယို	jou
chicle (m)	ပီကေ	pi gei

42. Las bebidas

agua (f)	ရေ	jei
agua (f) potable	သောက်ရေ	thau' jei
agua (f) mineral	ဓာတ်ဆားရည်	da' hsa: ji

sin gas	ဂတ်စ်မပါသော	ga' s ma. ba de.
gaseoso (adj)	ဂတ်စ်ပါသော	ga' s ba de.
con gas	စပါကလင်	saba ga. lin
hielo (m)	ရေခဲ	jei ge:

con hielo	ရေခဲနှင့်	jei ge: hnin.
sin alcohol	အယ်ကိုဟောမပါသော	e kou ho: ma. ba de.
bebida (f) sin alcohol	အယ်ကိုဟောမပုတ်သော ဖျော်ရည်	e kou ho: ma. hou' te. dhau' sa. ja
refresco (m)	အဖျော်	aei:
limonada (f)	လီမွန်ဖျော်ရည်	li mun hpjo ji

bebidas (f pl) alcohólicas	အယ်ကိုဟောပါဝင်သော ဖျော်ရည်	e kou ho: ba win de. dhau' sa. ja
vino (m)	ဝိုင်	wain
vino (m) blanco	ဝိုင်ဖြူ	wain gju
vino (m) tinto	ဝိုင်နီ	wain ni

licor (m)	အရက်ချိုပြင်း	aje' gjou pjin
champaña (f)	ရှန်ပိန်	shan pein
vermú (m)	ရှန်သင်းသောဆေးစိမ်ဝိုင်	jan dhin: dho: zei: zein wain

whisky (m)	ဝီစကီ	wi sa. gi
vodka (m)	ဗော့ကာ	bo ga
ginebra (f)	ဂျင်	gjin
coñac (m)	ကော့ညက်	ko. nja'
ron (m)	ရမ်	ran

café (m)	ကော်ဖီ	ko hpi
café (m) solo	ဘလက်ကော်ဖီ	ba. le' ko: phi
café (m) con leche	ကော်ဖီနှင့်ရော	ko hpi ni. jo:
capuchino (m)	ကပူချီနို	ka. pu chi ni.
café (m) soluble	ကော်ဖီမှုတ်	ko hpi mi'

leche (f)	နွားနို့	nwa: nou.
cóctel (m)	ကော့တေး	ko. dei:
batido (m)	မစ်ရှိတ်	mi' shei'

zumo (m), jugo (m)	အချိုရည်	achou ji
jugo (m) de tomate	ခရမ်းချဉ်သီးအချိုရည်	khajan: chan dhi: achou jei
zumo (m) de naranja	လိမ္မော်ရည်	limmo ji
zumo (m) fresco	အသီးဖျော်ရည်	athi: hpjo je

cerveza (f)	ဘီယာ	bi ja
cerveza (f) rubia	အရောင်ဖျော့သောဘီယာ	ajaun bjau. de. bi ja
cerveza (f) negra	အရောင်ရင့်သောဘီယာ	ajaun jin. de. bi ja

té (m)	လက်ဖက်ရည်	le' hpe' ji
té (m) negro	လက်ဖက်နက်	le' hpe' ne'
té (m) verde	လက်ဖက်စိမ်း	le' hpe' sein:

43. Las verduras

legumbres (f pl)	ဟင်းသီးဟင်းရွက်	hin: dhi: hin: jwe'
verduras (f pl)	ဟင်းခတ်အမွှေးရွက်	hin: ga' ahmwei: jwe'

tomate (m)	ခရမ်းချဉ်သီး	khajan: chan dhi:
pepino (m)	သခွားသီး	thakhwa: dhi:
zanahoria (f)	မုန်လာဥနီ	moun la u. ni

patata (f)	အာလူး	a lu:
cebolla (f)	ကြက်သွန်နီ	kje' thwan ni
ajo (m)	ကြက်သွန်ဖြူ	kje' thwan bju
col (f)	ဂေါ်ဖီ	go bi
coliflor (f)	ပန်းဂေါ်ဖီ	pan: gozi
col (f) de Bruselas	ဂေါ်ဖီထုပ်အသေးစား	go bi dou' athei: za:
brócoli (m)	ပန်းဂေါ်ဖီအစိမ်း	pan: gozi asein:
remolacha (f)	မုန်လာဥနီလုံး	moun la u. ni loun:
berenjena (f)	ခရမ်းသီး	khajan: dhi:
calabacín (m)	ဘူးသီး	bu: dhi:
calabaza (f)	ဖရုံသီး	hpa joun dhi:
nabo (m)	တရုတ်မုန်လာဥ	tajou' moun la u.
perejil (m)	တရုတ်နံနံပင်	tajou' nan nan bin
eneldo (m)	စမြိတ်ပင်	samjei' pin
lechuga (f)	ဆလပ်ရွက်	hsa. la' jwe'
apio (m)	တရုတ်နံနံကြီး	tajou' nan nan gji:
espárrago (m)	ကညွတ်မာပင်	ka. nju' ma bin
espinaca (f)	ဒေါက်ခွ	dau' khwa.
guisante (m)	ပဲစေ့	pe: zei.
habas (f pl)	ပဲအမျိုးမျိုး	pe: amjou: mjou:
maíz (m)	ပြောင်းဖူး	pjaun: bu:
fréjol (m)	ဗိုလ်စားပဲ	bou za: be:
pimiento (m) dulce	ငရုတ်သီး	nga jou' thi:
rábano (m)	မုန်လာဥသေး	moun la u. dhei:
alcachofa (f)	အာတီချော့	a ti cho.

44. Las frutas. Las nueces

fruto (m)	အသီး	athi:
manzana (f)	ပန်းသီး	pan: dhi:
pera (f)	သစ်တော်သီး	thi' to dhi:
limón (m)	သံပုယိုသီး	than bu. jou dhi:
naranja (f)	လိမ္မော်သီး	limmo dhi:
fresa (f)	စတော်ဘယ်ရီသီး	sato be ri dhi:
mandarina (f)	ပျားလိမ္မော်သီး	pja: lein mo dhi:
ciruela (f)	ဆီးသီး	hsi: dhi:
melocotón (m)	မက်မွန်သီး	me' mwan dhi:
albaricoque (m)	တရုတ်ဆီးသီး	jau' hsi: dhi:
frambuesa (f)	ရက်စဘယ်ရီ	re' sa be ji
piña (f)	နာနတ်သီး	na na' dhi:
banana (f)	ငှက်ပျောသီး	hnge' pjo: dhi:
sandía (f)	ဖရဲသီး	hpa. je: dhi:
uva (f)	စပျစ်သီး	zabji' thi:
guinda (f)	ချယ်ရီချဉ်သီး	che ji gjin dhi:
cereza (f)	ချယ်ရီချိုသီး	che ji gjou dhi:
melón (m)	သခွားမွှေးသီး	thakhwa: hmwei: dhi:
pomelo (m)	ဂရိတ်ဖရုသီး	ga. ri' hpa. ju dhi:

aguacate (m)	ထောပတ်သီး	hto: ba' thi:
papaya (f)	သင်္ဘောသီး	thin: bo: dhi:
mango (m)	သရက်သီး	thaje' thi:
granada (f)	တလည်းသီး	tale: dhi:
grosella (f) roja	အနီရောင်ဘယ်ရီသီး	ani jaun be ji dhi:
grosella (f) negra	ဘလက်ကားရန့်	ba. le' ka: jan.
grosella (f) espinosa	ကလားဆီးဖြူ	ka. la: his: hpju
arándano (m)	ဘီဘယ်ရီအသီး	bi: be ji athi:
zarzamoras (f pl)	ရှမ်းဆီးသီး	shan: zi: di:
pasas (f pl)	စပျစ်သီးခြောက်	zabji' thi: gjau'
higo (m)	သဖန်းသီး	thahpjan: dhi:
dátil (m)	စွန်ပလွံသီး	sun palun dhi:
cacahuete (m)	မြေပဲ	mjei be:
almendra (f)	ဗာဒံသီး	ba dan di:
nuez (f)	သစ်ကြားသီး	thi' kja: dhi:
avellana (f)	ဟောဇယ်သီး	ho: ze dhi:
nuez (f) de coco	အုန်းသီး	aun: dhi:
pistachos (m pl)	ခွံမာသီး	khwan ma dhi:

45. El pan. Los dulces

pasteles (m pl)	မုန့်ချို	moun. gjou
pan (m)	ပေါင်မုန့်	paun moun.
galletas (f pl)	ဘီစကစ်	bi za. ki'
chocolate (m)	ချောကလက်	cho: ka. le'
de chocolate (adj)	ချောကလက်အရသာရှိသော	cho: ka. le' aja. dha shi. de.
caramelo (m)	သကြားလုံး	dhagja: loun:
tarta (f) (pequeña)	ကိတ်	kei'
tarta (f) (~ de cumpleaños)	ကိတ်မုန့်	kei' moun.
tarta (f) (~ de manzana)	ပိုင်မုန့်	pain hmoun.
relleno (m)	သွပ်ထားသောအစာ	thu' hta: dho: asa
confitura (f)	ယို	jou
mermelada (f)	အထူးပြုလုပ်ထားသော ယို	a htu: bju. lou' hta: de. jou
gofre (m)	ဝေဖာ	wei hpa
helado (m)	ရေခဲမုန့်	jei ge: moun.
pudin (m)	ပူတင်း	pu tin:

46. Los platos

plato (m)	ဟင်းပွဲ	hin: bwe:
cocina (f)	အစားအသောက်	asa: athau'
receta (f)	ဟင်းချက်နည်း	hin: gji' ne:
porción (f)	တစ်ယောက်စာဟင်းပွဲ	ti' jau' sa hin: bwe:
ensalada (f)	အသုပ်	athou'
sopa (f)	စွပ်ပြုတ်	su' pjou'

caldo (m)	ဟင်းရည်	hin: ji
bocadillo (m)	အသားညှပ်ပေါင်မုန့်	atha: hnja' paun moun.
huevos (m pl) fritos	ကြက်ဥကြော်	kje' u. kjo

| hamburguesa (f) | ဟန်ဘာဂါ | han ba ga |
| bistec (m) | အမဲသားဝုံး | ame: dha: doun: |

guarnición (f)	အရံဟင်း	ajan hin:
espagueti (m)	အီတလီခေါက်ဆွဲ	ita. li khau' hswe:
puré (m) de patatas	အာလူးနွားနို့ဖျော်	a luu: nwa: nou. bjo
pizza (f)	ပီဇာ	pi za
gachas (f pl)	အုတ်ဂျုံယာဂု	ou' gjoun ja gu.
tortilla (f) francesa	ကြက်ဥခေါက်ကြော်	kje' u. khau' kjo

cocido en agua (adj)	ပြုတ်ထားသော	pjou' hta: de.
ahumado (adj)	ကင်တင်ထားသော	kja' tin da: de.
frito (adj)	ကြော်ထားသော	kjo da de.
seco (adj)	ခြောက်နေသော	chau' nei de.
congelado (adj)	အေးခဲနေသော	ei: khe: nei de.
marinado (adj)	သားရည်စိမ်ထားသော	hsa:

azucarado, dulce (adj)	ချိုသော	chou de.
salado (adj)	ငန်သော	ngan de.
frío (adj)	အေးသော	ei: de.
caliente (adj)	ပူသော	pu dho:
amargo (adj)	ခါးသော	kha: de.
sabroso (adj)	အရသာရှိသော	aja. dha shi. de.

cocer en agua	ပြုတ်သည်	pjou' te
preparar (la cena)	ချက်သည်	che' de
freír (vt)	ကြော်သည်	kjo de
calentar (vt)	အပူပေးသည်	apu bei: de

salar (vt)	သားထည့်သည်	hsa: hte. de
poner pimienta	အစပ်ထည့်သည်	asin hte. dhe
rallar (vt)	ခြစ်သည်	chi' te
piel (f)	အခွံ	akhun
pelar (vt)	အခွံနွာသည်	akhun hnwa de

47. Las especias

sal (f)	သား	hsa:
salado (adj)	ငန်သော	ngan de.
salar (vt)	သားထည့်သည်	hsa: hte. de

pimienta (f) negra	ငရုတ်ကောင်း	nga jou' kaun:
pimienta (f) roja	ငရုတ်သီး	nga jou' thi:
mostaza (f)	မုန်ညင်း	moun njin:
rábano (m) picante	သဘောဒန့်သလွန်	thin: bo: dan. dha lun

condimento (m)	ဟင်းခတ်အမွန့်အမျိုးမျိုး	hin: ga' ahnun. amjou: mjou:
especia (f)	ဟင်းခတ်အမွှေးအကြိုင်	hin: ga' ahmwei: akjain
salsa (f)	ဆော	hso.
vinagre (m)	ရှာလကာရည်	sha la. ga je

anís (m)	စမုန်စပါးပင်	samoun zaba: bin
albahaca (f)	ပင်စိမ်း	pin zein:
clavo (m)	လေးညှင်း	lei: hnjin:
jengibre (m)	ဂျင်း	gjin:
cilantro (m)	နံနံပင်	nan nan bin
canela (f)	သစ်ကြံပိုးခေါက်	thi' kjan bou: gau'

sésamo (m)	နှမ်း	hnan:
hoja (f) de laurel	ကရဝေးရွက်	ka ja wei: jwe'
paprika (f)	ပန်းငရုတ်မှုန့်	pan: nga. jou' hnoun.
comino (m)	ကရဝေး	ka. ja. wei:
azafrán (m)	ကုံကုမံ	koun kou man

48. Las comidas

| comida (f) | အစားအစာ | asa: asa |
| comer (vi, vt) | စားသည် | sa: de |

desayuno (m)	နံနက်စာ	nan ne' za
desayunar (vi)	နံနက်စာစားသည်	nan ne' za za: de
almuerzo (m)	နေ့လယ်စာ	nei. le za
almorzar (vi)	နေ့လယ်စာစားသည်	nei. le za za de
cena (f)	ညစာ	nja. za
cenar (vi)	ညစာစားသည်	nja. za za: de

| apetito (m) | စားချင်စိတ် | sa: gjin zei' |
| ¡Que aproveche! | စားကောင်းပါစေ | sa: gaun: ba zei |

abrir (vt)	ဖွင့်သည်	hpwin. de
derramar (líquido)	ဖိတ်ကျသည်	hpi' kja de
derramarse (líquido)	မှောက်သည်	hmau' de
hervir (vi)	ဆူပွက်သည်	hsu. bwe' te
hervir (vt)	ဆူပွက်သည်	hsu. bwe' te
hervido (agua ~a)	ဆူပွက်ထားသော	hsu. bwe' hta: de.
enfriar (vt)	အအေးခံသည်	aei: gan de
enfriarse (vr)	အေးသွားသည်	ei: dhwa: de

| sabor (m) | အရသာ | aja. dha |
| regusto (m) | ပအာ့ရှိုင်း | pa. achin: |

adelgazar (vi)	ဝိတ်ချသည်	wei' cha. de
dieta (f)	ဓာတ်စာ	da' sa
vitamina (f)	ဗီတာမင်	bi ta min
caloría (f)	ကယ်လိုရီ	ke lou ji
vegetariano (m)	သက်သက်လွတ်စားသူ	the' the' lu' za: dhu
vegetariano (adj)	သက်သက်လွတ်စားသော	the' the' lu' za: de.

grasas (f pl)	အဆီ	ahsi
proteínas (f pl)	အသားဓာတ်	atha: da'
carbohidratos (m pl)	ကဗီဓာတ်	ka. zi da'

loncha (f)	အချပ်	acha'
pedazo (m)	အတုံး	atoun:
miga (f)	အစအန	asa an

49. Los cubiertos

cuchara (f)	ဇွန်း	zun:
cuchillo (m)	ဓား	da:
tenedor (m)	ခက်ရင်း	khajin:

taza (f)	ခွက်	khwe'
plato (m)	ပန်းကန်ပြား	bagan: bja:
platillo (m)	အောက်ခံပန်းကန်ပြား	au' khan ban: kan pja:
servilleta (f)	လက်သုတ်ပုဝါ	le' thou' pu. wa
mondadientes (m)	သွားကြားထိုးတံ	thwa: kja: dou: dan

50. El restaurante

restaurante (m)	စားသောက်ဆိုင်	sa: thau' hsain
cafetería (f)	ကော်ဖီဆိုင်	ko hpi zain
bar (m)	ဘား	ba:
salón (m) de té	လက်ဖက်ရည်ဆိုင်	le' hpe' ji zain

camarero (m)	စားပွဲထိုး	sa: bwe: dou:
camarera (f)	စားပွဲထိုးမိန်းကလေး	sa: bwe: dou: mein: ga. lei:
barman (m)	အရက်ဘားဝန်ထမ်း	aje' ba: wun dan:

carta (f), menú (m)	စားသောက်ဖွယ်စာရင်း	sa: thau' hpwe za jin:
carta (f) de vinos	ဝိုင်စာရင်း	wain za jin:
reservar una mesa	စားပွဲကြိုတင်မှာယူသည်	sa: bwe: gjou din hma ju de

plato (m)	ဟင်းပွဲ	hin: bwe:
pedir (vt)	မှာသည်	hma de
hacer un pedido	မှာသည်	hma de

aperitivo (m)	နှုတ်မြိန်ဆေး	hna' mjein zei:
entremés (m)	နှုတ်မြိန်စာ	hna' mjein za
postre (m)	အချိုပွဲ	achou bwe:

cuenta (f)	ကျသင့်ငွေ	kja. thin. ngwei
pagar la cuenta	ကုန်ကျငွေရှင်းသည်	koun gja ngwei shin: de
dar la vuelta	ပြန်အမ်းသည်	pjan an: de
propina (f)	မုန့်ဖိုး	moun. bou:

La familia nuclear, los parientes y los amigos

51. La información personal. Los formularios

nombre (m)	အမည်	amji
apellido (m)	မိသားစုအမည်	mi. dha: zu. amji
fecha (f) de nacimiento	မွေးနေ့	mwei: nei.
lugar (m) de nacimiento	မွေးရပ်	mwer: ja'
nacionalidad (f)	လူမျိုး	lu mjou:
domicilio (m)	နေရပ်ဒေသ	nei ja' da. dha.
país (m)	နိုင်ငံ	nain ngan
profesión (f)	အလုပ်အကိုင်	alou' akain
sexo (m)	လိင်	lin
estatura (f)	အရပ်	aja'
peso (m)	ကိုယ်အလေးချိန်	kou alei: chain

52. Los familiares. Los parientes

madre (f)	အမေ	amei
padre (m)	အဖေ	ahpei
hijo (m)	သား	tha:
hija (f)	သမီး	thami:
hija (f) menor	သမီးအငယ်	thami: ange
hijo (m) menor	သားအငယ်	tha: ange
hija (f) mayor	သမီးအကြီး	thami: akji:
hijo (m) mayor	သားအကြီး	tha: akji:
hermano (m)	ညီအစ်ကို	nji a' kou
hermano (m) mayor	အစ်ကို	akou
hermano (m) menor	ညီ	nji
hermana (f)	ညီအစ်မ	nji a' ma
hermana (f) mayor	အစ်မ	ama.
hermana (f) menor	ညီမ	nji ma.
primo (m)	ဝမ်းကွဲအစ်ကို	wan: kwe: i' kou
prima (f)	ဝမ်းကွဲညီမ	wan: kwe: nji ma.
mamá (f)	မေမေ	mei mei
papá (m)	ဖေဖေ	hpei hpei
padres (pl)	မိဘတွေ	mi. ba. dwei
niño -a (m, f)	ကလေး	kalei:
niños (pl)	ကလေးများ	kalei: mja:
abuela (f)	အဘွား	ahpwa
abuelo (m)	အဘိုး	ahpou:

nieto (m)	မြေး	mjei:
nieta (f)	မြေးမ	mjei: ma.
nietos (pl)	မြေးများ	mjei: mja:

tío (m)	ဦးလေး	u: lei:
tía (f)	အဒေါ်	ado
sobrino (m)	တူ	tu
sobrina (f)	တူမ	tu ma.

suegra (f)	ယောက္ခမ	jau' khama.
suegro (m)	ယောက္ခထီး	jau' khadi:
yerno (m)	သားမက်	tha: me'
madrastra (f)	မိထွေး	mi. dwei:
padrastro (m)	ပထွေး	pahtwei:

niño (m) de pecho	နို့စို့ကလေး	nou. zou. galei:
bebé (m)	ကလေးငယ်	kalei: nge
chico (m)	ကလေး	kalei:

mujer (f)	မိန်းမ	mein: ma.
marido (m)	ယောက်ျား	jau' kja:
esposo (m)	ခင်ပွန်း	khin bun:
esposa (f)	ဇနီး	zani:

casado (adj)	မိန်းမရှိသော	mein: ma. shi. de.
casada (adj)	ယောက်ျားရှိသော	jau' kja: shi de
soltero (adj)	လူလွတ်ဖြစ်သော	lu lu' hpji te.
soltero (m)	လူပ္	lu bjou
divorciado (adj)	တစ်ခုလပ်ဖြစ်သော	ti' khu. la' hpji' te.
viuda (f)	မုဆိုးမ	mu. zou: ma.
viudo (m)	မုဆိုးဖို	mu. zou: bou

pariente (m)	ဆွေမျိုး	hswe mjou:
pariente (m) cercano	ဆွေမျိုးရင်းချာ	hswe mjou: jin: gja
pariente (m) lejano	ဆွေမျိုးနီးစပ်	hswe mjou: ni: za'
parientes (pl)	မွေးချင်းများ	mwei: chin: mja:

huérfano (m), huérfana (f)	မိဘမဲ့	mi. ba me.
huérfano (m)	မိဘမဲ့ကလေး	mi. ba me. ga lei:
huérfana (f)	မိဘမဲ့ကလေးမ	mi. ba me. ga lei: ma
tutor (m)	အုပ်ထိန်းသူ	ou' htin: dhu
adoptar (un niño)	သားအဖြစ်မွေးစားသည်	tha: ahpji' mwei: za: de
adoptar (una niña)	သမီးအဖြစ်မွေးစားသည်	thami: ahpji' mwei: za: de

53. Los amigos. Los compañeros del trabajo

amigo (m)	သူငယ်ချင်း	thu nge gjin:
amiga (f)	မိန်းကလေးသူငယ်ချင်း	mein: galei: dhu nge gjin:
amistad (f)	ခင်မင်ရင်းနှီးမှု	khin min jin: ni: hmu.
ser amigo	ခင်မင်သည်	khin min de

amigote (m)	အပေါင်းအသင်း	apaun: athin:
amiguete (f)	အပေါင်းအသင်း	apaun: athin:
compañero (m)	လုပ်ဖော်ကိုင်ဖက်	lou' hpo kain be'

jefe (m)	အကြီးအကဲ	akji: ake:
superior (m)	အထက်လူကြီး	a hte' lu gji:
propietario (m)	ပိုင်ရှင်	pain shin
subordinado (m)	လက်အောက်ခံအမှုထမ်း	le' au' khan ahmu. htan:
colega (m, f)	လုပ်ဖော်ကိုင်ဖက်	lou' hpo kain be'

conocido (m)	အကျွမ်းဝင်မှု	akjwan: win hmu.
compañero (m) de viaje	ခရီးဖော်	khaji: bo
condiscípulo (m)	တစ်တန်းတည်းသား	ti' tan: de: dha:

vecino (m)	အိမ်နီးနားချင်း	ein ni: na: gjin:
vecina (f)	မိန်းကလေးအိမ်နီးနားချင်း	mein: galei: ein: ni: na: gjin:
vecinos (pl)	အိမ်နီးနားချင်းများ	ein ni: na: gjin: mja:

54. El hombre. La mujer

mujer (f)	အမျိုးသမီး	amjou: dhami:
muchacha (f)	မိန်းကလေး	mein: ga. lei:
novia (f)	သတို့သမီး	dhadou. thami:

| guapa (adj) | လှပသော | hla. ba. de. |
| alta (adj) | အရပ်မြင့်သော | aja' mjin. de. |

| esbelta (adj) | သွယ်လျသော | thwe lja de. |
| de estatura mediana | အရပ်ပုသော | aja' pu. de. |

| rubia (f) | ဆံပင်ရွှေရောင်ဖျော့မိန်းကလေး | zabin shwei jaun bjo. min: ga lei: |
| morena (f) | ဆံပင်နက်သောမိန်းကလေး | zabin ne' de.min: ga lei: |

de señora (adj)	အမျိုးသမီးနှင့်ဆိုင်သော	amjou: dhami: hnin. zain dho:
virgen (f)	အပျိုစင်	apjou zin
embarazada (adj)	ကိုယ်ဝန်ဆောင်ထားသော	kou wun hsaun da: de.

hombre (m) (varón)	အမျိုးသား	amjou: dha:
rubio (m)	ဆံပင်ရွှေရောင်ဖျောယောက်ျားလေး	zabin shwei jaun bjo. jau' gja: lei:
moreno (m)	ဆံပင်နက်သောယောက်ျားလေး	zabin ne' de. jau' gja: lei:

| alto (adj) | အရပ်မြင့်သော | aja' mjin. de. |
| de estatura mediana | အရပ်ပုသော | aja' pu. de. |

grosero (adj)	ရိုင်းစိုင်းသော	jain: zain: de.
rechoncho (adj)	တုတ်ခိုင်သော	tou' khain de.
robusto (adj)	တောင့်တင်းသော	taun. din: de

| fuerte (adj) | သန်မာသော | than ma de. |
| fuerza (f) | ခွန်အား | khwan a: |

| gordo (adj) | ဝသော | wa. de. |
| moreno (adj) | ညိုသော | njou de. |

| esbelto (adj) | သွယ်လျသော | thwe lja de. |
| elegante (adj) | ကျော့ရှင်းသော | kjo. shin: de |

55. La edad

edad (f)	အသက်အရွယ်	athe' ajwe'
juventud (f)	ပျိုရွယ်ချိန်	pjou jwe gjein
joven (adj)	ငယ်ရွယ်သော	ngwe jwe de.

| menor (adj) | ပိုငယ်သော | pou nge de. |
| mayor (adj) | အသက်ပိုကြီးသော | athe' pou kji: de. |

joven (m)	လူငယ်	lu nge
adolescente (m)	ဆယ်ကျော်သက်	hse gjo dhe'
muchacho (m)	လူငယ်	lu nge

| anciano (m) | လူကြီး | lu gji: |
| anciana (f) | အမျိုးသမီးကြီး | amjou: dhami: gji: |

adulto	အရွယ်ရောက်သော	ajwe' jau' te.
de edad media (adj)	သက်လတ်ပိုင်း	the' la' pain:
anciano, mayor (adj)	အိုမင်းသော	ou min de.
viejo (adj)	အသက်ကြီးသော	athe' kji: de.

jubilación (f)	အငြိမ်းစားလစာ	anjein: za: la. za
jubilarse	အငြိမ်းစားယူသည်	anjein: za: ju dhe
jubilado (m)	အငြိမ်းစား	anjein: za:

56. Los niños

niño -a (m, f)	ကလေး	kalei:
niños (pl)	ကလေးများ	kalei: mja:
gemelos (pl)	အမွှာ	ahmwa

cuna (f)	ကလေးပုခက်	kalei: pou khe'
sonajero (m)	ဂျောက်ဂျက်	gjo' gja'
pañal (m)	ခါးတောင်းကျိုက်အထည်	kha: daun: gjai' ahte

chupete (m)	ချိုလိမ်	chou lein
cochecito (m)	ကလေးလက်တွန်းလှည်း	kalei: le' twan: hle:
jardín (m) de infancia	ကလေးထိန်းကျောင်း	kalei: din: kjaun:
niñera (f)	ကလေးထိန်း	kalei: din:

infancia (f)	ကလေးဘဝ	kalei: ba. wa.
muñeca (f)	အရုပ်မ	ajou' ma.
juguete (m)	ကစားစရာအရုပ်	gaza: zaja ajou'
mecano (m)	ပြန်ဆက်ရသော ကလေး ကစားစရာ	pjan za' ja de. galei: gaza: zaja

bien criado (adj)	လိမ္မာသော	limmo: de
mal criado (adj)	ဆိုးသွမ်းသော	hsou: dhwan: de.
mimado (adj)	အလိုလိုက်ခံရသော	alou lou' khan ja de.

hacer travesuras	ဆိုးသည်	hsou:de
travieso (adj)	ကျီစယ်တတ်သော	kji ze da' de.
travesura (f)	ကျီစယ်သည်	kji ze de

travieso (m)	အဆော့မက်သောကလေး	ahsau me' dho: ga. lei:
obediente (adj)	နာခံတတ်သော	na gan da' te.
desobediente (adj)	မနာခံသော	ma. na gan de.

dócil (adj)	လိမ္မာသော	limmo: de
inteligente (adj)	တော်သော	to de.
niño (m) prodigio	ပါရမီရှင်ကလေး	pa rami shin galei:

57. El matrimonio. La vida familiar

besar (vt)	နမ်းသည်	nan: de
besarse (vr)	အနမ်းပေးသည်	anan: pei: de
familia (f)	မိသားစု	mi, dha: zu,
familiar (adj)	ရှုးရှိး	mjou: jou:
pareja (f)	စုံတွဲ	soun dwe:
matrimonio (m)	အိမ်ထောင်သည်	ein daun de
hogar (m) familiar	အိမ်	ein
dinastía (f)	မင်းဆက်	min: ze'

| cita (f) | ချိန်းတွေ့ခြင်း | chein: dwei chin: |
| beso (m) | အနမ်း | anan: |

amor (m)	အချစ်	akja'
querer (amar)	ချစ်သည်	chi' te
querido (adj)	ချစ်လှစွာသော	chi' hla. zwa de.

ternura (f)	ကြင်နာမှု	kjin na hmu.
tierno (afectuoso)	ကြင်နာသော	kjin na hmu. de.
fidelidad (f)	သစ္စာ	thi' sa
fiel (adj)	သစ္စာရှိသော	thi' sa shi. de.
cuidado (m)	ဂရုစိုက်ခြင်း	ga ju. sai' chin:
cariñoso (un padre ~)	ဂရုစိုက်သော	ga ju. sai' te.

recién casados (pl)	လက်ထပ်ကာစဖြစ်သော	le' hta' ka za. bji' de.
luna (f) de miel	ပျားရည်စမ်းကာလ	pja: je zan: ga la.
estar casada	ယောကျ်ားယူသည်	jau' kja: ju de
casarse (con una mujer)	မိန်းမယူသည်	mein: ma. ju de

boda (f)	မင်္ဂလာဆောင်ပွဲ	min ga. la zaun bwe:
bodas (f pl) de oro	ရွှေရတု	shwei jadu.
aniversario (m)	နှစ်ပတ်လည်	hni' ba' le

| amante (m) | လင်ငယ် | lin nge |
| amante (f) | မယားငယ် | ma. ja: nge |

adulterio (m)	ဖောက်ပြန်ခြင်း	hpau' pjan gjin
cometer adulterio	ဖောက်ပြန်သည်	hpau' pjan de
celoso (adj)	သဝန်တိုသော	thawun dou de.
tener celos	သဝန်တိုသည်	thawun dou de
divorcio (m)	ကွာရှင်းခြင်း	kwa shin: gjin:
divorciarse (vr)	ကွာရှင်းသည်	kwa shin: de

| reñir (vi) | ငြင်းခုံသည် | njin: goun de |
| reconciliarse (vr) | ပြန်လည်သင့်မြတ်သည် | pjan le dhin. mja' te |

| juntos (adv) | အတူတကွ | atu da. kwa. |
| sexo (m) | လိင်ကိစ္စ | lein gei' sa. |

felicidad (f)	ပျော်ရွှင်မှု	pjo shwin hmu
feliz (adj)	ပျော်ရွှင်သော	pjo shwin de.
desgracia (f)	ကံဆိုးခြင်း	kan hsou: chin:
desgraciado (adj)	ကံဆိုးသော	kan hsoun de.

Las características de personalidad. Los sentimientos

Español	Birmano	Pronunciación
sentimiento (m)	ခံစားချက်	khan za: che'
sentimientos (m pl)	ခံစားချက်များ	khan za: che' mja:
sentir (vt)	ခံစားရသည်	khan za ja. de
hambre (f)	ဆာခြင်း	hsa gjin:
tener hambre	ဗိုက်ဆာသည်	bai' hsa de
sed (f)	ရေဆာခြင်း	jei za gjin:
tener sed	ရေဆာသည်	jei za de
somnolencia (f)	အိပ်ချင်ခြင်း	ei' chin gjin:
tener sueño	အိပ်ချင်သည်	ei' chin de
cansancio (m)	ပင်ပန်းခြင်း	pin ban: chin:
cansado (adj)	ပင်ပန်းသော	pin ban: de.
estar cansado	ပင်ပန်းသည်	pin ban: de
humor (m) (de buen ~)	စိတ်ခံစားမှု	sei' khan za: hmu.
aburrimiento (m)	ငြီးငွေ့ခြင်း	ngji: ngwei. chin:
aburrirse (vr)	ပျင်းသည်	pjin: de
soledad (f)	မဖြင်ကွယ်ရာ	ma. mjin gwe ja
aislarse (vr)	မျက်ကွယ်ပြုသည်	mje' kwe' pju. de
inquietar (vt)	စိတ်ပူအောင်လုပ်သည်	sei' pu aun lou' te
inquietarse (vr)	စိတ်ပူသည်	sei' pu de
inquietud (f)	စိုးရိမ်မှု	sou: jein hmu.
preocupación (f)	စိုးရိမ်ပူပန်မှု	sou: jein bu ban hmu.
preocupado (adj)	ကိစ္စတစ်ခုရပ်ရပ်တွင် နှစ်မြှုပ်နေသော	kei. sa ti' ja' ja' twin ni' mju' nei de.
estar nervioso	စိတ်လှုပ်ရှားသည်	sei' hlou' sha: de
darse al pánico	တုန်လှုပ်ချောက်ချားသည်	toun hlou' chau' cha: de
esperanza (f)	မျှော်လင့်ချက်	hmjo. lin. gje'
esperar (tener esperanza)	မျှော်လင့်သည်	hmjo. lin. de
seguridad (f)	ကျိန်းသေ	kjein: dhei
seguro (adj)	ကျိန်းသေသော	kjein: dhei de.
inseguridad (f)	မရေရာခြင်း	ma. jei ja gjin:
inseguro (adj)	မရေရာသော	ma. jei ja de.
borracho (adj)	အရက်မူးသော	aje' mu: de.
sobrio (adj)	အရက်မမူးသော	aje' ma mu: de.
débil (adj)	အားပျော့သော	a: bjo. de.
feliz (adj)	ပျော်ရွှင်သော	pjo shwin de.
asustar (vt)	လန့်သည်	lan. de
furia (f)	ရူးသွပ်ခြင်း	ju: dhu' chin
rabia (f)	ဒေါသ	do: dha.
depresión (f)	စိတ်ဓာတ်ကျခြင်း	sei' da' cha. gjin:

incomodidad (f)	စိတ်ကသိကအောက်ဖြစ်ခြင်း	sei' ka thi ga au' hpji' chin:
comodidad (f)	စိတ်ချမ်းသာခြင်း	sei' chan: dha gjin:
arrepentirse (vr)	နောင်တရသည်	naun da. ja. de
arrepentimiento (m)	နောင်တရခြင်း	naun da. ja. gjin:
mala suerte (f)	ကံဆိုးခြင်း	kan hsou: chin:
tristeza (f)	ဝမ်းနည်းခြင်း	wan: ne: gjin:

vergüenza (f)	အရှက်	ashe'
júbilo (m)	ဝမ်းသာမှု	wan: dha hmu.
entusiasmo (m)	စိတ်အားထက်သန်မှု	sei' a: de' than hmu.
entusiasta (m)	စိတ်အားထက်သန်သာ	sei' a: de' than hmu
mostrar entusiasmo	စိတ်အားထက်သန်မှုပြသည်	sei' a: de' than hmu. bja. de

59. El carácter. La personalidad

carácter (m)	စရိုက်	zajai'
defecto (m)	အားနည်းချက်	a: ne: gje'
mente (f)	ဦးနှောက်	oun: hnau'
razón (f)	ဆင်ခြင်တုံတရား	hsin gjin doun da. ja:

consciencia (f)	အသိတရား	athi. taja:
hábito (m)	အကျင့်	akjin.
habilidad (f)	စွမ်းရည်	swan: ji
poder (~ nadar, etc.)	လုပ်နိုင်သည်	lou' nain de

paciente (adj)	သည်းခံတတ်သော	thi: khan da' te
impaciente (adj)	သည်းမခံတတ်သော	thi: ma. gan da' te
curioso (adj)	စပ်စုသော	sa' su. de.
curiosidad (f)	စပ်စုခြင်း	sa' su. gjin:

modestia (f)	ကျွန်နှိမ့်	ein darei
modesto (adj)	ကျွန်နှိမ့်ရှိသော	ein darei shi. de
inmodesto (adj)	ကျွန်နှိမ့်မရှိသော	ein darei ma. shi. de

pereza (f)	ပျင်းရိခြင်း	pjin: ji. gjin:
perezoso (adj)	ပျင်းရိသော	pjin: ji. de.
perezoso (m)	ငပျင်း	nga. bjin:

astucia (f)	ကလိမ်ကျစ်လုပ်ခြင်း	kalein kji' lou' chin
astuto (adj)	ကလိမ်ကကျစ်ကျသော	kalein ka. kji' kja de.
desconfianza (f)	သံသယဝင်ခြင်း	than thaja.
desconfiado (adj)	သံသယဝင်သော	than thaja. win de.

generosidad (f)	ရက်ရောမှု	je' jo: hmu.
generoso (adj)	ရက်ရောသော	je' jo: de.
talentoso (adj)	ပါရမီရှိသော	pa rami shi. de
talento (m)	ပါရမီ	pa rami

valiente (adj)	သတ္တိရှိသော	tha' ti. shi. de.
coraje (m)	သတ္တိ	tha' ti.
honesto (adj)	ရိုးသားသော	jou: dha: de.
honestidad (f)	ရိုးသားမှု	jou: dha: hmu.
prudente (adj)	ဂရုစိုက်သော	ga ju. sai' te.
valeroso (adj)	ရဲရင့်သော	je: jin. de.

| serio (adj) | လေးနက်သော | lei: ne' de. |
| severo (adj) | တင်းကျပ်သော | tin: gja' te |

decidido (adj)	တိကျပြတ်သားသော	ti. gja. bja' tha: de.
indeciso (adj)	မတိကျမပြတ်သားသော	ma. di. gja. ma. bja' tha: de.
tímido (adj)	ရှက်တတ်သော	she' ta' te.
timidez (f)	ရှက်ရွံ့မှု	she' jwan. hmu.

confianza (f)	မိမိကိုယ်မိမိယုံကြည်မှု	mi. mi. kou mi. mi. gji hmu.
creer (créeme)	ယုံကြည်သည်	joun kji de
confiado (crédulo)	အယုံလွယ်သော	ajoun lwe de.

sinceramente (adv)	ဟန်မဆောင်ဘဲ	han ma. zaun be:
sincero (adj)	ဟန်မဆောင်တတ်သော	han ma. zaun da' te
sinceridad (f)	ရိုးသားမှု	jou: dha: hmu.
abierto (adj)	ပွင့်လင်းသော	pwin: lin: de.

calmado (adj)	တိတ်ဆိတ်သော	tei' hsei' te
franco (sincero)	ပွင့်လင်းသော	pwin: lin: de.
ingenuo (adj)	အယုံလွယ်သော	ajoun lwe de.
distraído (adj)	စဉ်းစားဉာဏ်မရှိသော	sin: za: njan ma. shi. de.
gracioso (adj)	ရယ်စရာကောင်းသော	je zaja gaun: de.

avaricia (f)	လောဘကြီးခြင်း	lau ba. gji: gjin:
avaro (adj)	လောဘကြီးသော	lau ba. gji: de.
tacaño (adj)	တွန့်တိုသော	tun. dou de.
malvado (adj)	ယုတ်မာသော	jou' ma de.
terco (adj)	ခေါင်းမာသော	gaun: ma de.
desagradable (adj)	မဖွယ်မရာဖြစ်သော	ma. bwe ma. ja bji' te.

egoísta (m)	တစ်ကိုယ်ကောင်းဆန်သူ	ti' kai gaun: zan dhu
egoísta (adj)	တစ်ကိုယ်ကောင်းဆန်သော	ti' kai gaun: zan de.
cobarde (m)	ငကြောက်	nga. gjau'
cobarde (adj)	ကြောက်တတ်သော	kjau' ta' te.

60. El sueño. Los sueños

dormir (vi)	အိပ်သည်	ei' ja de
sueño (m) (estado)	အိပ်ခြင်း	ei' chin:
sueño (m) (dulces ~s)	အိပ်မက်	ei' me'
soñar (vi)	အိပ်မက်မက်သည်	ei' me' me' te
adormilado (adj)	အိပ်ရျင်သော	ei' chin de.

cama (f)	ခုတင်	khu. din
colchón (m)	မွေ့ယာ	mwei. ja
manta (f)	စောင်	saun
almohada (f)	ခေါင်းအုံး	gaun: oun:
sábana (f)	အိပ်ရာခင်း	ei' ja khin:

insomnio (m)	အိပ်မပျော်နိုင်ခြင်း	ei' ma. bjo nain gjin:
de insomnio (adj)	အိပ်မပျော်သော	ei' ma. bjo de.
somnífero (m)	အိပ်ဆေး	ei' hsei:
tomar el somnífero	အိပ်ဆေးသောက်သည်	ei' hsei: thau' te
tener sueño	အိပ်ရျင်သည်	ei' chin de

bostezar (vi)	သမ်းသည်	than: de
irse a la cama	အိပ်ရာဝင်သည်	ei' ja win de
hacer la cama	အိပ်ရာခင်းသည်	ei' ja khin: de
dormirse (vr)	အိပ်ပျော်သွားသည်	ei' pjo dhwa: de

pesadilla (f)	အိပ်မက်ဆိုး	ei' me' hsou:
ronquido (m)	ဟောက်သံ	hau' than
roncar (vi)	ဟောက်သည်	hau' te

despertador (m)	နိူးစက်	hnou: ze'
despertar (vt)	နိူးသည်	hnou: de
despertarse (vr)	နိူးသည်	nou: de
levantarse (vr)	အိပ်ရာထသည်	ei' ja hta. de
lavarse (vr)	မျက်နှာသစ်သည်	mje' hna dhi' te

61. El humor. La risa. La alegría

humor (m)	ဟာသ	ha dha.
sentido (m) del humor	ဟာသအမြင်	ha dha. amjin
divertirse (vr)	ပျော်ရွှင်သည်	pjo shwin de
alegre (adj)	ပျော်ရွှင်သော	pjo shwin de.
júbilo (m)	ပျော်ရွှင်မှု	pjo shwin hmu

sonrisa (f)	အပြုံး	apjoun:
sonreír (vi)	ပြုံးသည်	pjoun: de
echarse a reír	ရယ်လိုက်သည်	je lai' te
reírse (vr)	ရယ်သည်	je de
risa (f)	ရယ်သံ	je dhan

anécdota (f)	ဟာသဇာတ်လမ်း	ha dha. za' lan
gracioso (adj)	ရယ်စရာကောင်းသော	je zaja gaun: de.
ridículo (adj)	ရယ်စရာကောင်းသောသူ	je zaja gaun: de. dhu

bromear (vi)	စနောက်သည်	sanau' te
broma (f)	ရယ်စရာ	je zaja
alegría (f) (emoción)	ဝမ်းသာမှု	wan: dha hmu.
alegrarse (vr)	ဝမ်းသာသည်	wan: dha de
alegre (~ de que …)	ဝမ်းသာသော	wan dha de.

62. La discusión y la conversación. Unidad 1

| comunicación (f) | ဆက်ဆံပြောဆိုခြင်း | hse' hsan bjou: zou gjin |
| comunicarse (vr) | ဆက်ဆံပြောဆိုသည် | hse' hsan bjou: zou de |

conversación (f)	စကားစမြည်	zaga: zamji
diálogo (m)	အပြန်အလှန်ပြောခြင်း	apjan a hlan bau gjin:
discusión (f) (debate)	ဆွေးနွေးခြင်း	hswe: nwe: gjin:
debate (m)	အငြင်းပွားမှု	anjin: bwa: hmu.
debatir (vi)	ငြင်းခုံသည်	njin: goun de

| interlocutor (m) | ပါဝင်ဆွေးနွေးသူ | pa win zwei: nwei: dhu |
| tema (m) | ခေါင်းစဉ် | gaun: zin |

punto (m) de vista	ရှုထောင့်	shu. daun.
opinión (f)	အမြင်	amjin
discurso (m)	စကား	zaga:

discusión (f) (del informe, etc.)	ဆွေးနွေးခြင်း	hswe: nwe: gjin:
discutir (vt)	ဆွေးနွေးသည်	hswe: nwe: de
conversación (f)	စကားပြောပွဲ	zaga: bjo: boun
conversar (vi)	စကားပြောသည်	zaga: bjo: de
reunión (f)	တွေ့ဆုံမှု	twei. hsoun hmu
encontrarse (vr)	တွေ့ဆုံသည်	twei. hsoun de

proverbio (m)	စကားပုံ	zaga: boun
dicho (m)	စကားပုံ	zaga: boun
adivinanza (f)	စကားထာ	zaga: da
contar una adivinanza	စကားထာဖွက်သည်	zaga: da bwe' te
contraseña (f)	စကားဝှက်	zaga: hwe'
secreto (m)	လျှို့ဝှက်ချက်	shou. hwe' che'

juramento (m)	ကျမ်းသစ္စာ	kjan: thi' sa
jurar (vt)	ကျမ်းသစ္စာဆိုသည်	kjan: thi' sa hsou de
promesa (f)	ကတိ	ka ti
prometer (vt)	ကတိပေးသည်	gadi pei: de

consejo (m)	အကြံဉာဏ်	akjan njan
aconsejar (vt)	အကြံပေးသည်	akjan bei: de
seguir el consejo	အကြံကိုလက်ခံသည်	akjan kou le' khan de
escuchar (a los padres)	နားထောင်သည်	na: daun de

noticias (f pl)	သတင်း	dhadin:
sensación (f)	သတင်းထူး	dhadin: du:
información (f)	သတင်းအချက်အလက်	dhadin: akje' ale'
conclusión (f)	သုံးသပ်ချက်	thoun: dha' che'
voz (f)	အသံ	athan
cumplido (m)	ချီးမွမ်းစကား	chi: mun: zaga:
amable (adj)	ကြင်နာသော	kjin na hmu. de.

palabra (f)	စကားလုံး	zaga: loun:
frase (f)	စကားစု	zaga: zu.
respuesta (f)	အဖြေ	ahpei

verdad (f)	အမှန်တရား	ahman da ja:
mentira (f)	မုသား	mu. dha:

pensamiento (m)	အတွေး	atwei:
idea (f)	အကြံ	akjan
fantasía (f)	စိတ်ကူးယဉ်အိပ်မက်	sei' ku: jin ei' me'

63. La discusión y la conversación. Unidad 2

respetado (adj)	လေးစားရသော	lei: za: ja. de.
respetar (vt)	လေးစားသည်	lei: za: de
respeto (m)	လေးစားမှု	lei: za: hmu.
Estimado ...	လေးစားရပါသော	lei: za: ja. ba. de.
presentar (~ a sus padres)	မိတ်ဆက်ပေးသည်	mi' hse' pei: de

conocer a alguien	မိတ်ဆက်သည်	mi' hse' te
intención (f)	ရည်ရွယ်ချက်	ji jwe gje'
tener intención (de …)	ရည်ရွယ်သည်	ji jwe de
deseo (m)	ဆန္ဒ	hsan da.
desear (vt) (~ buena suerte)	ဆန္ဒပြုသည်	hsan da. bju de

sorpresa (f)	အံ့ဩခြင်း	an. o: chin:
sorprender (vt)	အံ့ဩစေသည်	an. o: sei: de
sorprenderse (vr)	အံ့ဩသည်	an. o. de

dar (vt)	ပေးသည်	pei: de
tomar (vt)	ယူသည်	ju de
devolver (vt)	ပြန်ပေးသည်	pjan bei: de
retornar (vt)	ပြန်ပေးသည်	pjan bei: de

disculparse (vr)	တောင်းပန်သည်	thaun: ban de
disculpa (f)	တောင်းပန်ခြင်း	thaun: ban gjin:
perdonar (vt)	ခွင့်လွှတ်သည်	khwin. hlu' te

hablar (vi)	အပြန်အလှန်ပြောသည်	apjan a hlan bau de
escuchar (vt)	နားထောင်သည်	na: daun de
escuchar hasta el final	နားထောင်သည်	na: daun de
comprender (vt)	နားလည်သည်	na: le de

mostrar (vt)	ပြသည်	pja. de
mirar a …	ကြည့်သည်	kji. de
llamar (vt)	ခေါ်သည်	kho de
distraer (molestar)	နှောင့်ယှက်သည်	hnaun. hje' te
molestar (vt)	နှောင့်ယှက်သည်	hnaun. hje' te
pasar (~ un mensaje)	တဆင့်ပေးသည်	tahsin. bei: de

petición (f)	တောင်းဆိုချက်	taun: hsou che'
pedir (vt)	တောင်းဆိုသည်	taun: hsou: de
exigencia (f)	တောင်းဆိုခြင်း	taun: hsou: chin:
exigir (vt)	တိုက်တွန်းသည်	tai' tun: de

motejar (vr)	ကျီစယ်သည်	kji ze de
burlarse (vr)	သရော်သည်	thajo: de
burla (f)	သရော်ခြင်း	thajo: gjin:
apodo (m)	ချစ်စနိုးပေး	chi' sa. nou: bei:
	ထားသောနာမည်	da: dho: na me

alusión (f)	စောင်းပြောမှု	saun: bjo: hmu.
aludir (vi)	စောင်းပြောသည်	saun: bjo: de
sobrentender (vt)	ဆိုလိုသည်	hsou lou de

descripción (f)	ဖော်ပြချက်	hpjo bja. gje'
describir (vt)	ဖော်ပြသည်	hpjo bja. de
elogio (m)	ချီးမွမ်းခြင်း	chi: mun: gjin:
elogiar (vt)	ချီးမွမ်းသည်	chi: mun: de

decepción (f)	စိတ်ပျက်ခြင်း	sei' pje' chin
decepcionar (vt)	စိတ်ပျက်စေသည်	sei' pje' sei de
estar decepcionado	စိတ်ပျက်သည်	sei' pje' te
suposición (f)	ယူဆခြင်း	ju za. chin:
suponer (vt)	ယူဆသည်	ju za. de

advertencia (f)	သတိပေးခြင်း	dhadi. pei: gjin:
prevenir (vt)	သတိပေးသည်	dhadi. pei: de

64. La discusión y la conversación. Unidad 3

convencer (vt)	စည်းရုံးသည်	si: joun: de
calmar (vt)	ဖျောင်းဖျသည်	hpjaun: bja de
silencio (m) (~ es oro)	နှုတ်ဆိတ်ခြင်း	hnou' hsei' chin:
callarse (vr)	နှုတ်ဆိတ်သည်	hnou' hsei' te
susurrar (vi, vt)	တီးတိုးပြောသည်	ti: dou: bjo de
susurro (m)	တီးတိုးပြောသံ	ti: dou: bjo dhan
francamente (adv)	ရှင်းရှင်းပြောရရင်	shin: shin: bjo: ja. jin
en mi opinión ...	မိမိအမြင်အားဖြင့်	mi. mi. amjin a: bjin.
detalle (m) (de la historia)	အသေးစိတ်မှု	athei: zi' hmu.
detallado (adj)	အသေးစိတ်သော	athei: zi' te.
detalladamente (adv)	အသေးစိတ်	athei: zi'
pista (f)	အရိပ်အမြွက်	aji' ajmwe'
dar una pista	အရိပ်အမြွက်ပေးသည်	aji' ajmwe' pei: de
mirada (f)	အသွင်	athwin
echar una mirada	ကြည့်သည်	kji. de
fija (mirada ~)	မလှုပ်မရှားသော	ma. hlou' sha: de
parpadear (vi)	မျက်တောင်ခတ်သည်	mje' taun ga' te
guiñar un ojo	မျက်စိတစ်ဖက်မှိတ်သည်	mje' zi. di' hpe' hmei' te
asentir con la cabeza	ခေါင်းညိတ်သည်	gaun: njei' te
suspiro (m)	သက်ပြင်းချခြင်း	the' pjin: gja. gjin:
suspirar (vi)	သက်ပြင်းချသည်	the' pjin: gja. de
estremecerse (vr)	သိမ့်သိမ့်တုန်သည်	thein. dhein. doun de
gesto (m)	လက်ဟန်ခြေဟန်	le' han hpjei han
tocar (con la mano)	ထိသည်	hti. de
asir (~ de la mano)	ဖမ်းကိုင်သည်	hpan: gain de
palmear (~ la espalda)	ပုတ်သည်	pou' te
¡Cuidado!	ဂရုစိုက်ပါ	ga ju. sai' pa
¿De veras?	တကယ်လား	dage la:
¿Estás seguro?	သေချာလား	thei gja la:
¡Suerte!	အောင်မြင်ပါစေ	aun mjin ba zei
¡Ya veo!	ရှင်းပါတယ်	shin: ba de
¡Es una lástima!	စိတ်မကောင်းပါဘူး	sei' ma. kaun: ba bu:

65. El acuerdo. El rechazo

acuerdo (m)	သဘောတူညီချက်	dhabo: tu nji gje'
estar de acuerdo	သဘောတူသည်	dhabo: tu de
aprobación (f)	လက်ခံခြင်း	le' khan gjin:
aprobar (vt)	လက်ခံသည်	le' khan de
rechazo (m)	ငြင်းဆန်ခြင်း	njin: zan gjin:

negarse (vr)	ြင်းဆန်သည်	njin: zan de
¡Excelente!	အရမ်းကောင်း	ajan: gaun:
¡De acuerdo!	ကောင်းတယ်	kaun: de
¡Vale!	ကောင်းပြီ	kaun: bji

prohibido (adj)	တားမြစ်ထားသော	ta: mji' hta: te.
está prohibido	မလုပ်ရ	ma. lou' ja.
es imposible	မဖြစ်နိုင်	ma. bji' nain
incorrecto (adj)	မှားသော	hma: de.

rechazar (vt)	ပယ်ရှုသည်	pe gja. de
apoyar (la decisión)	ထောက်ခံသည်	htau' khan de
aceptar (vt)	လက်ခံသည်	le' khan de

confirmar (vt)	အတည်ပြုသည်	ati pju. de
confirmación (f)	အတည်ပြုရက်	ati pju. gje'
permiso (m)	ခွင့်ပြုရက်	khwin bju. che'
permitir (vt)	ခွင့်ပြုသည်	khwin bju. de
decisión (f)	ဆုံးဖြတ်ရက်	hsoun: hpja' cha'
no decir nada	နှုတ်ဆိတ်သည်	hnou' hsei' te

condición (f)	အရြအနေ	achei anei
excusa (f) (pretexto)	ဆင်ရြေ	hsin gjei
elogio (m)	ရှီးမွမ်းြင်း	chi: mun: gjin:
elogiar (vt)	ရှီးမွမ်းသည်	chi: mun: de

66. El éxito. La buena suerte. El fracaso

éxito (m)	အောင်မြင်မှု	aun mjin hmu.
con éxito (adv)	အောင်မြင်စွာ	aun mjin zwa
exitoso (adj)	အောင်မြင်သော	aun mjin dho:

suerte (f)	ကံကောင်းြင်း	kan gaun: gjin:
¡Suerte!	အောင်မြင်ပါစေ	aun mjin ba zei
de suerte (día ~)	ကံကောင်းစွာရှိသော	kan gaun: zwa ja. shi. de.
afortunado (adj)	ကံကောင်းသော	kan kaun: de.

fiasco (m)	မအောင်မြင်ြင်း	ma. aun mjin gjin:.
infortunio (m)	ကံဆိုးြင်း	kan hsou: chin:
mala suerte (f)	ကံဆုံးြင်း	kan hsou: chin:

| fracasado (adj) | မအောင်မြင်သော | ma. aun mjin de. |
| catástrofe (f) | ကပ်ဘေး | ka' bei: |

orgullo (m)	ဂုဏ်	goun
orgulloso (adj)	ဂုဏ်ယူသော	goun dhu de.
estar orgulloso	ဂုဏ်ယူသည်	goun dhu de

ganador (m)	အနိုင်ရသူ	anain ja. dhu
ganar (vi)	အနိုင်ရသည်	anain ja de
perder (vi)	ရှုံးသည်	shoun: de
tentativa (f)	ကြိုးစားမှု	kjou: za: hmu.
intentar (tratar)	ကြိုးစားသည်	kjou: za: de
chance (f)	အခွင့်အရေး	akhwin. ajei:

67. Las discusiones. Las emociones negativas

grito (m)	အော်သံ	o dhan
gritar (vi)	အော်သည်	o de
comenzar a gritar	စတင်အော်သည်	sa. tin o de
disputa (f), riña (f)	ငြင်းခုံခြင်း	njin: goun gjin:
reñir (vi)	ငြင်းခုံသည်	njin: goun de
escándalo (m) (riña)	ရိုက်ရန်ဖြစ်ခြင်း	khai' jan bji' chin:
causar escándalo	ရိုက်ရန်ဖြစ်သည်	khai' jan bji' te
conflicto (m)	အငြင်းပွားမှု	anjin: bwa: hmu.
malentendido (m)	နားလည်မှုလွဲခြင်း	na: le hmu. lwe: gjin:
insulto (m)	စော်ကားမှု	so ga: hmu
insultar (vt)	စော်ကားသည်	so ga: de
insultado (adj)	အစော်ကားခံရသော	aso ka: gan ja de.
ofensa (f)	စိတ်နာမှု	sei' na hmu.
ofender (vt)	စိတ်နာအောင်လုပ်သည်	sei' na aun lou' te
ofenderse (vr)	စိတ်နာသည်	sei' na de
indignación (f)	မခံမရပ်နိုင်ဖြစ်ခြင်း	ma. gan ma. ja' nain bji' chin
indignarse (vr)	မခံမရပ်နိုင်ဖြစ်သည်	ma. gan ma. ja' nain bji' te
queja (f)	တိုင်ကြောခြင်း	tain bjo: gjin:
quejarse (vr)	တိုင်ကြောသည်	tain bjo: de
disculpa (f)	တောင်းပန်ခြင်း	thaun: ban gjin:
disculparse (vr)	တောင်းပန်သည်	thaun: ban de
pedir perdón	တောင်းပန်သည်	thaun: ban de
crítica (f)	ဝေဖန်မှု	wei ban hmu.
criticar (vt)	ဝေဖန်သည်	wei ban de
acusación (f)	စွပ်စွဲခြင်း	su' swe: chin:
acusar (vt)	စွပ်စွဲသည်	su' swe: de
venganza (f)	လက်စားချေခြင်း	le' sa: gjei gjin:
vengar (vt)	လက်စားချေသည်	le' sa: gjei de
pagar (vt)	ပြန်ဆပ်သည်	pjan za' te
desprecio (m)	အထင်သေးခြင်း	a htin dhei: gjin:
despreciar (vt)	အထင်သေးသည်	a htin dhei: de
odio (m)	အမုန်း	amun:
odiar (vt)	မုန်းသည်	moun: de
nervioso (adj)	စိတ်လှုပ်ရှားသော	sei' hlou' sha: de.
estar nervioso	စိတ်လှုပ်ရှားသည်	sei' hlou' sha: de
enfadado (adj)	စိတ်ဆိုးသော	sei' hsou: de.
enfadar (vt)	ဒေါသထွက်စေသည်	do: dha. dwe' sei de
humillación (f)	မျက်နှာပျက်ရခြင်း	mje' hna bje' ja gjin:
humillar (vt)	မျက်နှာပျက်စေသည်	mje' hna bje' sei de
humillarse (vr)	အရှက်ရသည်	ashe' ja. de
choque (m)	တုန်လှုပ်ချောက်ချားခြင်း	toun hlou' chau' cha: gjin:
chocar (vi)	တုန်လှုပ်ချောက်ချားသည်	toun hlou' chau' cha: de
molestia (f) (problema)	ဒုက္ခ	dou' kha.

desagradable (adj)	မဖွယ်မရာဖြစ်သော	ma. bwe ma. ja bji' te.
miedo (m)	ကြောက်ရွံ့ခြင်း	kjau' jun. gjin:
terrible (tormenta, etc.)	အလွန်	alun
de miedo (historia ~)	ထိတ်လန့်သော	htei' lan. de
horror (m)	ကြောက်မက်ဖွယ်ရာ	kjau' ma' hpwe ja
horrible (adj)	ကြောက်မက်ဖွယ်ဖြစ်သော	kjau' ma' hpwe bja' te.

empezar a temblar	တုန်သည်	toun de
llorar (vi)	ငိုသည်	ngou de
comenzar a llorar	မျက်ရည်ဝဲသည်	mje' je we: de
lágrima (f)	မျက်ရည်	mje' je

culpa (f)	အပြစ်	apja'
remordimiento (m)	စိတ်မသန့်ခြင်း	sei' ma. dhan. gjin:
deshonra (f)	အရှက်	ashe'
protesta (f)	ကန့်ကွက်ချက်	kan gwe' che'
estrés (m)	စိတ်ဖိစီးမှု	sei' hpi zi: hmu.

molestar (vt)	နှောင့်ယှက်သည်	hnaun. hje' te
estar furioso	ဒေါသထွက်သည်	do: dha. dwe' de
enfadado (adj)	ဒေါသကြီးသော	do: dha. gji: de.
terminar (vt)	အဆုံးသတ်သည်	ahsoun: tha' te
regañar (vt)	ဆူပူကြိမ်းမောင်းသည်	hsu. bu gjein: maun: de

asustarse (vr)	လန့်သွားသည်	lan. dhwa: de
golpear (vt)	ရိုက်သည်	jai' te
pelear (vi)	ရိုက်ရန်ဖြစ်သည်	khai' jan bji' te

resolver (~ la discusión)	ဖျန်ဖြေပေးသည်	hpan bjei bjei: de
descontento (adj)	မကျေနပ်သော	ma. gjei na' te.
furioso (adj)	ပြင်းထန်သော	pjin: dan dho:

¡No está bien!	ဒါ မကောင်းဘူး	da ma. gaun: dhu:
¡Está mal!	ဒါတော့ဆိုးတယ်	da do. zou: de

La medicina

Español	Birmano	Pronunciación
enfermedad (f)	ရောဂါ	jo: ga
estar enfermo	ဖျားနာသည်	hpa: na de
salud (f)	ကျန်းမာရေး	kjan: ma jei:
resfriado (m) (coriza)	နာစေးခြင်း	hna zei: gjin:
angina (f)	အာသီးရောင်ခြင်း	a sha. jaun gjin:
resfriado (m)	အအေးမိခြင်း	aei: mi. gjin:
resfriarse (vr)	အအေးမိသည်	aei: mi. de
bronquitis (f)	ချောင်းဆိုးရင်ကျပ်နာ	gaun: ou: jin gja' na
pulmonía (f)	အဆုတ်ရောင်ရောဂါ	ahsou' jaun jo: ga
gripe (f)	တုပ်ကွေး	tou' kwei:
miope (adj)	အဝေးမှုန်သော	awei: hmun de.
présbita (adj)	အနီးမှုန်	ani: hmoun
estrabismo (m)	မျက်စိစွေခြင်း	mje' zi. zwei gjin:
estrábico (m) (adj)	မျက်စိစွေသော	mje' zi. zwei de.
catarata (f)	နာကျန်းဖြစ်ခြင်း	na. ma. gjan: bji' chin:
glaucoma (m)	ရေတိမ်	jei dein
insulto (m)	လေသင်တုန်းဖြတ်ခြင်း	lei dhin doun: bja' chin:
ataque (m) cardiaco	နှလုံးဖောက်ပြန်မှု	hnaloun: bau' bjan hmu.
infarto (m) de miocardio	နှလုံးကြွက်သားပုပ်ခြင်း	hnaloun: gjwe' tha: bou' chin:
parálisis (f)	သွက်ချာပါဒ	thwe' cha ba da.
paralizar (vt)	ဆိုင်းတွသွားသည်	hsain: dwa dhwa: de
alergia (f)	မတည့်ခြင်း	ma. de. gjin:
asma (f)	ပန်းနာ	pan: na
diabetes (f)	ဆီးချိုရောဂါ	hsi: gjou jau ba
dolor (m) de muelas	သွားကိုက်ခြင်း	thwa: kai' chin:
caries (f)	သွားပိုးစားခြင်း	thwa: pou: za: gjin:
diarrea (f)	ဝမ်းလျှောခြင်း	wan: sho: gjin:
estreñimiento (m)	ဝမ်းချုပ်ခြင်း	wan: gjou' chin:
molestia (f) estomacal	ဗိုက်နာခြင်း	bai' na gjin:
envenenamiento (m)	အဆာအဆိပ်သင့်ခြင်း	asa: ahsei' thin. gjin:
envenenarse (vr)	အဆားမှားခြင်း	asa: hma: gjin:
artritis (f)	အဆစ်ရောင်နာ	ahsi' jaun na
raquitismo (m)	အရိုးပျော့နာ	ajou: bjau. na
reumatismo (m)	ဒူလာ	du la
ateroesclerosis (f)	နှလုံးသွေးကြော	hna. loun: twei: kjau
	အဆိပ်တက်ခြင်း	ahsi pei' khin:
gastritis (f)	အစာအိမ်ရောင်ရမ်းနာ	asa: ein jaun jan: na
apendicitis (f)	အူအတက်ရောင်ခြင်း	au hte' jaun gjin:

colecistitis (f)	သည်းခြေပြွန်ရောင်ခြင်း	thi: gjei bjun jaun gjin:
úlcera (f)	ဖက်ခွက်နာ	hpe' khwe' na
sarampión (m)	ဝက်သက်	we' the'
rubeola (f)	ရှုက်သိုး	gjou' thou:
ictericia (f)	အသားဝါရောဂါ	atha: wa jo: ga
hepatitis (f)	အသည်းရောင်ရောဂါ	athe: jaun jau ba
esquizofrenia (f)	စိတ်ကစဉ့်ကလျားရောဂါ	sei' ga. zin. ga. lja: jo: ga
rabia (f) (hidrofobia)	ခွေးရူးပြန်ရောဂါ	khwei: ju: bjan jo: ba
neurosis (f)	စိတ်ပူမမှန်ခြင်း	sei' mu ma. hman gjin:
conmoción (f) cerebral	ဦးနှောက်ထိခိုက်ခြင်း	oun: hnau' hti. gai' chin:
cáncer (m)	ကင်ဆာ	kin hsa
esclerosis (f)	အသားမျှင်တက် မာသွားခြင်း	atha: hmjin kha' ma dwa: gjin:
esclerosis (m) múltiple	အာရုံကြောပျက်စီး	a joun gjo: bje' si:
	ရောင်ရမ်းသည့်ရောဂါ	jaun jan: dhi. jo: ga
alcoholismo (m)	အရက်နာစွဲခြင်း	aje' na zwe: gjin:
alcohólico (m)	အရက်သမား	aje' dha. ma:
sífilis (f)	ဆစ်ဖလစ်ကာလသားရောဂါ	his' hpa. li' ka la. dha: jo: ba
SIDA (m)	ကိုယ်ခံအားကျကူးစက်ရောဂါ	kou khan a: kja ku: za' jau ba
tumor (m)	အသားပို	atha: pou
maligno (adj)	ကင်ဆာဖြစ်နေသော	kin hsa bji' nei de.
benigno (adj)	ပြန့်ပွါးခြင်းမရှိသော	pjan. bwa: gjin: ma. shi. de.
fiebre (f)	အဖျားတက်ရောဂါ	ahpja: de' jo: ga
malaria (f)	ငှက်ဖျားရောဂါ	hnge' hpja: jo: ba
gangrena (f)	ဂင်္ဂရင်နာရောဂါ	gan ga. ji na jo: ba
mareo (m)	လှိုင်းမူးခြင်း	hlain: mu: gjin:
epilepsia (f)	ဝက်ရူးပြန်ရောဂါ	we' ju: bjan jo: ga
epidemia (f)	ကပ်ရောဂါ	ka' jo ba
tifus (m)	တိုက်ဖိုက်ရောဂါ	tai' hpai' jo: ba
tuberculosis (f)	တီဘီရောဂါ	ti bi jo: ba
cólera (f)	ကာလဝမ်းရောဂါ	ka la. wan: jau ga
peste (f)	ကပ်ဆိုး	ka' hsou:

síntoma (m)	လက္ခဏာ	le' khana
temperatura (f)	အပူရှိန်	apu gjein
fiebre (f)	ကိုယ်အပူရှိန်တက်	kou apu chain de'
pulso (m)	သွေးခုန်နှုန်း	thwei: khoun hnan:
mareo (m) (vértigo)	မူးနောက်ခြင်း	mu: nau' chin:
caliente (adj)	ပူသော	pu dho:
escalofrío (m)	တုန်ခြင်း	toun gjin:
pálido (adj)	ဖြူရော်သော	hpju jo de.
tos (f)	ချောင်းဆိုးခြင်း	gaun: zou: gjin:
toser (vi)	ချောင်းဆိုးသည်	gaun: zou: de
estornudar (vi)	နှာရှေ့သည်	hna gjei de

desmayo (m)	အားနည်းခြင်း	a: ne: gjin:
desmayarse (vr)	သတိလစ်သည်	dhadi. li' te

moradura (f)	ပွန်းပဲ့ဒဏ်ရာ	pun: be. dan ja
chichón (m)	ေဆာင့်မိခြင်း	hsaun. mi. gjin:
golpearse (vr)	ေဆာင့်မိသည်	hsaun. mi. de.
magulladura (f)	ပွန်းပဲ့ဒဏ်ရာ	pun: be. dan ja
magullarse (vr)	ပွန်းပဲ့ဒဏ်ရာရသည်	pun: be. dan ja ja. de

cojear (vi)	ေထာ့နဲ့ထော့နဲ့လျှောက်သည်	hto. ne. hto. ne. shau' te
dislocación (f)	အဆစ်လွဲခြင်း	ahsi' lwe: gjin:
dislocar (vt)	အဆစ်လွဲသည်	ahsi' lwe: de
fractura (f)	ကျိုးအက်ခြင်း	kjou: e' chin:
tener una fractura	ကျိုးအက်သည်	kjou: e' te

corte (m) (tajo)	ရှသည်	sha. de
cortarse (vr)	ရှမိသည်	sha. mi. de
hemorragia (f)	ေသွးထွက်ခြင်း	thwei: htwe' chin:

quemadura (f)	မီးေလာင်သည့်ဒဏ်ရာ	mi: laun de. dan ja
quemarse (vr)	မီးေလာင်ဒဏ်ရာရသည်	mi: laun dan ja ja. de

pincharse (~ el dedo)	ေဖာက်သည်	hpau' te
pincharse (vr)	ကိုယ်တိုင်ေဖာက်သည်	kou tain hpau' te
herir (vt)	ထိခိုက်ဒဏ်ရာရသည်	hti. gai' dan ja ja. de
herida (f)	ထိခိုက်ဒဏ်ရာ	hti. gai' dan ja
lesión (f) (herida)	ဒဏ်ရာ	dan ja
trauma (m)	စိတ်ဒဏ်ရာ	sei' dan ja

delirar (vi)	ကေယာင်ကတမ်းဖြစ်သည်	kajaun ka dan: bi' te
tartamudear (vi)	တုံ့နေးတုံ့ နေးဖြစ်သည်	toun. hnei: toun. hnei: bji' te
insolación (f)	အပူလျပ်ခြင်း	apu hlja' chin

70. Los síntomas. Los tratamientos. Unidad 2

dolor (m)	နာကျင်မှု	na gjin hmu.
astilla (f)	ပဲ့ထွက်ေသာအစ	pe. dwe' tho: asa.

sudor (m)	ေချွး	chwei:
sudar (vi)	ေချွးထွက်သည်	chwei: htwe' te
vómito (m)	အန်ခြင်း	an gjin:
convulsiones (f pl)	အကြောလိုက်ခြင်း	akjo: lai' chin:

embarazada (adj)	ကိုယ်ဝန်ေဆာင်ထားေသာ	kou wun hsaun da: de.
nacer (vi)	ေမွးဖွားသည်	mwei: bwa: de
parto (m)	မီးဖွားခြင်း	mi: bwa: gjin:
dar a luz	မီးဖွားသည်	mi: bwa: de
aborto (m)	ကိုယ်ဝန်ဖျက်ချ ရခြင်း	kou wun hpje' cha chin:

respiración (f)	အသက်ရှုခြင်း	athe' shu gjin:
inspiración (f)	ဝင်ေလ	win lei
espiración (f)	ထွက်ေလ	htwe' lei
espirar (vi)	အသက်ရှုထုတ်သည်	athe' shu dou' te
inspirar (vi)	အသက်ရှုသွင်းသည်	athe' shu dhwin: de

inválido (m)	ကိုယ်အင်္ဂါမသန်စွမ်းသူ	kou an ga ma. dhan swan: dhu
mutilado (m)	မသန်မစွမ်းသူ	ma. dhan ma. zwan dhu
drogadicto (m)	ဆေးစွဲသူ	hsei: zwe: dhu
sordo (adj)	နားမကြားသော	na: ma. gja: de.
mudo (adj)	ဆွံ့အသော	hsun. ade.
sordomudo (adj)	ဆွံ့အ နားမကြားသူ	hsun. ana: ma. gja: dhu
loco (adj)	စိတ်မနှံ့သော	sei' ma. hnan. de.
loco (m)	စိတ်မနှံ့သူ	sei' ma. hnan. dhu
loca (f)	စိတ်ဝေဒနာရှင် မိန်းကလေး	sei' wei da. na shin mein: ga. lei:
volverse loco	ရူးသွပ်သည်	ju: dhu' de
gen (m)	မျိုးရိုးဗီဇ	mjou: jou: bi za.
inmunidad (f)	ကိုယ်ခံအား	kou gan a:
hereditario (adj)	မျိုးရိုးလိုက်သော	mjou: jou: lou' te.
de nacimiento (adj)	မွေးရာပါဖြစ်သော	mwei: ja ba bji' te.
virus (m)	ဗိုင်းရပ်ပိုးများ	bain: ja' pou: hmwa:
microbio (m)	အကူဇီဝရုပ်	anu zi wa. jou'
bacteria (f)	ဗက်တီးရီးယားပိုး	be' ti: ji: ja: bou:
infección (f)	ရောဂါကူးစက်မှု	jo ga gu: ze' hmu.

71. Los síntomas. Los tratamientos. Unidad 3

hospital (m)	ဆေးရုံ	hsei: joun
paciente (m)	လူနာ	lu na
diagnosis (f)	ရောဂါစစ်ဆေးခြင်း	jo ga zi' hsei: gjin:
cura (f)	ဆေးကုထုံး	hsei: ku. doun:
tratamiento (m)	ဆေးဝါးကုသမှု	hsei: wa: gu. dha. hmu.
curarse (vr)	ဆေးကုသမှုခံယူသည်	hsei: ku. dha. hmu. dha de
tratar (vt)	ပြုစုသည်	pju. zu. de
cuidar (a un enfermo)	ပြုစုစောင့်ရှောက်သည်	pju. zu. zaun. shau' te
cuidados (m pl)	ပြုစုစောင့်ရှောက်ခြင်း	pju. zu. zaun. shau' chin:
operación (f)	ခွဲစိတ်ကုသခြင်း	khwe: zei' ku. dha. hin:
vendar (vt)	ပတ်တီးစည်းသည်	pa' ti: ze: de
vendaje (m)	ပတ်တီးစည်းခြင်း	pa' ti: ze: gjin:
vacunación (f)	ကာကွယ်ဆေးထိုးခြင်း	ka gwe hsei: dou: gjin:
vacunar (vt)	ကာကွယ်ဆေးထိုးသည်	ka gwe hsei: dou: de
inyección (f)	ဆေးထိုးခြင်း	hsei: dou: gjin:
aplicar una inyección	ဆေးထိုးသည်	hsei: dou: de
ataque (m)	ရောဂါ ရုတ်တရက်ကျရောက်ခြင်း	jo ga jou' ta. je' kja. jau' chin:
amputación (f)	ဖြတ်တောက်ကုသခြင်း	hpja' tau' ku. dha gjin:
amputar (vt)	ဖြတ်တောက်ကုသသည်	hpja' tau' ku. dha de
coma (m)	မေ့မြောခြင်း	mei. mjo: gjin:
estar en coma	မေ့မြောသည်	mei. mjo: de
revitalización (f)	အစွမ်းကုန်ပြုပြင်ခြင်း	aswan: boun bju. zu. bjin:
recuperarse (vr)	ရောဂါသက်သာလာသည်	jo ga dhe' tha la de

estado (m) (de salud)	ကျန်းမာရေးအခြေအနေ	kjan: ma jei: achei a nei
consciencia (f)	ပြန်လည်သတိရလာခြင်း	pjan le dhadi. ja. la. gjin:
memoria (f)	မှတ်ဉာဏ်	hma' njan

extraer (un diente)	နုတ်သည်	hna' te
empaste (m)	သွားပေါက်ဖာထေးမှု	thwa: bau' hpa dei: hmu.
empastar (vt)	ဖာသည်	hpa de

| hipnosis (f) | အိပ်မွေ့ရှုခြင်း | ei' mwei. gja. gjin: |
| hipnotizar (vt) | အိပ်မွေ့ရှုသည် | ei' mwei. gja. de |

72. Los médicos

médico (m)	ဆရာဝန်	hsa ja wun
enfermera (f)	သူနာပြု	thu na bju.
médico (m) personal	ကိုယ်ရေး ဆရာဝန်	kou jei: hsaja wun

dentista (m)	သွားဆရာဝန်	thwa: hsaja wun
oftalmólogo (m)	မျက်စိဆရာဝန်	mje' si. za. ja wun
internista (m)	ရောဂါရှာဖွေရေးဆရာဝန်	jo ga sha bwei jei: hsaja wun
cirujano (m)	ခွဲစိတ်ကုဆရာဝန်	khwe: hsei' ku hsaja wun

psiquiatra (m)	စိတ်ရောဂါအထူးကုဆရာဝန်	sei' jo: ga ahtu: gu. zaja wun
pediatra (m)	ကလေးအထူးကုဆရာဝန်	kalei: ahtu: ku. hsaja wun
psicólogo (m)	စိတ်ပညာရှင်	sei' pjin nja shin
ginecólogo (m)	မီးယပ်ရောဂါအထူး ကုဆရာဝန်	mi: ja' jo: ga ahtu: gu za. ja wun
cardiólogo (m)	နှလုံးရောဂါ့အထူး ကုဆရာဝန်	hnaloun: jo: ga ahtu: gu. zaja wun

73. La medicina. Las drogas. Los accesorios

medicamento (m), droga (f)	ဆေးဝါး	hsei: wa:
remedio (m)	ကုသခြင်း	ku. dha. gjin:
prescribir (vt)	ဆေးအညွှန်းပေးသည်	hsa: ahnjun: bwe: de
receta (f)	ဆေးညွှန်း	hsei: hnjun:

tableta (f)	ဆေးပြား	hsei: bja:
ungüento (m)	လိမ်းဆေး	lein: zei:
ampolla (f)	လေလုံဖန်ပုလင်းငယ်	lei loun ban bu. lin: nge
mixtura (f), mezcla (f)	စပ်ဆေးရည်	sa' ei: je
sirope (m)	ဖျော်ရည်ဆီ	hpjo jei zi
píldora (f)	ဆေးတောင့်	hsei: daun.
polvo (m)	အမှုန့်	ahmoun.

venda (f)	ပတ်တီး	pa' ti:
algodón (m) (discos de ~)	ဝွမ်းလိပ်	gwan: lei'
yodo (m)	တင်ဂျာအိုင်ဒင်း	tin gja ein din:

tirita (f), curita (f)	ပလာစတာ	pa. la sata
pipeta (f)	မျက်စဉ်းခတ်ကိရိယာ	mje' zin: ba' ki. ji. ja
termómetro (m)	အပူချိန်တိုင်းကိရိယာ	apu gjein dain: gi. ji. ja

jeringa (f)	ဆေးထိုးပြွတ်	hsei: dou: bju'
silla (f) de ruedas	ဘီးတပ်ကုလားထိုင်	bi: da' ku. la: dain
muletas (f pl)	ချိုင်းထောက်	chain: dau'

anestésico (m)	အကိုက်အခဲပျောက်ဆေး	akai' akhe: pjau' hsei:
purgante (m)	ဝမ်းနှတ်ဆေး	wan: hnou' hsei:
alcohol (m)	အရက်ပြုံ	aje' pjan
hierba (f) medicinal	ဆေးဖက်ဝင်အပင်များ	hsei: hpa' win apin mja:
de hierbas (té ~)	ဆေးဖက်ဝင်အပင်	hsei: hpa' win apin
	နှင့်ဆိုင်သော	hnin. zain de.

74. El tabaquismo. Los productos del tabaco

tabaco (m)	ဆေးရွက်ကြီး	hsei: jwe' kji:
cigarrillo (m)	စီးကရက်	si: ga. ja'
cigarro (m)	ဆေးပြင်းလိပ်	hsei: bjin: li'
pipa (f)	ဆေးတံ	hsei: dan
paquete (m)	ဘူး	bu:

cerillas (f pl)	မီးခြစ်ဆံများ	mi: gji' zain mja:
caja (f) de cerillas	မီးခြစ်ဆံဘူး	mi: gji' zain bu:
encendedor (m)	မီးခြစ်	mi: gji'
cenicero (m)	ဆေးလိပ်ပြာခွက်	hsei: lei' pja gwe'
pitillera (f)	စီးကရက်အလှဘူး	si: ga. ja' ahla. bu:

| boquilla (f) | စီးက္ကရက်ထည့်သောက်သည့် | si: ga. ja' hti. dau' thi. |
| | ပြွန်တံငယ် | bjwan dan nge |

| filtro (m) | ဖင်ဆီခံ | hpin zi gan |

fumar (vi, vt)	ဆေးလိပ်သောက်သည်	hsei: lei' ma. dhau' te
encender un cigarrillo	ဆေးလိပ်မီးညှိသည်	hsei: lei' mi: hni. de
tabaquismo (m)	ဆေးလိပ်သောက်ခြင်း	hsei: lei' ma. dhau' chin:
fumador (m)	ဆေးလိပ်သောက်သူ	hsei: lei' ma. dhau' thu

colilla (f)	ဆေးလိပ်တို	hsei: lei' tou
humo (m)	မီးခိုး	mi: gou:
ceniza (f)	ပြာ	pja

EL AMBIENTE HUMANO

La ciudad

75. La ciudad. La vida en la ciudad

ciudad (f)	မြို့	mjou.
capital (f)	မြို့တော်	mjou. do
aldea (f)	ရွာ	jwa
plano (m) de la ciudad	မြို့လမ်းညွှန်မြေပုံ	mjou. lan hnjun mjei boun
centro (m) de la ciudad	မြို့လယ်ခေါင်	mjou. le gaun
suburbio (m)	ဆင်ခြေဖုံးအရပ်	hsin gjei aja'
suburbano (adj)	ဆင်ခြေဖုံးအရပ်ဖြစ်သော	hsin gjei hpoun aja' hpa' te.
arrabal (m)	မြို့စွန်	mjou. zun
afueras (f pl)	ပတ်ဝန်းကျင်	pa' wun: gjin:
barrio (m)	စည်ကားရာမြို့လယ်နေရာ	si: ga: ja mjou. le nei ja
zona (f) de viviendas	လူနေရပ်ကွက်	lu nei ja' kwe'
tráfico (m)	ယာဉ်အသွားအလာ	jin athwa: ala
semáforo (m)	မီးပွိုင့်	mi: bwain.
transporte (m) urbano	ပြည်သူပိုင်ခရီးသွား ယဉ်ကောင်ရေး	pji dhu bain gaji: dhwa: bou. zaun jei:
cruce (m)	လမ်းဆုံ	lan: zoun
paso (m) de peatones	လူကူးမျဉ်းကြား	lu gu: mji: gja:
paso (m) subterráneo	မြေအောက်လမ်းကူး	mjei au' lan: gu:
cruzar (vt)	လမ်းကူးသည်	lan: gu: de
peatón (m)	လမ်းသွားလမ်းလာ	lan: dhwa: lan: la
acera (f)	လူသွားလမ်း	lu dhwa: lan:
puente (m)	တံတား	dada:
muelle (m)	ကမ်းနားတံ	kan: na: da. man
fuente (f)	ရေပန်း	jei ban:
alameda (f)	ရိပ်သာလမ်း	jei' tha lan:
parque (m)	ပန်းခြံ	pan: gjan
bulevar (m)	လမ်းဝယ်	lan: ge
plaza (f)	ရင်ပြင်	jin bjin
avenida (f)	လမ်းမကြီး	lan: mi. gji:
calle (f)	လမ်း	lan:
callejón (m)	လမ်းသွယ်	lan: dhwe
callejón (m) sin salida	လမ်းဆုံး	lan: zoun:
casa (f)	အိမ်	ein
edificio (m)	အဆောက်အဦ	ahsau' au
rascacielos (m)	မိုးမျှော်တိုက်	mou: hmjo tou'
fachada (f)	အိမ်ရှေ့နံရံ	ein shei. nan jan

techo (m)	အမိုး	amou:
ventana (f)	ပြတင်းပေါက်	badin: pau'
arco (m)	မုခ်ဝ	mou' wa.
columna (f)	တိုင်	tain
esquina (f)	ထောင့်	htaun.

escaparate (f)	ဆိုင်ရှေ့ပစ္စည်း အခင်းအကျင်း	hseun shei. bji' si: akhin: akjin:
letrero (m) (~ luminoso)	ဆိုင်းဘုတ်	hsain: bou'
cartel (m)	ပိုစတာ	pou sata
cartel (m) publicitario	ကြော်ငြာပိုစတာ	kjo nja bou sata
valla (f) publicitaria	ကြော်ငြာဆိုင်းဘုတ်	kjo nja zain: bou'

basura (f)	အမှိုက်	ahmai'
cajón (m) de basura	အမှိုက်ပုံး	ahmai' poun:
tirar basura	လွှင့်ပစ်သည်	hlwin. bi' te
basurero (m)	အမှိုက်ပုံ	ahmai' poun

cabina (f) telefónica	တယ်လီဖုန်းဆက်ရန်နေရာ	te li hpoun: ze' jan nei ja
farola (f)	လမ်းမီး	lan: mi:
banco (m) (del parque)	ခုံတန်းရှည်	khoun dan: shei

policía (m)	ရဲ	je:
policía (f) (~ nacional)	ရဲ	je:
mendigo (m)	သူတောင်းစား	thu daun: za:
persona (f) sin hogar	အိမ်ယာမဲ့	ein ja me.

76. Las instituciones urbanas

tienda (f)	ဆိုင်	hsain
farmacia (f)	ဆေးဆိုင်	hsei: zain
óptica (f)	မျက်မှန်ဆိုင်	mje' hman zain
centro (m) comercial	ဈေးဝင်စင်တာ	zei: wun zin da
supermercado (m)	ကုန်တိုက်ကြီး	koun dou' kji:

panadería (f)	မုန့်တိုက်	moun. dai'
panadero (m)	ပေါင်မုန့်ဖုတ်သူ	paun moun. bou' dhu
pastelería (f)	မုန့်ဆိုင်	moun. zain
tienda (f) de comestibles	ကုန်စုံဆိုင်	koun zoun zain
carnicería (f)	အသားဆိုင်	atha: ain

| verdulería (f) | ဟင်းသီးဟင်းရွက်ဆိုင် | hin: dhi: hin: jwe' hsain |
| mercado (m) | ဈေး | zei: |

cafetería (f)	ကော်ဖီဆိုင်	ko hpi zain
restaurante (m)	စားသောက်ဆိုင်	sa: thau' hsain
cervecería (f)	ဘီယာဆိုင်	bi ja zain:
pizzería (f)	ပီဇာမုန့်ဆိုင်	pi za moun. zain

peluquería (f)	ဆံပင်ညှပ်ဆိုင်	zain hnja' hsain
oficina (f) de correos	စာတိုက်	sa dai'
tintorería (f)	အဝတ်အခြောက်လျှော်လုပ်ငန်း	awu' achou' hlo: lou' ngan:
estudio (m) fotográfico	ဓာတ်ပုံရိုက်ခန်း	da' poun jai' khan:
zapatería (f)	ဖိနပ်ဆိုင်	hpana' sain

| librería (f) | စာအုပ်ဆိုင် | sa ou' hsain |
| tienda (f) deportiva | အားကစားပစ္စည်းဆိုင် | a: gaza: pji' si: zain |

arreglos (m pl) de ropa	စက်ပြင်ဆိုင်	se' pjin zain
alquiler (m) de ropa	ဝတ်စုံအငှားဆိုင်	wa' zoun ahnga: zain
videoclub (m)	အခွေငှားဆိုင်	akhwei hnga: zain:

circo (m)	ဆပ်ကပ်	hsa' ka'
zoológico (m)	တိရစ္ဆာန်ဥယျာဉ်	tharei' hsan u. jin
cine (m)	ရုပ်ရှင်ရုံ	jou' shin joun
museo (m)	ပြတိုက်	pja. dai'
biblioteca (f)	စာကြည့်တိုက်	sa gji. dai'

teatro (m)	ကဇာတ်ရုံ	ka. za' joun
ópera (f)	အော်ပရာဇာတ်ရုံ	o pa ra za' joun
club (m) nocturno	နိုက်ကလပ်	nai' ka. la'
casino (m)	လောင်းကစားရုံ	laun: gaza: joun

mezquita (f)	ဗလီ	bali
sinagoga (f)	ရဟူဒီဘုရား ရှိခိုးကျောင်း	ja. hu di bu. ja: shi. gou: gjaun:
catedral (f)	ဘုရားရှိခိုးကျောင်းတော်	hpaja: gjaun: do:
templo (m)	ဘုရားကျောင်း	hpaja: gjaun:
iglesia (f)	ဘုရားကျောင်း	hpaja: gjaun:

instituto (m)	တက္ကသိုလ်	te' kathou
universidad (f)	တက္ကသိုလ်	te' kathou
escuela (f)	စာသင်ကျောင်း	sa dhin gjaun:

prefectura (f)	စီရင်စုနယ်	si jin zu. ne
alcaldía (f)	မြို့တော်ဝန်းမ	mjou. do gan: ma.
hotel (m)	ဟိုတယ်	hou te
banco (m)	ဘဏ်	ban

embajada (f)	သံရုံး	than joun:
agencia (f) de viajes	ခရီးသွားလုပ်ငန်း	khaji: thwa: lou' ngan:
oficina (f) de información	သတင်းအချက်အလက်ဌာန	dhadin: akje' ale' hta. na.
oficina (f) de cambio	ငွေလဲရန်နေရာ	ngwei le: jan nei ja

| metro (m) | မြေအောက်ဥမင်လမ်း | mjei au' u. min lan: |
| hospital (m) | ဆေးရုံ | hsei: joun |

| gasolinera (f) | ဆီဆိုင် | hsi: zain |
| aparcamiento (m) | ကားပါကင် | ka: pa kin |

77. El transporte urbano

autobús (m)	ဘတ်စ်ကား	ba's ka:
tranvía (m)	ဓာတ်ရထား	da' ja hta:
trolebús (m)	ဓာတ်ကား	da' ka:
itinerario (m)	လမ်းကြောင်း	lan: gjaun:
número (m)	ကားနံပါတ်	ka: nan ba'
ir en ...	ယဉ်စီးသည်	jin zi: de
tomar (~ el autobús)	ထိုင်သည်	htain de

bajar (~ del tren)	ကားပေါ်မှဆင်းသည်	ka: bo hma. zin: de
parada (f)	မှတ်တိုင်	hma' tain
próxima parada (f)	နောက်မှတ်တိုင်	nau' hma' tain
parada (f) final	အဆုံးမှတ်တိုင်	ahsoun: hma' tain
horario (m)	အချိန်ဇယား	achein zaja:
esperar (aguardar)	စောင့်သည်	saun. de

| billete (m) | လက်မှတ် | le' hma' |
| precio (m) del billete | ယာဉ်စီးခ | jin zi: ga. |

cajero (m)	ငွေကိုင်	ngwei gain
control (m) de billetes	လက်မှတ်စစ်ဆေးခြင်း	le' hma' ti' hsei: chin
revisor (m)	လက်မှတ်စစ်ဆေးသူ	le' hma' ti' hsei: dhu:

llegar tarde (vi)	နောက်ကျသည်	nau' kja. de
perder (~ el tren)	ကားနောက်ကျသည်	ka: nau' kja de
tener prisa	အပြန်လုပ်သည်	aman lou' de

taxi (m)	တက္ကစီ	te' kasi
taxista (m)	တက္ကစီမောင်းသူ	te' kasi maun: dhu
en taxi	တက္ကစီဖြင့်	te' kasi hpjin.
parada (f) de taxi	တက္ကစီဂုရပ်	te' kasi zu. ja'
llamar un taxi	တက္ကစီခေါ်သည်	te' kasi go de
tomar un taxi	တက္ကစီငှားသည်	te' kasi hnga: de

tráfico (m)	ယာဉ်အသွားအလာ	jin athwa: ala
atasco (m)	ယာဉ်ကြောပိတ်ဆို့မှု	jin gjo: bei' hsou. hmu.
horas (f pl) de punta	အလုပ်ဆင်းချိန်	alou' hsin: gjain
aparcar (vi)	ယာဉ်ရပ်နားရန်နေရာယူသည်	jin ja' na: jan nei ja ju de
aparcar (vt)	ကားအားပါကင်ထိုးသည်	ka: a: pa kin dou: de
aparcamiento (m)	ပါကင်	pa gin

metro (m)	မြေအောက်ဥမင်လမ်း	mjei au' u. min lan:
estación (f)	ဘူတာရုံ	bu da joun
ir en el metro	မြေအောက်ရထားဖြင့်သွားသည်	mjei au' ja. da: bjin. dhwa: de
tren (m)	ရထား	jatha:
estación (f)	ရထားဘူတာရုံ	jatha: buda joun

78. El turismo. La excursión

monumento (m)	ရုပ်တု	jou' tu.
fortaleza (f)	ခံတပ်ကြီး	khwan da' kji:
palacio (m)	နန်းတော်	nan do
castillo (m)	ရဲတိုက်	je: dai'
torre (f)	မျှော်စင်	hmjo zin
mausoleo (m)	ဂူဗိမာန်	gu bi. man

arquitectura (f)	ဗိသုကာပညာ	bi. thu. ka pjin nja
medieval (adj)	အလယ်ခေတ်နှင့်ဆိုင်သော	ale khei' hnin. zain de.
antiguo (adj)	ရှေးကျသော	shei: gja. de
nacional (adj)	အမျိုးသားနှင့်ဆိုင်သော	amjou: dha: hnin. zain de.
conocido (adj)	နာမည်ကြီးသော	na me gji: de.
turista (m)	ကမ္ဘာလှည့်ရန်သည်	ga ba hli. kha. ji: de
guía (m) (persona)	လမ်းညွှန်	lan: hnjun

excursión (f)	လေ့လာရေးခရီး	lei. la jei: gaji:
mostrar (vt)	ပြသည်	pja. de
contar (una historia)	ပြောပြသည်	pjo: bja. de

encontrar (hallar)	ရှာတွေ့သည်	sha dwei. de
perderse (vr)	ပျောက်သည်	pjau' te
plano (m) (~ de metro)	မြေပုံ	mjei boun
mapa (m) (~ de la ciudad)	မြေပုံ	mjei boun

recuerdo (m)	အမှတ်တရလက်ဆောင်ပစ္စည်း	ahma' ta ra le' hsaun pji' si:
tienda (f) de regalos	လက်ဆောင်ပစ္စည်းဆိုင်	le' hsaun pji' si: zain
hacer fotos	ဓာတ်ပုံရိုက်သည်	da' poun jai' te
fotografiarse (vr)	ဓာတ်ပုံရိုက်သည်	da' poun jai' te

79. Las compras

comprar (vt)	ဝယ်သည်	we de
compra (f)	ဝယ်စရာ	we zaja
hacer compras	ဈေးဝယ်ထွက်ခြင်း	zei: we htwe' chin:
compras (f pl)	ရှော့ပင်း	sho. bin:

| estar abierto (tienda) | ဆိုင်ဖွင့်သည် | hsain bwin. de |
| estar cerrado | ဆိုင်ပိတ်သည် | hseun bi' te |

calzado (m)	ဖိနပ်	hpana'
ropa (f)	အဝတ်အစား	awu' aza:
cosméticos (m pl)	အလှကုန်ပစ္စည်း	ahla. koun pji' si:
productos alimenticios	စားသောက်ကုန်	sa: thau' koun
regalo (m)	လက်ဆောင်	le' hsaun

| vendedor (m) | ရောင်းသူ | jaun: dhu |
| vendedora (f) | ရောင်းသူ | jaun: dhu |

caja (f)	ငွေရှင်းရန်နေရာ	ngwei shin: jan nei ja
espejo (m)	မှန်	hman
mostrador (m)	ကောင်တာ	kaun da
probador (m)	အဝတ်လဲခန်း	awu' le: gan:

probar (un vestido)	တိုင်းကြည့်သည်	tain: dhi. de
quedar (una ropa, etc.)	သင့်တော်သည်	thin. do de
gustar (vi)	ကြိုက်သည်	kjai' de

precio (m)	ဈေးနှုန်း	zei: hnan:
etiqueta (f) de precio	ဈေးနှုန်းကတ်ပြား	zei: hnan: ka' pja:
costar (vt)	ကုန်ကျသည်	koun mja. de
¿Cuánto?	ဘယ်လောက်လဲ	be lau' le:
descuento (m)	လျှော့ဈေး	sho. zei:

no costoso (adj)	ဈေးမကြီးသော	zei: ma. kji: de.
barato (adj)	ဈေးပေါသော	zei: po: de.
caro (adj)	ဈေးကြီးသော	zei: kji: de.
Es caro	ဒါဈေးကြီးတယ်	da zei: gji: de
alquiler (m)	ငှားရမ်းခြင်း	hna: jan: chin:
alquilar (vt)	ငှားရမ်းသည်	hna: jan: de

| crédito (m) | အကြွေးစနစ် | akjwei: sani' |
| a crédito (adv) | အကြွေးစနစ်ဖြင့် | akjwei: sa ni' hpjin. |

80. El dinero

dinero (m)	ပိုက်ဆံ	pai' hsan
cambio (m)	လဲလှယ်ခြင်း	le: hle gjin:
curso (m)	ငွေလဲနှန်း	ngwei le: hnan:
cajero (m) automático	အလိုအလျောက်ငွေထုတ်စက်	alou aljau' ngwei htou' se'
moneda (f)	အကြွေစေ့	akjwei zei.

| dólar (m) | ဒေါ်လာ | do la |
| euro (m) | ယူရို | ju rou |

lira (f)	အီတလီ လိုင်ရာငွေ	ita. li lain ja ngwei
marco (m) alemán	ဂျာမန်မတ်ငွေ	gja man ma' ngwei
franco (m)	ဖရန့်	hpa. jan.
libra esterlina (f)	စတာလင်ပေါင်	sata lin baun
yen (m)	ယန်း	jan:

deuda (f)	အကြွေး	akjwei:
deudor (m)	မြီစား	mji za:
prestar (vt)	ရေးသည်	chei: de
tomar prestado	အကြွေးယူသည်	akjwei: ju de

banco (m)	ဘဏ်	ban
cuenta (f)	ငွေစာရင်း	ngwei za jin:
ingresar (~ en la cuenta)	ထည့်သည်	hte de.
ingresar en la cuenta	ငွေသွင်းသည်	ngwei dhwin: de
sacar de la cuenta	ငွေထုတ်သည်	ngwei dou' te

tarjeta (f) de crédito	အကြွေးဝယ်ကဒ်ပြား	akjwei: we ka' pja
dinero (m) en efectivo	လက်ငင်း	le' ngin:
cheque (m)	ချက်	che'
sacar un cheque	ချက်ရေးသည်	che' jei: de
talonario (m)	ချက်စာအုပ်	che' sa ou'

cartera (f)	ပိုက်ဆံအိတ်	pai' hsan ei'
monedero (m)	ပိုက်ဆံအိတ်	pai' hsan ei'
caja (f) fuerte	မီးခံသေတ္တာ	mi: gan dhi' ta

heredero (m)	အမွေစားအမွေခံ	amwei za: amwei gan
herencia (f)	အမွေဆက်ခံခြင်း	amwei ze' khan gjin:
fortuna (f)	အခွင့်အလမ်း	akhwin. alan:

arriendo (m)	အိမ်ငှါး	ein hnga:
alquiler (m) (dinero)	အခန်းငှါးခ	akhan: hnga: ga
alquilar (~ una casa)	ငှားသည်	hnga: de

precio (m)	ဈေးနှန်း	zei: hnan:
coste (m)	ကုန်ကျစရိတ်	koun gja. za. ji'
suma (f)	ပေါင်းလဒ်	paun: la'
gastar (vt)	သုံးစွဲသည်	thoun: zwe: de
gastos (m pl)	စရိတ်စက	zaei' zaga.

economizar (vi, vt)	ခြွေတာသည်	chwei da de
económico (adj)	တွက်ခြေကိုက်သော	twe' chei kai' te.
pagar (vi, vt)	ပေးရှေ့သည်	pei: gjei de
pago (m)	ပေးရှေ့သည့်ငွေ	pei: gjei de. ngwei
cambio (m) (devolver el ~)	ပြန်အမ်းငွေ	pjan an: ngwe
impuesto (m)	အခွန်	akhun
multa (f)	ဒဏ်ငွေ	dan ngwei
multar (vt)	ဒဏ်ရိုက်သည်	dan jai' de

81. La oficina de correos

oficina (f) de correos	စာတိုက်	sa dai'
correo (m) (cartas, etc.)	မေးလ်	mei: l
cartero (m)	စာပို့သမား	sa bou, dhama:
horario (m) de apertura	ဖွင့်ချိန်	hpwin. gjin
carta (f)	စာ	sa
carta (f) certificada	မှတ်ပုံတင်ပြီးသောစာ	hma' poun din bji: dho: za:
tarjeta (f) postal	ပို့ စကဒ်	pou. sa. ka'
telegrama (m)	ကြေးနန်း	kjei: nan:
paquete (m) postal	ပါဆယ်	pa ze
giro (m) postal	ငွေလွှဲခြင်း	ngwei hlwe: gjin:
recibir (vt)	လက်ခံရရှိသည်	le' khan ja. shi. de
enviar (vt)	ပို့သည်	pou. de
envío (m)	ပို့ခြင်း	pou. gjin:
dirección (f)	လိပ်စာ	lei' sa
código (m) postal	စာပို့သင်္ကေတ	sa bou dhin kei ta.
expedidor (m)	ပို့သူ	pou. dhu
destinatario (m)	လက်ခံသူ	le' khan dhu
nombre (m)	အမည်	amji
apellido (m)	မိသားစု မျိုးရိုးနာမည်	mi. dha: zu. mjou: jou: na mji
tarifa (f)	စာပို့ခ နှုန်းထား	sa bou. kha. hnan: da:
ordinario (adj)	စံနှုန်းသတ်မှတ်ထားသော	san hnoun: dha' hma' hta: de.
económico (adj)	ကုန်ကျငွေသက်သာသော	koun gja ngwe dhe' dha de.
peso (m)	အလေးချိန်	alei: gjein
pesar (~ una carta)	ချိန်သည်	chein de
sobre (m)	စာအိတ်	sa ei'
sello (m)	တံဆိပ်ခေါင်း	da zei' khaun:
poner un sello	တံဆိပ်ခေါင်းကပ်သည်	da zei' khaun: ka' te

La vivienda. La casa. El hogar

82. La casa. La vivienda

casa (f)	အိမ်	ein
en casa (adv)	အိမ်မှာ	ein hma
patio (m)	ခြံမြေကွက်လပ်	chan mjei gwe' la'
verja (f)	ခြံစည်းရိုး	chan zi: jou:

ladrillo (m)	အုတ်	ou'
de ladrillo (adj)	အုတ်ဖြင့်လုပ်ထားသော	ou' hpjin. lou' hta: de.
piedra (f)	ကျောက်	kjau'
de piedra (adj)	ကျောက်ဖြင့်လုပ်ထားသော	kjau' hpjin. lou' hta: de.
hormigón (m)	ကွန်ကရစ်	kun ka. ji'
de hormigón (adj)	ကွန်ကရစ်လောင်းထားသော	kun ka. ji' laun: da: de.

nuevo (adj)	သစ်သော	thi' te.
viejo (adj)	ဟောင်းသော	haun: de.
deteriorado (adj)	အိုဟောင်းပျက်စီးနေသော	ou haun: pje' si: nei dho:
moderno (adj)	ခေတ်မီသော	khi' mi de.
de muchos pisos	အထပ်များစွာပါသော	a hta' mja: swa ba de.
alto (adj)	မြင့်သော	mjin. de.

| piso (m), planta (f) | အထပ် | a hta' |
| de una sola planta | အထပ်တစ်ထပ်တည်းဖြစ်သော | a hta' ta' hta' te: hpja' tho: |

| piso (m) bajo | မြေညီထပ် | mjei nji da' |
| piso (m) alto | အပေါ်ဆုံးထပ် | apo zoun: da' |

| techo (m) | အမိုး | amou: |
| chimenea (f) | မီးခိုးခေါင်းတိုင် | mi: gou: gaun: dain |

tejas (f pl)	အုတ်ကြွပ်ပြား	ou' gju' pja:
de tejas (adj)	အုတ်ကြွပ်ဖြင့်မိုးထားသော	ou' gju' hpjin: mou: hta: de.
desván (m)	ထပ်ခိုး	hta' khou:

| ventana (f) | ပြတင်းပေါက် | badin: pau' |
| vidrio (m) | ဖန် | hpan |

| alféizar (m) | ပြတင်းအောက်ခြေဘောင် | badin: au' chei dhaun |
| contraventanas (f pl) | ပြတင်းကာ | badin: ga |

pared (f)	နံရံ	nan jou:
balcón (m)	ဝရန်တာ	wa jan da
gotera (f)	ရေဆင်းပိုက်	jei zin: bai'

arriba (estar ~)	အပေါ်မှာ	apo hma
subir (vi)	တက်သည်	te' te
descender (vi)	ဆင်းသည်	hsin: de
mudarse (vr)	အိမ်ပြောင်းသည်	ein bjaun: de

83. La casa. La entrada. El ascensor

entrada (f)	ဝင်ပေါက်	win bau'
escalera (f)	လှေကား	hlei ga:
escalones (m pl)	လှေကားထစ်	hlei ga: di'
baranda (f)	လှေကားလက်ရန်း	hlei ga: le' jan:
vestíbulo (m)	ဧည့်ခန်းမ	e. gan: ma.
buzón (m)	စာတိုက်ပုံး	sa dai' poun:
contenedor (m) de basura	အမှိုက်ပုံး	ahmai' poun:
bajante (f) de basura	အမှိုက်ဆင်းပိုက်	ahmai' hsin: bai'
ascensor (m)	ဓာတ်လှေကား	da' hlei ga:
ascensor (m) de carga	ဝန်တင်ဓာတ်လှေကား	wun din da' hlei ga:
cabina (f)	ကုန်တင်ဓာတ်လှေကား	koun din ga' hlei ga:
ir en el ascensor	ဓာတ်လှေကားစီးသည်	da' hlei ga: zi: de
apartamento (m)	တိုက်ခန်း	tai' khan:
inquilinos (pl)	နေထိုင်သူများ	nei dain dhu mja:
vecino (m)	အိမ်နီးနားချင်း	ein ni: na: gjin:
vecina (f)	မိန်းကလေးအိမ်နီးနားချင်း	mein: galei: ein: ni: na: gjin:
vecinos (pl)	အိမ်နီးနားချင်းများ	ein ni: na: gjin: mja:

84. La casa. La puerta. La cerradura

puerta (f)	တံခါး	daga:
portón (m)	ဂိတ်	gei'
tirador (m)	တံခါးလက်ကိုင်	daga: le' kain
abrir el cerrojo	သော့ဖွင့်သည်	tho. bwin. de
abrir (vt)	ဖွင့်သည်	hpwin. de
cerrar (vt)	ပိတ်သည်	pei' te
llave (f)	သော့	tho.
manojo (m) de llaves	အတွဲ	atwe:
crujir (vi)	တကျွိကျွိမြည်သည်	ta kjwi. kjwi. mji de
crujido (m)	တကျွိကျွိမြည်သံ	ta kjwi. kjwi. mji dhan
gozne (m)	ပတ္တာ	pa' ta
felpudo (m)	ခြေသုတ်ခုံ	chei dhou' goun
cerradura (f)	တံခါးဂျက်	daga: gje'
ojo (m) de cerradura	သော့ပေါက်	tho. bau'
cerrojo (m)	မင်းတုံး	min: doun:
pestillo (m)	တံခါးချက်	daga: che'
candado (m)	သော့ခလောက်	tho. ga. lau'
tocar el timbre	ခေါင်းလောင်းမြည်သည်	gaun: laun: mje de
campanillazo (m)	ခေါင်းလောင်းမြည်သံ	gaun: laun: mje dhan
timbre (m)	လူခေါ်ခေါင်းလောင်း	lu go gaun: laun:
botón (m)	လူခေါ်ခေါင်းလောင်းခလုတ်	lu go gaun: laun: khalou'
toque (m) a la puerta	တံခါးခေါက်သံ	daga: khau' than
tocar la puerta	တံခါးခေါက်သည်	daga: khau' te
código (m)	သင်္ကေတဝှက်	thin gei ta. hwe'
cerradura (f) de contraseña	ကုဒ်သော့	kou' tho.

telefonillo (m)	အိမ်တွင်းဆက်သွယ်မှုစနစ်	ein dwin: ze' dhwe hmu. zani'
número (m)	နံပါတ်	nan ba'
placa (f) de puerta	အိမ်တံခါးရှေ့ ဆိုင်းဘုတ်	ein da ga: shei. hsain: bou'
mirilla (f)	ချောင်းကြည့်ပေါက်	chaun: gje. bau'

85. La casa de campo

aldea (f)	ရွာ	jwa
huerta (f)	အသီးအရွက်စိုက်ခင်း	athi: ajwe' sai' khin:
empalizada (f)	ခြံစည်းရိုး	chan zi: jou:
valla (f)	ခြံစည်းရိုးတိုင်	chan zi: jou: dain
puertecilla (f)	မလွယ်ပေါက်	ma. lwe bau'

granero (m)	ကျီ	kji
sótano (m)	မြေအောက် အစာသိုလှောင်ခန်း	mjei au' asa dhou hlaun gan:
cobertizo (m)	ဂိုဒေါင်	gou daun
pozo (m)	ရေတွင်း	jei dwin:

estufa (f)	မီးဖို	mi: bou
calentar la estufa	မီးပြင်းအောင်ထိုးသည်	mi: bjin: aun dou: de
leña (f)	ထင်း	htin:
leño (m)	ထင်းတုံး	tin: doun:

veranda (f)	ဝရန်တာ	wa jan da
terraza (f)	စကြ	sin gja.
porche (m)	အိမ်ရှေ့လှေကား	ein shei. hlei ga:
columpio (m)	ဒန်း	dan:

86. El castillo. El palacio

castillo (m)	ရဲတိုက်	je: dai'
palacio (m)	နန်းတော်	nan do
fortaleza (f)	ခံတပ်ကြီး	khwan da' kji:

muralla (f)	ရဲတိုက်နံရံပိုင်း	je: dai' nan jan wain:
torre (f)	မျှော်စင်	hmjo zin
torre (f) principal	ရဲတိုက်ဗဟို မျှော်စင်ခံတပ်ကြီး	je: dai' ba. hou hmjo zin gan ta' kji:

rastrillo (m)	ဆိုင်းကြိုးသံးသံ ကွန်ရော်တံခါးကြီး	hsain: kjou: dhoun: dhan kwan ja' dan ga: kji:
pasaje (m) subterráneo	မြေအောက်လမ်း	mjei au' lan:
foso (m) del castillo	ကျုံး	kjun:

cadena (f)	ကြိုး	kjou:
aspillera (f)	မြားတံလွှတ်ပေါက်	hmja: dan hlwa' pau'

magnífico (adj)	ခမ်းနားသော	khan: na: de.
majestuoso (adj)	နံညားထည်ဝါသော	khan nja: hte wa de.

inexpugnable (adj)	မထိုးဖောက်နိုင်သော	ma. dou: bau' nein de.
medieval (adj)	အလယ်ခေတ်နှင့်ဆိုင်သော	ale khei' hnin. zain de.

87. El apartamento

apartamento (m)	တိုက်ခန်း	tai' khan:
habitación (f)	အခန်း	akhan:
dormitorio (m)	အိပ်ခန်း	ei' khan:
comedor (m)	ထမင်းစားခန်း	htamin: za: gan:
salón (m)	ဧည့်ခန်း	e. gan:
despacho (m)	အိမ်တွင်းရုံးခန်းလေး	ein dwin: joun: gan: lei:

antecámara (f)	ဝင်ပေါက်	win bau'
cuarto (m) de baño	ရေချိုးခန်း	jei gjou gan:
servicio (m)	အိမ်သာ	ein dha

techo (m)	မျက်နှာကြက်	mje' hna gje'
suelo (m)	ကြမ်းပြင်	kan: pjin
rincón (m)	ထောင့်	htaun.

88. El apartamento. La limpieza

hacer la limpieza	သန့်ရှင်းရေးလုပ်သည်	than. shin: jei: lou' te
quitar (retirar)	သန့်ရှင်းရေးလုပ်သည်	than. shin: jei: lou' te

polvo (m)	ဖုန်	hpoun
polvoriento (adj)	ဖုန်ထူသော	hpoun du de.
limpiar el polvo	ဖုန်သုတ်သည်	hpoun dou' te
aspirador (m), aspiradora (f)	ဖုန်စုပ်စက်	hpoun zou' se'
limpiar con la aspiradora	ဖုန်စုပ်စက်ဖြင့် စုပ်သည်	hpoun zou' se' chin. zou' te

barrer (vi, vt)	တံမြက်စည်းလှည်းသည်	tan mje' si: hle: de
barreduras (f pl)	အမှိုက်များ	ahmai' mja:
orden (m)	စနစ်တကျ	sani' ta. gja.
desorden (m)	ရှုပ်ပွဲခြင်း	shou' pwei gjin:

fregona (f)	လက်ကိုင်ရှည်ကြမ်းသုတ်ဖတ်	le' kain she gjan: dhou' hpa'
trapo (m)	ဖုန်သုတ်အဝတ်	hpoun dou' awu'
escoba (f)	တံမြက်စည်း	tan mje' si:
cogedor (m)	အမှိုက်ဂေါ်	ahmai' go

89. Los muebles. El interior

muebles (m pl)	ပရိဘောဂ	pa ri. bo: ga.
mesa (f)	စားပွဲ	sa: bwe:
silla (f)	ကုလားထိုင်	kala: dain
cama (f)	ကုတင်	ku din
sofá (m)	ဆိုဖာ	hsou hpa
sillón (m)	လက်တင်ပါသောကုလားထိုင်	le' tin ba dho: ku. la: dain

librería (f)	စာအုပ်စင်	sa ou' sin
estante (m)	စင်	sin
armario (m)	ဗီရို	bi jou
percha (f)	နံရံကပ်အဝတ်ချိတ်စင်	nan jan ga' awu' gei' zin

83

perchero (m) de pie	အဝတ်ချိတ်စင်	awu' gjei' sin
cómoda (f)	အံဆွဲပါ မှန်တင်ခုံ	an. zwe: pa hman din khoun
mesa (f) de café	စားပွဲပု	sa: bwe: bu.

espejo (m)	မှန်	hman
tapiz (m)	ကော်ဇော	ko zo:
alfombra (f)	ကော်ဇော	ko zo:

chimenea (f)	မီးလင်းဖို	mi: lin: bou
vela (f)	ဖယောင်းတိုင်	hpa. jaun dain
candelero (m)	ဖယောင်းတိုင်စိုက်သောတိုင်	hpa. jaun dain zou' tho dain

cortinas (f pl)	ကန်းလီးရှည်	khan: zi: shei
empapelado (m)	နံရံကပ်စက္ကူ	nan jan ga' se' ku
estor (m) de láminas	ယင်းလိပ်	jin: lei'

lámpara (f) de mesa	စားပွဲတင်မီးအိမ်	sa: bwe: din mi: ein
aplique (m)	နံရံကပ်မီး	nan jan ga' mi:
lámpara (f) de pie	မတ်တပ်မီးစလောင်း	ma' ta' mi: za. laun:
lámpara (f) de araña	မီးပန်းဆိုင်း	mi: ban: zain:

pata (f) (~ de la mesa)	ခြေထောက်	chei htau'
brazo (m)	လက်တန်း	le' tan:
espaldar (m)	နောက်မှီ	nau' mi
cajón (m)	အံဆွဲ	an. zwe:

90. Los accesorios de cama

ropa (f) de cama	အိပ်ရာခင်းများ	ei' ja khin: mja:
almohada (f)	ခေါင်းအုံး	gaun: oun:
funda (f)	ခေါင်းစွပ်	gaun: zu'
manta (f)	စောင်	saun
sábana (f)	အိပ်ရာခင်း	ei' ja khin:
sobrecama (f)	အိပ်ရာဖုံး	ei' ja hpoun:

91. La cocina

cocina (f)	မီးဖိုခန်း	mi: bou gan:
gas (m)	ဓာတ်ငွေ့	da' ngwei.
cocina (f) de gas	ဂက်စ်မီးဖို	ga' s mi: bou
cocina (f) eléctrica	လျပ်စစ်မီးဖို	hlja' si' si: bou
horno (m)	မုန့် ဖုတ်ရန်ဖို	moun. bou' jan bou
horno (m) microondas	မိုက်ခရိုဝေ့ဗ်	mou' kha. jou wei. b

frigorífico (m)	ရေခဲသေတ္တာ	je ge: dhi' ta
congelador (m)	ရေခဲခန်း	jei ge: gan:
lavavajillas (m)	ပန်းကန်ဆေးစက်	bagan: zei: ze'

picadora (f) de carne	အသားကြိတ်စက်	atha: kjei' za'
exprimidor (m)	အသီးဖျော်စက်	athi: hpjo ze'
tostador (m)	ပေါင်မုန့်ကင်စက်	paun moun. gin ze'
batidora (f)	မွှေစက်	hmwei ze'

cafetera (f) (aparato de cocina)	ကော်ဖီဖျော်စက်	ko hpi hpjo ze'
cafetera (f) (para servir)	ကော်ဖီအိုး	ko hpi ou:
molinillo (m) de café	ကော်ဖီကြိတ်စက်	ko hpi kjei ze'

hervidor (m) de agua	ရေနွေးကျောအိုး	jei nwei: gaja: ou:
tetera (f)	လက်ဘက်ရည်အိုး	le' be' ji ou:
tapa (f)	အိုးအဖုံး	ou: ahpoun:
colador (m) de té	လက်ဖက်ရည်စစ်	le' hpe' ji zi'

cuchara (f)	ဇွန်း	zun:
cucharilla (f)	လက်ဖက်ရည်ဇွန်း	le' hpe' ji zwan:
cuchara (f) de sopa	အရည်သောက်ဇွန်း	aja: dhau' zun:
tenedor (m)	ခက်ရင်း	khajin:
cuchillo (m)	ဓား	da:

vajilla (f)	အိုးခွက်ပန်းကန်	ou: kwe' pan: gan
plato (m)	ပန်းကန်ပြား	bagan: bja:
platillo (m)	အောက်ခံပန်းကန်ပြား	au' khan ban: kan pja:

vaso (m) de chupito	ဖန်ခွက်	hpan gwe'
vaso (m) (~ de agua)	ဖန်ခွက်	hpan gwe'
taza (f)	ခွက်	khwe'

azucarera (f)	သကြားခွက်	dhagja: khwe'
salero (m)	ဆားဘူး	hsa: bu:
pimentero (m)	ငြုတ်ကောင်းဘူး	njou' kaun: bu:
mantequera (f)	ထောပတ်ခွက်	hto: ba' khwe'

cacerola (f)	ပေါင်းအိုး	paun: ou:
sartén (f)	ဟင်းကြော်အိုး	hin: gjo ou:
cucharón (m)	ဟင်းခတ်ဇွန်း	hin: ga' zun
colador (m)	ဆန်ခါ	zaga
bandeja (f)	လင်ပန်း	lin ban:

botella (f)	ပုလင်း	palin:
tarro (m) de vidrio	ဖန်ဘူး	hpan bu:
lata (f)	သံဘူး	than bu:

abrebotellas (m)	ပုလင်းဖောက်တံ	pu. lin: bau' tan
abrelatas (m)	သံဘူးဖောက်တံ	than bu: bau' tan
sacacorchos (m)	ဝက်အူဖောက်တံ	we' u bau' dan
filtro (m)	ရေစစ်	jei zi'
filtrar (vt)	စစ်သည်	si' te

| basura (f) | အမှိုက် | ahmai' |
| cubo (m) de basura | အမှိုက်ပုံး | ahmai' poun: |

92. El baño

cuarto (m) de baño	ရေချိုးခန်း	jei gjou gan:
agua (f)	ရေ	jei
grifo (m)	ရေပိုက်ခေါင်း	jei bai' khaun:
agua (f) caliente	ရေပူ	jei bu

agua (f) fría	ရေအေး	jei ei:
pasta (f) de dientes	သွားတိုက်ဆေး	thwa: tai' hsei:
limpiarse los dientes	သွားတိုက်သည်	thwa: tai' te
cepillo (m) de dientes	သွားတိုက်တံ	thwa: tai' tan

afeitarse (vr)	ရိတ်သည်	jei' te
espuma (f) de afeitar	မုတ်ဆိတ်ရိတ်သုံးဆပ်ပြာမြှုပ်	mou' hsei' jei' thoun: za' pja hmjou'
maquinilla (f) de afeitar	သင်တုန်းဓား	thin toun: da:

lavar (vt)	ဆေးသည်	hsei: de
darse un baño	ရေချိုးသည်	jei gjou: de
ducha (f)	ရေပန်း	jei ban:
darse una ducha	ရေချိုးသည်	jei gjou: de

bañera (f)	ရေချိုးကန်	jei gjou: gan
inodoro (m)	အိမ်သာ	ein dha
lavabo (m)	လက်ဆေးကန်	le' hsei: kan

| jabón (m) | ဆပ်ပြာ | hsa' pja |
| jabonera (f) | ဆပ်ပြာခွက် | hsa' pja gwe' |

esponja (f)	ရေမြှုပ်	jei hmjou'
champú (m)	ခေါင်းလျှော်ရည်	gaun: sho je
toalla (f)	တဘက်	tabe'
bata (f) de baño	ရေချိုးခန်းဝတ်စုံ	jei gjou: gan: wu' soun

colada (f), lavado (m)	အဝတ်လျှော်ခြင်း	awu' sho gjin
lavadora (f)	အဝတ်လျှော်စက်	awu' sho ze'
lavar la ropa	ဒီဘီလျှော်သည်	dou bi jo de
detergente (m) en polvo	အဝတ်လျှော်ဆပ်ပြာမှုန့်	awu' sho hsa' pja hmun.

93. Los aparatos domésticos

televisor (m)	ရုပ်မြင်သံကြားစက်	jou' mjin dhan gja: ze'
magnetófono (m)	အသံသွင်းစက်	athan dhwin: za'
vídeo (m)	ဗီဒီယိုပြစက်	bi di jou bja. ze'
radio (m)	ရေဒီယို	rei di jou
reproductor (m) (~ MP3)	ပလေယာစက်	pa. lei ja ze'

proyector (m) de vídeo	ဗီဒီယိုပရိုဂျက်တာ	bi di jou pa. jou gje' da
sistema (m) home cinema	အိမ်တွင်းရုပ်ရှင်ခန်း	ein dwin: jou' shin gan:
reproductor (m) de DVD	ဒီဗီဒီပလေယာ	di bi di ba lei ja
amplificador (m)	အသံချဲ့စက်	athan che. zek
videoconsola (f)	ဂိမ်းဆလှတ်	gein: kha lou'

cámara (f) de vídeo	ဗွီဒီယိုကင်မရာ	bwi di jou kin ma. ja
cámara (f) fotográfica	ကင်မရာ	kin ma. ja
cámara (f) digital	ဒီဂျစ်တယ်ကင်မရာ	digji' te gin ma. ja

aspirador (m), aspiradora (f)	ဖုန်စုပ်စက်	hpoun zou' se'
plancha (f)	မီးပူ	mi: bu
tabla (f) de planchar	မီးပူတိုက်ရန်စင်	mi: bu tai' jan zin
teléfono (m)	တယ်လီဖုန်း	te li hpoun:

teléfono (m) móvil	မိုဘိုင်းဖုန်း	mou bain: hpoun:
máquina (f) de escribir	လက်နှိပ်စက်	le' hnei' se'
máquina (f) de coser	အပ်ချုပ်စက်	a' chou' se'

micrófono (m)	စကားပြောစွက်	zaga: bjo: gwe'
auriculares (m pl)	နားကြပ်	na: kja'
mando (m) a distancia	အဝေးထိန်းကိရိယာ	awei: htin: ki. ja. ja

CD (m)	စီဒီပြား	si di bja:
casete (m)	တိပ်ခွေ	tei' khwei
disco (m) de vinilo	ရှေးဆေတ်သုံးတော်ပြား	shei: gi' thoun da' pja:

94. Los arreglos. La renovación

renovación (f)	အသစ်ပြုပြင်ဆောက်လုပ်ခြင်း	athi' pju. bin zau' lou' chin:
renovar (vt)	အသစ်ပြုပြင်ဆောက်လုပ်သည်	athi' pju. bin zau' lou' te
reparar (vt)	ပြန်လည်ပြင်ဆင်သည်	pjan le bjin zin de
poner en orden	အစီအစဉ်တကျထားသည်	asi asin da. gja. da: de
rehacer (vt)	ပြန်လည်ပြုပြင်သည်	pjan le bju. bjin de

pintura (f)	သုတ်ဆေး	thou' hsei:
pintar (las paredes)	ဆေးသုတ်သည်	hsei: dhou' te
pintor (m)	အိမ်ဆေးသုတ်သူ	ein zei: dhou' thu
brocha (f)	ဆေးသုတ်တံ	hsei: dhou' tan

| cal (f) | ထုံး | htoun: |
| encalar (vt) | ထုံးသုတ်သည် | htoun: dhou' te |

empapelado (m)	နံရံကပ်စက္ကူ	nan jan ga' se' ku
empapelar (vt)	နံရံပ်စက္ကူကပ်သည်	nan ja' se' ku ga' te
barniz (m)	အရောင်တင်ဆီ	ajaun din zi
cubrir con barniz	အရောင်တင်သည်	ajaun din de

95. La plomería

agua (f)	ရေ	jei
agua (f) caliente	ရေပူ	jei bu
agua (f) fría	ရေအေး	jei ei:
grifo (m)	ရေပိုက်ခေါင်း	jei bai' khaun:

gota (f)	ရေစက်	jei ze'
gotear (el grifo)	ရေစက်ကျသည်	jei ze' kja. de
gotear (cañería)	ယိုစိမ့်သည်	jou zein. de
escape (m) de agua	ယိုပေါက်	jou bau'
charco (m)	ရေအိုင်	jei ain

tubo (m)	ရေပိုက်	jei bai'
válvula (f)	အဖွင့်အပိတ်ဝလှတ်	ahpwin apei' khalou'
estar atascado	အပေါက်ဆို့သည်	apau' zou. de

| instrumentos (m pl) | ကိရိယာများ | ki. ji. ja mja: |
| llave (f) inglesa | ရွရှင် | khwa shin |

| destornillar (vt) | ဖြုတ်သည် | hpjei: de |
| atornillar (vt) | ဝက်အူကျစ်သည် | we' u gja' te |

desatascar (vt)	ရှိနေသည်ကို ပြန်ဖွင့်သည်	hsou. nei de gou bjan bwin. de
fontanero (m)	ပိုက်ပြင်သူ	pai' bjin dhu
sótano (m)	မြေအောက်ခန်း	mjei au' khan:
alcantarillado (m)	မိလ္လာစနစ်	mein la zani'

96. El fuego. El incendio

incendio (m)	မီး	mi:
llama (f)	မီးတောက်	mi: tau'
chispa (f)	မီးပွါး	mi: bwa:
humo (m)	မီးခိုး	mi: gou:
antorcha (f)	မီးတုတ်	mi: dou'
hoguera (f)	မီးပုံ	mi: boun

gasolina (f)	လောင်စာ	laun za
queroseno (m)	ရေနံဆီ	jei nan zi
inflamable (adj)	မီးလောင်လွယ်သော	mi: laun lwe de.
explosivo (adj)	ပေါက်ကွဲစေသော	pau' kwe: zei de.
PROHIBIDO FUMAR	ဆေးလိပ်မသောက်ရ	hsei: lei' ma. dhau' ja.

seguridad (f)	ဘေးကင်းမှု	bei: gin: hmu
peligro (m)	အန္တရာယ်	an dare
peligroso (adj)	အန္တရာယ်ရှိသော	an dare shi. de.

prenderse fuego	မတော်တဆမီးစွဲသည်	ma. do da. za. mi: zwe: de
explosión (f)	ပေါက်ကွဲမှု	pau' kwe: hmu.
incendiar (vt)	မီးရှို့သည်	mi: shou. de
incendiario (m)	မီးရှို့မှုကျူးလွန်သူ	mi: shou. hmu. gju: lun dhu
incendio (m) provocado	မီးရှို့မှု	mi: shou. hmu.

estar en llamas	မီးတောက်ကြီး	mi: tau' kji:
arder (vi)	မီးလောင်သည်	mi: laun de
incendiarse (vr)	မီးကျွမ်းသည်	mi: kjwan: de

llamar a los bomberos	မီးသတ်ဌာနသို့ အကြောင်းကြားသည်	mi: dha' hta. na. dhou akjaun: gja: de
bombero (m)	မီးသတ်သမား	mi: tha' dhama:
coche (m) de bomberos	မီးသတ်ကား	mi: tha' ka:
cuerpo (m) de bomberos	မီးသတ်ဦးစီးဌာန	mi: dha' i: zi: hta. na.
escalera (f) telescópica	မီးသတ်လှေကား	mi: tha' hlei ga:

manguera (f)	မီးသတ်ပိုက်	mi: tha' bai'
extintor (m)	မီးသတ်ဘူး	mi: tha' bu:
casco (m)	ဟဲလ်မက်ဦးထုပ်	he: l me u: htou'
sirena (f)	အချက်ပေးဥဩသံ	ache' pei: ou' o: dhan

| gritar (vi) | အကူအညီအော်ဟစ်တောင်း ခံသည် | aku anji o hi' taun: gan de. |

| pedir socorro | အကူအညီတောင်းသည် | aku anji daun: de |
| socorrista (m) | ကယ်ဆယ်သူ | ke ze dhu |

salvar (vt)	ကယ်ဆယ်သည်	ke ze de
llegar (vi)	ရောက်ရှိသည်	jau' shi. de
apagar (~ el incendio)	မီးသတ်သည်	mi: tha' de
agua (f)	ရေ	jei
arena (f)	သဲ	the:

ruinas (f pl)	အပျက်အစီး	apje' asi:
colapsarse (vr)	ယိုယွင်းသည်	jou jwin: de
hundirse (vr)	ပြိုကျသည်	pjou gja. de
derrumbarse (vr)	ပြိုကျသည်	pjou gja de

trozo (m) (~ del muro)	အကျိုးအပဲ့	akjou: ape.
ceniza (f)	ပြာ	pja

morir asfixiado	အသက်ရှုကျပ်သည်	athe' shu gja' te
perecer (vi)	အသက်ဆုံးရသည်	atha' khan ja. de

LAS ACTIVIDADES DE LA GENTE

El trabajo. Los negocios. Unidad 1

97. La banca

banco (m)	ဘဏ်	ban
sucursal (f)	ဘဏ်ခွဲ	ban gwe:
consultor (m)	အတိုင်ပင်ခံပုဂ္ဂိုလ်	atain bin gan bou' gou
gerente (m)	မန်နေဂျာ	man nei gji
cuenta (f)	ဘဏ်ငွေစာရင်း	ban ngwei za jin
numero (m) de la cuenta	ဘဏ်စာရင်းနံပါတ်	ban zajin: nan. ba'
cuenta (f) corriente	ဘဏ်စာရင်းရှင်	ban zajin: shin
cuenta (f) de ahorros	ဘဏ်ငွေစုစာရင်း	ban ngwei zu. za jin
abrir una cuenta	ဘဏ်စာရင်းဖွင့်သည်	ban zajin: hpwin. de
cerrar la cuenta	ဘဏ်စာရင်းပိတ်သည်	ban zajin: bi' te
ingresar en la cuenta	ငွေသွင်းသည်	ngwei dhwin: de
sacar de la cuenta	ငွေထုတ်သည်	ngwei dou' te
depósito (m)	အပ်ငွေ	a' ngwei
hacer un depósito	ငွေအပ်သည်	ngwei a' te
giro (m) bancario	ကြေးနန်းဖြင့်ငွေလွှဲခြင်း	kjei: nan: bjin. ngwe hlwe: gjin
hacer un giro	ကြေးနန်းဖြင့်ငွေလွှဲသည်	kjei: nan: bjin. ngwe hlwe: de
suma (f)	ပေါင်းလဒ်	paun: la'
¿Cuánto?	ဘယ်လောက်လဲ	be lau' le:
firma (f) (nombre)	လက်မှတ်	le' hma'
firmar (vt)	လက်မှတ်ထိုးသည်	le' hma' htou: de
tarjeta (f) de crédito	အကြွေးဝယ်ကဒ်-ခရက်ဒစ်ကဒ်	achwei: we ka' - ka' je' da' ka'
código (m)	ကုဒ်နံပါတ်	kou' nan ba'
número (m) de tarjeta de crédito	ခရက်ဒစ်ကဒ်နံပါတ်	kha. je' di' ka' nan ba'
cajero (m) automático	အလိုအလျောက်ငွေထုတ်စက်	alou aljau' ngwei htou' se'
cheque (m)	ချက်လက်မှတ်	che' le' hma'
sacar un cheque	ချက်ရေးသည်	che' jei: de
talonario (m)	ချက်စာအုပ်	che' sa ou'
crédito (m)	ချေးငွေ	chei: ngwei
pedir el crédito	ချေးငွေလျှောက်လွှာတင်သည်	chei: ngwei shau' hlwa din de
obtener un crédito	ချေးငွေရယူသည်	chei: ngwei ja. ju de
conceder un crédito	ချေးငွေထုတ်ပေးသည်	chei: ngwei htou' pei: de
garantía (f)	အာမခံပစ္စည်း	a ma. gan bji' si:

98. El teléfono. Las conversaciones telefónicas

teléfono (m)	တယ်လီဖုန်း	te li hpoun:
teléfono (m) móvil	မိုဘိုင်းဖုန်း	mou bain: hpoun:
contestador (m)	ဖုန်းထူးစက်	hpoun: du: ze'

llamar, telefonear	ဖုန်းဆက်သည်	hpoun: ze' te
llamada (f)	အဝင်ဖုန်း	awin hpun:

marcar un número	နံပါတ် နိုပ်သည်	nan ba' hnei' te
¿Sí?, ¿Dígame?	ဟာလို	ha. lou
preguntar (vt)	မေးသည်	mei: de
responder (vi, vt)	ဖြေသည်	hpjei de

oír (vt)	ကြားသည်	ka: de
bien (adv)	ကောင်းကောင်း	kaun: gaun:
mal (adv)	အရမ်းမကောင်း	ajan: ma. gaun:
ruidos (m pl)	ဖြတ်ဝင်သည့်ဆူညံသံ	hpja' win dhi. zu njan dhan

auricular (m)	တယ်လီဖုန်းနားကြပ်ပိုင်း	te li hpoun: na: gja' pain:
descolgar (el teléfono)	ဖုန်းကောက်ကိုင်သည်	hpoun: gau' gain de
colgar el auricular	ဖုန်းချသည်	hpoun: gja de

ocupado (adj)	လိုင်းမအားသော	lain: ma. a: de.
sonar (teléfono)	မြည်သည်	mji de
guía (f) de teléfonos	တယ်လီဖုန်းလမ်းညွှန်စာအုပ်	te li hpoun: lan: hnjun za ou'

local (adj)	ပြည်တွင်းဒေသတွင်းဖြစ်သော	pji dwin: dei. dha dwin: bji' te.
llamada (f) local	ပြည်တွင်းခေါ် ဆိုမှု	pji dwin: go zou hmu.
de larga distancia	အဝေးခေါ် ဆိုနိုင်သော	awei: go zou nain de.
llamada (f) de larga distancia	အဝေးခေါ် ဆိုမှု	awei: go zou hmu.
internacional (adj)	အပြည်ပြည်ဆိုင်ရာဖြစ်သော	apji pji zain ja bja' de.
llamada (f) internacional	အပြည်ပြည်ဆိုင်ရာခေါ် ဆိုမှု	apji pji zain ja go: zou hmu

99. El teléfono celular

teléfono (m) móvil	မိုဘိုင်းဖုန်း	mou bain: hpoun:
pantalla (f)	ပြသာခြင်း	pja. dha. gjin:
botón (m)	ခလုတ်	khalou'
tarjeta SIM (f)	ဆင်းကဒ်	hsin: ka'

pila (f)	ဘတ်ထရီ	ba' hta ji
descargarse (vr)	ဖုန်းအားကုန်သည်	hpoun: a: goun: de
cargador (m)	အားသွင်းကြိုး	a: dhwin: gjou:

menú (m)	အစားအသောက်စာရင်း	asa: athau' sa jin:
preferencias (f pl)	ရှိန့်ညှိခြင်း	chein hnji. chin:
melodía (f)	တီးလုံး	ti: loun:
seleccionar (vt)	ရွေးချယ်သည်	jwei: che de

calculadora (f)	ဂဏန်းပေါင်းစက်	ganan: baun: za'
contestador (m)	အသံမေးလ်	athan mei:l
despertador (m)	နှိုးစက်	hnou: ze'

contactos (m pl)	ဖုန်းအဆက်အသွယ်များ	hpoun: ase' athwe mja:
mensaje (m) de texto	မက်ဆေ့ချ်	me' zei. gja
abonado (m)	အသုံးပြုသူ	athoun: bju. dhu

100. Los artículos de escritorio. La papelería

| bolígrafo (m) | ဘောပင် | bo pin |
| pluma (f) estilográfica | ဖောင်တိန် | hpaun din |

lápiz (m)	ခဲတံ	khe: dan
marcador (m)	အရောင်တောက်မင်တံ	ajaun dau' min dan
rotulador (m)	ရေဆေးစုတ်တံ	jei zei: zou' tan

| bloc (m) de notas | မှတ်စုစာအုပ် | hma' su. za ou' |
| agenda (f) | နေ့စဉ်မှတ်တမ်းစာအုပ် | nei. zin hma' tan: za ou' |

regla (f)	ပေတံ	pei dan
calculadora (f)	ဂဏန်းပေါင်းစက်	ganan: baun: za'
goma (f) de borrar	ခဲဖျက်	khe: bje'
chincheta (f)	ထိပ်ပြားကြီးသံရှို	htei' pja: gji: dhan hmou
clip (m)	တွယ်ချိတ်	twe gjei'

cola (f), pegamento (m)	ကော်	ko
grapadora (f)	စတက်ပလာ	sate' pa. la
perforador (m)	အပေါက်ဖောက်စက်	apau' hpau' se'
sacapuntas (m)	ခဲချွန်စက်	khe: chun ze'

92

El trabajo. Los negocios. Unidad 2

101. Medios de comunicación de masas

periódico (m)	သတင်းစာ	dhadin: za
revista (f)	မဂ္ဂဇင်းစာစောင်	ma' ga. zin: za zaun
prensa (f)	စာနယ်ဇင်း	sa ne zin:
radio (f)	ရေဒီယို	rei di jou
estación (f) de radio	ရေဒီယိုဌာန	rei di jou hta. na.
televisión (f)	ရုပ်မြင်သံကြား	jou' mjin dhan gja:
presentador (m)	အစီအစဉ်တင်ဆက်သူ	asi asin din ze' thu
presentador (m) de noticias	သတင်းကြေငြာသူ	dhadin: gjei nja dhu
comentarista (m)	အစီရင်ခံသူ	asi jin gan dhu
periodista (m)	သတင်းစာဆရာ	dhadin: za zaja
corresponsal (m)	သတင်းထောက်	dhadin: dau'
corresponsal (m) fotográfico	သတင်းဓာတ်ပုံရိုက်ကူးသူ	dhadin: da' poun jai' ku: dhu
reportero (m)	သတင်းထောက်	dhadin: dau'
redactor (m)	အယ်ဒီတာ	e di ta
redactor jefe (m)	အယ်ဒီတာချုပ်	e di ta chu'
suscribirse (vr)	ပေးသွင်းသည်	pei: dhwin: de
suscripción (f)	လစဉ်ကြေး	la. zin gjei:
suscriptor (m)	လစဉ်ကြေးပေးသွင်းသူ	la. zin gjei: bei: dhwin: dhu
leer (vi, vt)	ဖတ်သည်	hpa' te
lector (m)	စာဖတ်သူ	sa hpa' thu
tirada (f)	စောင်ရေ	saun jei
mensual (adj)	လစဉ်	la. zin
semanal (adj)	အပတ်စဉ်	apa' sin
número (m)	အကြိမ်	akjein
nuevo (~ número)	အသစ်ဖြစ်သော	athi' hpji' te.
titular (m)	ခေါင်းစဉ်	gaun: zin
noticia (f)	ထောင်းပါးငယ်	hsaun: ba: nge
columna (f)	ပင်တိုင်ထောင်းပါး	pin dain zaun: ba:
	ရှင်းကြာ	shin gan da.
artículo (m)	ထောင်းပါး	hsaun: ba:
página (f)	စာမျက်နှာ	sa mje' hna
reportaje (m)	သတင်းပေးပို့ချက်	dhadin: bei: bou. gje'
evento (m)	အဖြစ်အပျက်	a hpji' apje'
sensación (f)	သတင်းထူး	dhadin: du:
escándalo (m)	မကောင်းသတင်း	ma. gaun: dhadin:
escandaloso (adj)	ကျော်မရကောင်းကြား	kjo ma. kaun: pja:
	မကောင်းသော	ma. kaun de
gran (~ escándalo)	ကြီးကျယ်ပ်ခမ်းနားသော	kji: kje khin: na: de.
emisión (f)	အစီအစဉ်	asi asin

93

entrevista (f)	အင်တာဗျူး	in ta bju:
transmisión (f) en vivo	တိုက်ရိုက်ထုတ်လွှင့်မှု	tai' jai' htou' hlwin. hmu.
canal (m)	လိုင်း	lain:

102. La agricultura

agricultura (f)	စိုက်ပျိုးရေး	sai' pjou: jei:
campesino (m)	တောင်သူလယ်သမား	taun dhu le dhama:
campesina (f)	တောင်သူအမျိုးသမီး	taun dhu amjou: dhami:
granjero (m)	လယ်သမား	le dhama:

tractor (m)	ထွန်စက်	htun ze'
cosechadora (f)	ရိတ်သိမ်းသီးနှံခြွေစက်	jei' thein:/ thi: hnan gjwei ze'

arado (m)	ထယ်	hte
arar (vi, vt)	ထယ်ထိုးသည်	hte dou: de
labrado (m)	ထယ်ထိုးစက်	hte dou: ze'
surco (m)	ထယ်ကြောင်း	hte gjaun:

sembrar (vi, vt)	မျိုးကြဲသည်	mjou: gje: de
sembradora (f)	မျိုးကြဲစက်	mjou: gje: ze'
siembra (f)	မျိုးကြဲခြင်း	mjou: gje: gjin:

guadaña (f)	မြက်ယမ်းဓား	mje' jan: da:
segar (vi, vt)	မြက်ရိတ်သည်	mje' jei' te

pala (f)	ကော်ပြား	ko pja:
layar (vt)	ထွန်ယက်သည်	htun je' te

azada (f)	ပေါက်ပြား	pja' bja:
sachar, escardar	ပေါင်းသင်သည်	paun: dhin de
mala hierba (f)	ပေါင်းပင်	paun: bin

regadera (f)	အပင်ရေလောင်းပုံး	apin jei laun: boun:
regar (plantas)	ရေလောင်းသည်	jei laun: de
riego (m)	ရေလောင်းခြင်း	jei laun: gjin:

horquilla (f)	ကောက်ဆွ	kau' hswa
rastrillo (m)	ထွန်မြင်	htun gji'

fertilizante (m)	မြေဩဇာ	mjei o: za
abonar (vt)	မြေဩဇာကျွေးသည်	mjei o: za gjwei: de
estiércol (m)	မြေဩဇာ	mjei o: za

campo (m)	လယ်ကွင်း	le gwin:
prado (m)	မြင်ခင်းပြင်	mjin gin: bjin
huerta (f)	အသီးအရွက်စိုက်ခင်း	athi: ajwe' sai' khin:
jardín (m)	သစ်သီးခြံ	thi' thi: gjan

pacer (vt)	စားကျက်တွင်လွတ်ထားသည်	sa: gja' twin hlu' hta' de
pastor (m)	သိုးနွားထိန်းကျောင်းသူ	thou: nwa: ou' kjaun: dhu
pastadero (m)	စားကျက်	sa: gja'
ganadería (f)	တိရိစ္ဆာန်မွေး	tharei' hsan mwei:
	မြူရေးလုပ်ငန်း	mju jei: lou' ngan:

cría (f) de ovejas	သိုးမွေးဖြူရေးလုပ်ငန်း	thou: mwei: mju je: lou' ngan:
plantación (f)	ခြံ	chan
hilera (f) (~ de cebollas)	ဘောင်	baun
invernadero (m)	မှန်လုံအိမ်	hman loun ein

| sequía (f) | မိုးခေါင်ခြင်း | mou: gaun gjin |
| seco, árido (adj) | ခြောက်သွေ့သော | chau' thwei. de. |

grano (m)	နှံစားပင်တို့၏အစေ့	hnan za: bin dou. i. asei.
cereales (m pl)	မှုယောစပါး	mu. jo za. ba:
recolectar (vt)	ရိတ်သိမ်းသည်	jei' thein: de

molinero (m)	ဂျုံစက်ပိုင်ရှင်	gjoun ze' pain shin
molino (m)	သီးနှံကြိတ်ခွဲစက်	thi: hnan gji' khwei: ze'
moler (vt)	ကြိတ်သည်	kjei' te
harina (f)	ဂျုံမှုန့်	gjoun hmoun.
paja (f)	ကောက်ရိုး	kau' jou:

103. La construcción. El proceso de construcción

obra (f)	ဆောက်လုပ်ရေးလုပ်ငန်းရှင်	hsau' lou' jei: lou' ngan: gwin
construir (vt)	ဆောက်လုပ်သည်	hsau' lou' te
albañil (m)	ဆောက်လုပ်ရေးအလုပ်သမား	hsau' lou' jei: alou' dha. ma:

proyecto (m)	ပရောဂျက် စီမံကိန်း	pa jo: gje' si man gein:
arquitecto (m)	ဗိသုကာပညာရှင်	bi. thu. ka pjin nja shin
obrero (m)	အလုပ်သမား	alou' dha ma:

cimientos (m pl)	အုတ်မြစ်	ou' mja'
techo (m)	အမိုး	amou:
pila (f) de cimentación	မြေစိုက်တိုင်	mjei zai' tain
muro (m)	နံရံ	nan jou:

| armadura (f) | ခြင်းစင် | njan: zin |
| andamio (m) | ခြင်း | njan: |

hormigón (m)	ကွန်ကရစ်	kun ka. ji'
granito (m)	နမ်းဖတ်ကျောက်	hnan: ba' kjau'
piedra (f)	ကျောက်	kjau'
ladrillo (m)	အုတ်	ou'

arena (f)	သဲ	the:
cemento (m)	ဘိလပ်မြေ	bi la' mjei
estuco (m)	သရွတ်	thaju'
estucar (vt)	သရွတ်ကိုင်သည်	thaju' kain de

pintura (f)	သုတ်ဆေး	thou' hsei:
pintar (las paredes)	ဆေးသုတ်သည်	hsei: dhou' te
barril (m)	စည်ပိုင်း	si bain:

grúa (f)	ကရိန်းစက်	karein: ze'
levantar (vt)	မသည်	ma. de
bajar (vt)	ချသည်	cha. de
bulldózer (m)	လမ်းကြိတ်စက်	lan: gji' se'

excavadora (f)	မြေတူးစက်	mjei du: ze'
cuchara (f)	ကော်ချက်	ko khwe'
cavar (vt)	တူးသည်	tu: de
casco (m)	ဒက်ခံဦးထုပ်	dan gan u: dou'

Las profesiones y los oficios

104. La búsqueda de trabajo. El despido

trabajo (m)	အလုပ်	alou'
empleados (pl)	ဝန်ထမ်းအင်အား	wun dan: in a:
personal (m)	အမှုထမ်း	ahmu, htan:
carrera (f)	သက်မွေးမှုလုပ်ငန်း	the' hmei: hmu. lou' ngan:
perspectiva (f)	တက်လမ်း	te' lan:
maestría (f)	ကျွမ်းကျင်မှု	kjwan: gjin hmu.
selección (f)	လက်ရွေးစင်	le' jwei: zin
agencia (f) de empleo	အလုပ်အကိုင်ရှာဖွေရေး-အကျိုးဆောင်လုပ်ငန်း	alou' akain sha hpei jei: akjou: zaun lou' ngan:
curriculum vitae (m)	ပညာရည်မှတ်တမ်းအကျဉ်း	pjin nja je hma' tan: akjin:
entrevista (f)	အလုပ်အင်တာဗျူး	alou' in da bju:
vacancia (f)	အလုပ်လစ်လပ်နေရာ	alou' li' la' nei ja
salario (m)	လစာ	la. za
salario (m) fijo	ပုံသေလစာ	poun dhei la. za
remuneración (f)	ပေးရျေသည့်ငွေ	pei: gjei de. ngwei
puesto (m) (trabajo)	ရာထူး	ja du:
deber (m)	တာဝန်	ta wun
gama (f) de deberes	တာဝန်များ	ta wun mja:
ocupado (adj)	အလုပ်များသော	alou' mja: de.
despedir (vt)	အလုပ်ထုတ်သည်	alou' htou' de
despido (m)	ထုတ်ပယ်ခြင်း	htou' pe gjin:
desempleo (m)	အလုပ်လက်မဲ့ဦးရေ	alou' le' me. u: jei
desempleado (m)	အလုပ်လက်မဲ့	alou' le' me.
jubilación (f)	အငြိမ်းစားလစာ	anjein: za: la. za
jubilarse	အငြိမ်းစားယူသည်	anjein: za: ju dhe

105. Los negociantes

director (m)	ညွန်ကြားရေးမှူး	hnjun gja: jei: hmu:
gerente (m)	မန်နေဂျာ	man nei gji
jefe (m)	အကြီးအကဲ	akji: ake:
superior (m)	အထက်လူကြီး	a hte' lu gji:
superiores (m pl)	အထက်လူကြီးများ	a hte' lu gji: mja:
presidente (m)	ဥက္ကဌ	ou' kahta.
presidente (m) (de compañía)	ဥက္ကဌ	ou' kahta.
adjunto (m)	ဒုတိယ	du. di. ja.
asistente (m)	လက်ထောက်	le' htau'

| secretario, -a (m, f) | အတွင်းရေးမှူး | atwin: jei: hmu: |
| secretario (m) particular | ကိုယ်ရေးအရာရှိ | kou jei: aja shi. |

hombre (m) de negocios	စီးပွားရေးလုပ်ငန်းရှင်	si: bwa: jei: lou' ngan: shin
emprendedor (m)	စီးပွားရေးလုပ်ငန်းရှင်	si: bwa: jei: lou' ngan: shin
fundador (m)	တည်ထောင်သူ	ti daun dhu
fundar (vt)	တည်ထောင်သည်	ti daun de

institutor (m)	ဖွဲ့စည်းသူ	hpwe. zi: dhu
socio (m)	အကျိုးတူလုပ်ဖော်ကိုင်ဘက်	akjou: du lou' hpo kain be'
accionista (m)	အစုရှင်	asu. shin

millonario (m)	သန်းကြွယ်သူဌေး	than: gjwe dhu dei:
multimillonario (m)	ဘီလျံနာသူဌေး	bi ljan na dhu dei:
propietario (m)	ပိုင်ရှင်	pain shin
terrateniente (m)	မြေပိုင်ရှင်	mjei bain shin

cliente (m)	ဖောက်သည်	hpau' te
cliente (m) habitual	အမြဲတမ်းဖောက်သည်	amje: dan: zau' te
comprador (m)	ဝယ်သူ	we dhu
visitante (m)	ဧည့်သည်	e. dhe

profesional (m)	ကျွမ်းကျင်သူ	kjwan: gjin dhu
experto (m)	ကျွမ်းကျင်ပညာရှင်	kjwan: gjin bi nja shin
especialista (m)	အထူးကျွမ်းကျင်သူ	a htu: kjwan: gjin dhu

| banquero (m) | ဘဏ်လုပ်ငန်းရှင် | ban lou' ngan: shin |
| broker (m) | စီးပွဲးရေးအကျိုးဆောင် | si: bwa: jei: akjou: zaun |

cajero (m)	ငွေကိုင်	ngwei gain
contable (m)	စာရင်းကိုင်	sajin: gain
guardia (m) de seguridad	အစောင့်	asaun.

inversionista (m)	ရင်းနှီးမြှုပ်နှံသူ	jin: hni: hmjou' hnan dhu
deudor (m)	မြီစား	mji za:
acreedor (m)	ကြွေးရှင်	kjwei: shin
prestatario (m)	ချေးသူ	chei: dhu

| importador (m) | သွင်းကုန်လုပ်ငန်းရှင် | thwin: goun lou' ngan: shin |
| exportador (m) | ပို့ကုန်လုပ်ငန်းရှင် | pou. goun lou' ngan: shin |

productor (m)	ထုတ်လုပ်သူ	tou' lou' thu
distribuidor (m)	ဖြန့်ဝေသူ	hpjan. wei dhu
intermediario (m)	တစ်ဆင့်ခံရောင်းသူ	ti' hsin. gan jaun: dhu

asesor (m) (~ fiscal)	အတိုင်ပင်ခံပုဂ္ဂိုလ်	atain bin gan bou' gou
representante (m)	ကိုယ်စားလှယ်	kou za: hle
agente (m)	ကိုယ်စားလှယ်	kou za: hle
agente (m) de seguros	အာမခံကိုယ်စားလှယ်	a ma. khan gou za: hle

---

106. Los trabajos de servicio

| cocinero (m) | စားဖိုမှူး | sa: hpou hmu: |
| jefe (m) de cocina | စားဖိုမှူးကြီး | sa: hpou hmu: gji: |

panadero (m)	ပေါင်မုန့်ဖုတ်သူ	paun moun. bou' dhu
barman (m)	အရက်ဘားဝန်ထမ်း	aje' ba: wun dan:
camarero (m)	စားပွဲထိုး	sa: bwe: dou:
camarera (f)	စားပွဲထိုးမိန်းကလေး	sa: bwe: dou: mein: ga. lei:
abogado (m)	ရှေ့နေ	shei. nei
jurista (m)	ရှေ့နေ	shei. nei
notario (m)	ရှေ့နေ	shei. nei
electricista (m)	လျှပ်စစ်ပညာရှင်	hlja' si' pa. nja shin
fontanero (m)	ပိုက်ပြင်သူ	pai' bjin dhu
carpintero (m)	လက်သမား	le' tha ma:
masajista (m)	အနှိပ်သမား	anei' thama:
masajista (f)	အနှိပ်သမ	anei' thama.
médico (m)	ဆရာဝန်	hsa ja wun
taxista (m)	တက္ကစီမောင်းသူ	te' kasi maun: dhu
chofer (m)	ယာဉ်မောင်း	jin maun:
repartidor (m)	ပစ္စည်းပို့သူ	pji' si: bou. dhu
camarera (f)	ဟိုတယ်သန့်ရှင်းရေးဝန်ထမ်း	hou te than. shin wun dam:
guardia (m) de seguridad	အစောင့်	asaun.
azafata (f)	လေယာဉ်မယ်	lei jan me
profesor (m) (~ de baile, etc.)	ဆရာ	hsa ja
bibliotecario (m)	စာကြည့်တိုက်ဝန်ထမ်း	sa gji. dai' wun dan:
traductor (m)	ဘာသာပြန်	ba dha bjan
intérprete (m)	စကားပြန်	zaga: bjan
guía (m)	လမ်းညွှန်	lan: hnjun
peluquero (m)	ဆံသဆရာ	hsan dha. zaja
cartero (m)	စာပို့သမား	sa bou. dhama:
vendedor (m)	ဆိုင်အရောင်းဝန်ထမ်း	hsain ajaun: wun dan:
jardinero (m)	ဥယျာဉ်မှူး	u. jin hmu:
servidor (m)	အိမ်စေအမှုထမ်း	ein zei ahmu. dan:
criada (f)	အိမ်စေအမျိုးသမီး	ein zei amjou: dhami:
mujer (f) de la limpieza	သန့်ရှင်းရေးသမ	than. shin: jei: dhama.

107. La profesión militar y los rangos

soldado (m) raso	တပ်သား	ta' tha:
sargento (m)	တပ်ကြပ်ကြီး	ta' kja' kji:
teniente (m)	ဗိုလ်	bou
capitán (m)	ဗိုလ်ကြီး	bou gji
mayor (m)	ဗိုလ်မှူး	bou hmu:
coronel (m)	ဗိုလ်မှူးကြီး	bou hmu: gji:
general (m)	ဗိုလ်ချုပ်	bou gjou'
mariscal (m)	ထိပ်တန်းအရာရှိ	htei' tan: aja shi.
almirante (m)	ရေတပ်ဗိုလ်ချုပ်ကြီး	jei da' bou chou' kji:
militar (m)	တပ်မတော်နှင့်ဆိုင်သော	ta' mado hnin. zain de.
soldado (m)	စစ်သား	si' tha:

| oficial (m) | အရာရှိ | aja shi. |
| comandante (m) | ခေါင်းဆောင် | gaun: zaun |

guardafronteras (m)	နယ်ခြားစောင့်	ne gja: zaun.
radio-operador (m)	ဆက်သွယ်ရေးတပ်သား	hse' thwe jei: da' tha:
explorador (m)	ကင်းထောက်	kin: dau'
zapador (m)	မိုင်းရှင်းသူ	main: shin: dhu
tirador (m)	လက်ဖြောင့်တပ်သား	le' hpaun. da' tha:
navegador (m)	လေကြောင်းပြ	lei gjaun: bja.

108. Los oficiales. Los sacerdotes

| rey (m) | ဘုရင် | ba. jin |
| reina (f) | ဘုရင်မ | ba jin ma. |

| príncipe (m) | အိမ်ရှေ့မင်းသား | ein shei. min: dha: |
| princesa (f) | မင်းသမီး | min: dhami: |

| zar (m) | ဇာဘုရင် | za bou jin |
| zarina (f) | ဇာဘုရင်မ | za bou jin ma |

presidente (m)	သမ္မတ	thamada.
ministro (m)	ဝန်ကြီး	wun: gji:
primer ministro (m)	ဝန်ကြီးချုပ်	wun: gji: gjou'
senador (m)	ဆီနိတ်လွှတ်တော်အမတ်	hsi nei' hlwa' do: ama'

diplomático (m)	သံတမန်	than taman.
cónsul (m)	ကောင်စစ်ဝန်	kaun si' wun
embajador (m)	သံအမတ်	than ama'
consejero (m)	ကောင်စီဝင်	kaun si wun

funcionario (m)	အမှုထောင်အရာရှိ	ahmu. zaun aja shi.
prefecto (m)	သီးသန့်နယ်မြေ	thi: dhan. ne mjei
	အုပ်ချုပ်ရေးမှူး	ou' chou' ei: hmu:
alcalde (m)	မြို့တော်ဝန်	mjou. do wun

| juez (m) | တရားသူကြီး | taja: dhu gji: |
| fiscal (m) | အစိုးရရှေ့နေ | asou: ja shei. nei |

misionero (m)	သာသနာပြုသူ	tha dha. na bju. dhu
monje (m)	ဘုန်းကြီး	hpoun: gji:
abad (m)	ကျောင်းထိုင်ဆရာတော်	kjaun: dain zaja do
rabino (m)	ဂျူးဘာသာရေးခေါင်းဆောင်	gju: ba dha jei: gaun: zaun:

visir (m)	မွတ်ဆလင်အမတ်	mu' hsa. lin ama'
sha (m)	ရှားဘုရင်	sha: bu. shin
jeque (m)	အာရပ်စော်ဘွား	a ra' so bwa:

109. Las profesiones agrícolas

| apicultor (m) | ပျားမွေးသူ | pja: mwei: dhu |
| pastor (m) | သိုး၊နွားအုပ်ကျောင်းသူ | thou:/ nwa: ou' kjaun: dhu |

agrónomo (m)	သီးနှံစိုက်ပျိုးရေးပညာရှင်	thi: hnan zai' pjou: jei: pin nja shin
ganadero (m)	တိရစ္ဆာန်မျိုးဖောက်သူ	tharei' hsan mjou: hpau' thu
veterinario (m)	တိရစ္ဆာန်ဆရာဝန်	tharei' hsan zaja wun

granjero (m)	လယ်သမား	le dhama:
vinicultor (m)	ဝိုင်ဖောက်သူ	wain bau' thu
zoólogo (m)	သတ္တဗေဒပညာရှင်	tha' ta. bei da. pin nja shin
vaquero (m)	နွားကျောင်းသား	nwa: gjaun: dha:

110. Las profesiones artísticas

| actor (m) | သရုပ်ဆောင်မင်းသား | thajou' hsaun min: dha: |
| actriz (f) | သရုပ်ဆောင်မင်းသမီး | thajou' hsaun min: dha: |

| cantante (m) | အဆိုတော် | ahsou do |
| cantante (f) | အဆိုတော် | ahsou do |

| bailarín (m) | အကဆရာ | aka. hsa. ja |
| bailarina (f) | အကဆရာမ | aka. hsa. ja ma |

| artista (m) | သရုပ်ဆောင်သူ | thajou' hsaun dhu |
| artista (f) | သရုပ်ဆောင်သူ | thajou' hsaun dhu |

músico (m)	ဂီတပညာရှင်	gi ta. bjin nja shin
pianista (m)	စန္ဒရားဆရာ	san daja: zaja
guitarrista (m)	ဂစ်တာပညာရှင်	gi' ta bjin nja shin

director (m) de orquesta	ဂီတမှူး	gi ta. hmu
compositor (m)	တေးရေးဆရာ	tei: jei: hsaja
empresario (m)	ဇာတ်ဆရာ	za' hsaja

director (m) de cine	ရုပ်ရှင်ဒါရိုက်တာ	jou' shin da jai' ta
productor (m)	ထုတ်လုပ်သူ	htou' lou' thu
guionista (m)	ဇာတ်ညွှန်းဆရာ	za' hnjun: za ja
crítico (m)	ဝေဖန်သူ	wei ban dhu

escritor (m)	စာရေးဆရာ	sajei: zaja
poeta (m)	ကဗျာဆရာ	ka. bja zaja
escultor (m)	ပန်းပုဆရာ	babu hsaja
pintor (m)	ပန်းချီဆရာ	bagji zaja

malabarista (m)	လက်လှည့်ဆရာ	le' hli. za. ja.
payaso (m)	လူရွှင်တော်	lu shwin do
acróbata (m)	ကျွမ်းဘားပြသူ	kjwan: ba: bja dhu
ilusionista (m)	မျက်လှည့်ဆရာ	mje' hle. zaja

111. Profesiones diversas

médico (m)	ဆရာဝန်	hsa ja wun
enfermera (f)	သူနာပြု	thu na bju.
psiquiatra (m)	စိတ်ရောဂါအထူးကုဆရာဝန်	sei' jo: ga ahtu: gu. zaja wun

dentista (m)	သွားဆရာဝန်	thwa: hsaja wun
cirujano (m)	ခွဲစိတ်ကုဆရာဝန်	khwe: hsei' ku hsaja wun
astronauta (m)	အာကာသယာဉ်မှူး	akatha. jin hmu:
astrónomo (m)	နက္ခတ္တဗေဒပညာရှင်	ne' kha' ta. bei da. pji nja shin
piloto (m)	လေယာဉ်မှူး	lei jan hmu:
conductor (m) (chófer)	ယာဉ်မောင်း	jin maun:
maquinista (m)	ရထားမောင်းသူ	jatha: maun: dhu
mecánico (m)	စက်ပြင်ဆရာ	se' pjin zaja
minero (m)	သတ္တုတွင်း အလုပ်သမား	tha' tu. dwin: alou' thama:
obrero (m)	အလုပ်သမား	alou' dha ma:
cerrajero (m)	သော့ပြင်ဆရာ	tho. bjin zaja
carpintero (m)	ကျူးပေါင်းခွေလက်သမား	kji: baun: gwei le' dha ma:
tornero (m)	တွင်နိုအလုပ်သမား	twin goun alou' dhama:
albañil (m)	ဆောက်လုပ်ရေးအလုပ်သမား	hsau' lou' jei: alou' dha. ma:
soldador (m)	ဂဟေဆော်သူ	gahei hso dhu
profesor (m) (título)	ပါမောက္ခ	pamau' kha
arquitecto (m)	ဗိသုကာပညာရှင်	bi. thu. ka pjin nja shin
historiador (m)	သမိုင်းပညာရှင်	thamain: pin nja shin
científico (m)	သိပ္ပံပညာရှင်	thei' pan pin nja shin
físico (m)	ရူပဗေဒပညာရှင်	ju bei da. bin nja shin
químico (m)	ဓာတုဗေဒပညာရှင်	da tu. bei da. bjin nja shin
arqueólogo (m)	ရှေးဟောင်းသုတေသနပညာရှင်	shei: haun thu. dei dha. na. bji nja shin
geólogo (m)	ဘူမိဗေဒပညာရှင်	buu mi. bei da. bjin nja shin
investigador (m)	သုတေသနနပညာရှင်	thu. tei thana pin nja shin
niñera (f)	ကလေးထိန်း	kalei: din:
pedagogo (m)	ဆရာ	hsa ja
redactor (m)	အယ်ဒီတာ	e di ta
redactor jefe (m)	အယ်ဒီတာချုပ်	e di ta chu'
corresponsal (m)	သတင်းထောက်	dhadin: dau'
mecanógrafa (f)	လက်နှိပ်စက်ရိုက်သူ	le' ni' se' jou' thu
diseñador (m)	ဒီဇိုင်နာ	di zain na
especialista (m) en ordenadores	ကွန်ပျူတာပညာရှင်	kun pju ta ba. nja shin
programador (m)	ပရိုဂရမ်မာ	pa. jou ga. jan ma
ingeniero (m)	အင်ဂျင်နီယာ	in gjin ni ja
marino (m)	သင်္ဘောသား	thin: bo: dha:
marinero (m)	သင်္ဘောသား	thin: bo: dha:
socorrista (m)	ကယ်ဆယ်သူ	ke ze dhu
bombero (m)	မီးသတ်သမား	mi: tha' dhama:
policía (m)	ရဲ	je:
vigilante (m) nocturno	အစောင့်	asaun.
detective (m)	စုံထောက်	soun dau'
aduanero (m)	အကောက်ခွန်အရာရှိ	akau' khun aja shi.
guardaespaldas (m)	သက်တော်စောင့်	the' to zaun.

guardia (m) de prisiones	ထောင်စောင့်	htaun zaun.
inspector (m)	ရဲအုပ်	je: ou'
deportista (m)	အားကစားသမား	a: gaza: dhama:
entrenador (m)	နည်းပြ	ne: bja.
carnicero (m)	သားသတ်သမား	tha: dha' thama:
zapatero (m)	ဖိနပ်ချုပ်သမား	hpana' chou' tha ma:
comerciante (m)	ကုန်သည်	koun de
cargador (m)	ကုန်တင်သမား	koun din dhama:
diseñador (m) de modas	ဖက်ရှင်ဒီဇိုင်နာ	hpe' shin di zain na
modelo (f)	မော်ဒယ်	mo de

112. Los trabajos. El estatus social

escolar (m)	ကျောင်းသား	kjaun: dha;
estudiante (m)	ကျောင်းသား	kjaun: dha:
filósofo (m)	အသာနုပညာရှင်	da' thana. pjin nja shin
economista (m)	ဘောဂဗေဒပညာရှင်	bo ga bei da ba nja shin
inventor (m)	တီထွင်သူ	ti htwin dhu
desempleado (m)	အလုပ်လက်မဲ့	alou' le' me.
jubilado (m)	အငြိမ်းစား	anjein: za:
espía (m)	သူလျှို	thu shou
prisionero (m)	ထောင်သား	htaun dha:
huelguista (m)	သပိတ်မှောက်သူ	thabei' hmau' thu
burócrata (m)	ဗျူရိုကရက်အရာရှိ	bju jou ka. je' aja shi.
viajero (m)	ခရီးသွား	khaji: thwa:
homosexual (m)	လိင်တူချင်းဆက်ဆံသူ	lein du cjin: ze' hsan dhu
hacker (m)	ဟက်ကာ	he' ka
hippie (m)	လူမှုဝေလှူများကို သွေဖယ်သူ	lu hmu. da. lei. mja: gou
bandido (m)	ဓားပြ	damja.
sicario (m)	လူသတ်သမား	lu dha' thama:
drogadicto (m)	ဆေးစွဲသူ	hsei: zwe: dhu
narcotraficante (m)	မူးယစ်ဆေးရောင်းဝယ်သူ	mu: ji' hsei: jaun we dhu
prostituta (f)	ပြည့်တန်ဆာ	pjei. dan za
chulo (m), proxeneta (m)	ဖာခေါင်း	hpa gaun:
brujo (m)	မှော်ဆရာ	hmo za. ja
bruja (f)	မှော်ဆရာမ	hmo za. ja ma.
pirata (m)	ပင်လယ်ဓားပြ	pin le da: bja.
esclavo (m)	ကျွန်	kjun
samurai (m)	ဆာမူရိုင်း	hsa mu jain:
salvaje (m)	လူရိုင်း	lu jain:

Los deportes

113. Tipos de deportes. Deportistas

deportista (m)	အားကစားသမား	a: gaza: dhama:
tipo (m) de deporte	အားကစားအမျိုးအစား	a: gaza: amjou: asa:
baloncesto (m)	ဘတ်စကတ်ဘော	ba' sa. ka' bo:
baloncestista (m)	ဘတ်စကတ်ဘောကစားသမား	ba' sa. ka' bo ka. za: dha ma:
béisbol (m)	ဘေ့စ်ဘောအားကစား	bei'. bo a: gaza
beisbolista (m)	ဘေ့စ်ဘောကစားသမား	bei'. bo a: gaza dha ma:
fútbol (m)	ဘောလုံးအားကစား	bo loun: a: gaza:
futbolista (m)	ဘောလုံးကစားသမား	bo loun: gaza: dhama:
portero (m)	ဂိုးသမား	gou: dha ma:
hockey (m)	ဟော်ကီ	hou ki
jugador (m) de hockey	ဟော်ကီကစားသမား	hou ki gaza: dha ma:
voleibol (m)	ဘော်လီဘောအားကစား	bo li bo: a: gaza:
voleibolista (m)	ဘောလီဘောကစားသမား	bo li bo: a: gaza: dhama:
boxeo (m)	လက်ဝှေ့	le' hwei.
boxeador (m)	လက်ဝှေ့သမား	le' hwei. dhama:
lucha (f)	နပန်းကစားခြင်း	naban: gaza: gjin:
luchador (m)	နပန်းသမား	naban: dhama:
kárate (m)	ကရာတေးအားကစား	ka. ra tei: a: gaza:
karateka (m)	ကရာတေးကစားသမား	ka. ra tei: a: gaza: ma:
judo (m)	ဂျူဒိုအားကစား	gju dou a: gaza:
judoka (m)	ဂျူဒိုကစားသမား	gju dou a: gaza: dhama:
tenis (m)	တင်းနစ်	tin: ni'
tenista (m)	တင်းနစ်ကစားသူ	tin: ni' gaza: dhu
natación (f)	ရေကူးအားကစား	jei ku: a: gaza:
nadador (m)	ရေကူးသူ	jei ku: dhu
esgrima (f)	ဓားရေးယှဉ်ပြိုင်ကစားခြင်း	da: jei: shin bjain ga. za: gjin
esgrimidor (m)	ဓားရေးယှဉ်ပြိုင်ကစားသူ	da: jei: shin bjain ga. za: dhu
ajedrez (m)	စစ်တုရင်	si' tu. jin
ajedrecista (m)	စစ်တုရင်ကစားသမား	si' tu. jin gaza: dhama:
alpinismo (m)	တောင်တက်ခြင်း	taun de' chin:
alpinista (m)	တောင်တက်သမား	taun de' thama:
carrera (f)	အပြေး	apjei:

corredor (m)	အပြေးသမား	apjei: dha. ma:
atletismo (m)	ပြေးခုန်ပစ်	pjei: goun bi'
atleta (m)	ပြေးခုန်ပစ်ကစားသူ	pjei: goun bi' gaza: dhu

| deporte (m) hípico | မြင်းစီးခြင်း | mjin: zi: gjin: |
| jinete (m) | မြင်းစီးသူ | mjin: zi: dhu |

patinaje (m) artístico	စကိတ်စီးကပြခြင်း	sakei' si: ga. bja. gjin:
patinador (m)	စကိတ်စီးကပြသူ	sakei' si: ga. bja. dhu
patinadora (f)	စကိတ်စီးကပြမယ်	sakei' si: ga. bja. me

| levantamiento (m) de pesas | အလေးမ | a lei: ma |
| levantador (m) de pesas | အလေးမသူ | a lei: ma dhu |

| carreras (f pl) de coches | ကားမောင်းပြိုင်ခြင်း | ka: maun: bjein gjin: |
| piloto (m) de carreras | ပြိုင်ကားမောင်းသူ | pjain ga: maun: dhu |

| ciclismo (m) | စက်ဘီးစီးခြင်း | se' bi: zi: gjin |
| ciclista (m) | စက်ဘီးစီးသူ | se' bi: zi: dhu |

salto (m) de longitud	အလျားခုန်	alja: khun
salto (m) con pértiga	တုတ်ထောက်ခုန်	tou' htau' khoun
saltador (m)	ခုန်သူ	khoun dhu

114. Tipos de deportes. Miscelánea

fútbol (m) americano	အမေရိကန်ဘောလုံး	amei ji kan dho: loun:
bádminton (m)	ကြက်တောင်	kje' daun
biatlón (m)	သေနတ်ပစ်	thei na' pi'
billar (m)	ဘိလိယက်	bi li je'

bobsleigh (m)	ပြိုင်စွတ်ဖား	pjain zwa' hpa:
culturismo (m)	ကာယဗလ	ka ja ba. la.
waterpolo (m)	ဝါတာပိုလို	wa ta pou lou
balonmano (m)	လက်ပစ်ဘောလုံးကစားနည်း	le' pi' bo: loun: gaza: ne:
golf (m)	ဂေါက်ရိုက်ခြင်း	gou' jai' chin:
remo (m)	လှေလှော်ခြင်း	hlei hlo gjin:
buceo (m)	ရေငုပ်ခြင်း	jei ngou' chin:
esquí (m) de fondo	နှင်းလျှောစကိတ်စီးပြိုင်ပွဲ	hnin: sho: zakei' si: bjain bwe:
tenis (m) de mesa	စားပွဲတင်တင်းနစ်	sa: bwe: din din: ni'

vela (f)	ရွက်လွှင့်ခြင်း	jwe' hlwn. jgin:
rally (m)	ကားပြိုင်ခြင်း	ka: bjain gjin:
rugby (m)	ရတ်ဘီဘောလုံးအားကစား	re' bi bo: loun: a: gaza:
snowboarding (m)	နှင်းလျှောစကိတ်စီးခြင်း	hnin: sho: zakei' si: gjin:
tiro (m) con arco	မြားပစ်	hmja: bi'

115. El gimnasio

| barra (f) de pesas | အလေးတန်း | a lei: din: |
| pesas (f pl) | ဒမ်ဘယ်အလေးတုန်း | dan be alei: doun: |

aparato (m) de ejercicios	လေ့ကျင့်ခန်းပြုလုပ်ရန်စက်	lei. kjin. gan: pju. lou' jan ze'
bicicleta (f) estática	လေ့ကျင့်ခန်းစက်ဘီး	lei. kjin. gan: ze' bi:
cinta (f) de correr	ပြေးစက်	pjei: ze'
barra (f) fija	ဘားတန်း	ba: din:
barras (f pl) paralelas	ပြိုင်တန်း	pjain dan:
potro (m)	မြင်းရုံ	mjin: goun
colchoneta (f)	အားကစားဖျာ	a: gaza: bja
comba (f)	ကြိုး	kjou:
aeróbica (f)	အေရိုးဘစ်	e jou: bi'
yoga (m)	ယောဂ	jo: ga.

116. Los deportes. Miscelánea

Juegos (m pl) Olímpicos	အိုလံပစ်အားကစားပွဲ	ou lan bi' a: gaza: bwe
vencedor (m)	အနိုင်ရသူ	anain ja. dhu
vencer (vi)	အနိုင်ရသည်	anain ja de
ganar (vi)	နိုင်သည်	nain de
líder (m)	ခေါင်းဆောင်	gaun: zaun
liderar (vt)	ဦးဆောင်သည်	u: zaun de
primer puesto (m)	ပထမဆု	pahtama. zu.
segundo puesto (m)	ဒုတိယဆု	du. di. ja. zou
tercer puesto (m)	တတိယဆု	tati. ja. zu.
medalla (f)	ဆုတံဆိပ်	hsu. dazei'
trofeo (m)	ဒိုင်းဆု	dain: zu.
copa (f) (trofeo)	ဆုဖလား	hsu. bala:
premio (m)	ဆု	hsu.
premio (m) principal	အဓိကဆု	adi. ka. zu.
record (m)	မှတ်တမ်း	hma' tan:
establecer un record	မှတ်တမ်းတင်သည်	hma' tan: din de
final (m)	ဗိုလ်လုပွဲ	bou lu. bwe:
de final (adj)	နောက်ဆုံးဖြစ်သော	nau' hsoun: bji' te.
campeón (m)	ချန်ပီယံ	chan pi jan
campeonato (m)	တံခွန်စိုက်ပြိုင်ပွဲ	dagun zai' pjein bwe:
estadio (m)	အားကစားရုံ	a: gaza: joun
gradería (f)	ပွဲကြည့်စင်	pwe: gje. zi'
hincha (m)	ပရိသတ်	pa. rei' tha'
adversario (m)	ပြိုင်ဘက်	pjain be'
arrancadero (m)	စမှတ်	sahma'
línea (f) de meta	ဆုံးမှတ်	hsoun: hma'
derrota (f)	လက်လျော့ခြင်း	le' sho. gjin:
perder (vi)	ရှုံးသည်	shoun: de
árbitro (m)	ဒိုင်လူကြီး	dain dhu gji:
jurado (m)	အကဲဖြတ်ဒိုင်လူကြီးအဖွဲ့	ake: hpja dain lu gji: ahpwe.

cuenta (f)	ရလဒ်	jala'
empate (m)	သရေ	thajei
empatar (vi)	သရေကျသည်	tha. jei gja. de
punto (m)	ရမှတ်	ja. hma'
resultado (m)	ရလဒ်	jala'
tiempo (m)	အပိုင်း	apain:
descanso (m)	ပွဲလယ်နားချိန်	pwe: le na: gjein
droga (f), doping (m)	ဆေးသုံးခြင်း	hsei: dhoun: gjin:
penalizar (vt)	ပြစ်ဒဏ်ပေးသည်	pji' dan bei: de
descalificar (vt)	ပိတ်ပင်သည်	pei' pin de
aparato (m)	တန်ဆာပလာ	tan za ba. la
jabalina (f)	လှံ	hlan
peso (m) (lanzamiento de ~)	သံလုံး	than loun:
bola (f) (billar, etc.)	ဘောလုံး	bo loun:
objetivo (m)	ချိန်သီး	chein dhi:
blanco (m)	ပစ်မှတ်	pi' hma'
tirar (vi)	ပစ်သည်	pi' te
preciso (~ disparo)	တိတိကျကျဖြစ်သော	ti. ti. kja. kja. hpji te.
entrenador (m)	နည်းပြ	ne: bja.
entrenar (vt)	လေ့ကျင့်ပေးသည်	lei. kjin. bei: de
entrenarse (vr)	လေ့ကျင့်သည်	lei. kjin. de
entrenamiento (m)	လေ့ကျင့်ခြင်း	lei. kjin. gjin
gimnasio (m)	အားကစားခန်းမ	a: gaza: gan: ma.
ejercicio (m)	လေ့ကျင့်ခန်း	lei. kjin. gan:
calentamiento (m)	သွေးပူလေ့ကျင့်ခန်း	thwei: bu lei. gjin. gan:

La educación

escuela (f)	စာသင်ကျောင်း	sa dhin gjaun:
director (m) de escuela	ကျောင်းအုပ်ကြီး	ko: ou' kji:
alumno (m)	ကျောင်းသား	kjaun: dha:
alumna (f)	ကျောင်းသူ	kjaun: dhu
escolar (m)	ကျောင်းသား	kjaun: dha:
escolar (f)	ကျောင်းသူ	kjaun: dhu
enseñar (vt)	သင်ကြားသည်	thin kja: de
aprender (ingles, etc.)	သင်ယူသည်	thin ju de
aprender de memoria	အလွတ်ကျက်သည်	alu' kje' de
aprender (a leer, etc.)	သင်ယူသည်	thin ju de
estar en la escuela	ကျောင်းတက်သည်	kjaun: de' de
ir a la escuela	ကျောင်းသွားသည်	kjaun: dhwa: de
alfabeto (m)	အက္ခရာ	e' kha ja
materia (f)	ဘာသာရပ်	ba da ja'
aula (f)	စာသင်ခန်း	sa dhin gan:
lección (f)	သင်ခန်းစာ	thin gan: za
recreo (m)	အနားရှိန်	ana: gjain
campana (f)	ခေါင်းလောင်းသံ	gaun: laun: dhan
pupitre (m)	စာရေးခုံ	sajei: khoun
pizarra (f)	ကျောက်သင်ပုန်း	kjau' thin boun:
nota (f)	အမှတ်	ahma'
buena nota (f)	အမှတ်အဆင့်မြင့်	ahma' ahsin. mjin.
mala nota (f)	အမှတ်အဆင့်နိမ့်	ahma' ahsin. nin.
poner una nota	အမှတ်ပေးသည်	ahma' pei: de
falta (f)	အမှား	ahma:
hacer faltas	အမှားလုပ်သည်	ahma: lou' te
corregir (un error)	အမှားပြင်သည်	ahma: pjin de
chuleta (f)	ခိုးကူးရန်စာ	khou: gu: jan za
	ရှက်အပိုင်အစ	jwe' apain: asa.
deberes (m pl) de casa	အိမ်စာ	ein za
ejercicio (m)	လေ့ကျင့်ခန်း	lei. kjin. gan:
estar presente	ရှိသည်	shi. de
estar ausente	ပျက်ကွက်သည်	pje' kwe' te
faltar a las clases	အတန်းပျက်ကွက်သည်	atan: bje' kwe' te
castigar (vt)	အပြစ်ပေးသည်	apja' pei: de
castigo (m)	အပြစ်ပေးခြင်း	apja' pei: gjin:

conducta (f)	အပြုအမူ	apju amu
libreta (f) de notas	စာရေးပွဲမှတ်တမ်း	sa mei: hma' tan:
lápiz (m)	ခဲတံ	khe: dan
goma (f) de borrar	ခဲဖျက်	khe: bje'
tiza (f)	မြေဖြူ	mjei bju
cartuchera (f)	ခဲတံပုံး	khe: dan bu:

mochila (f)	ကျောင်းသုံးလွယ်အိတ်	kjaun: dhoun: lwe ji'
bolígrafo (m)	ဘောပင်	bo pin
cuaderno (m)	လေ့ကျင့်ခန်းစာအုပ်	lei. kjin. gan: za ou'
manual (m)	ဖတ်စာအုပ်	hpa' sa au'
compás (m)	ကောက်ဆူး	htau' hsu:

| trazar (vi, vt) | ပုံကြမ်းဆွဲသည် | poun: gjam: zwe: de |
| dibujo (m) técnico | နည်းပညာဆိုင်ရာပုံကြမ်း | ne bi nja zain ja boun gjan: |

poema (m), poesía (f)	ကဗျာ	ka. bja
de memoria (adv)	အလွတ်	alu'
aprender de memoria	အလွတ်ကျက်သည်	alu' kje' de

vacaciones (f pl)	ကျောင်းပိတ်ရက်	kjaun: bi' je'
estar de vacaciones	အားလပ်ရက်ရသည်	a: la' je' ja. de
pasar las vacaciones	အားလပ်ရက်ဖြတ်သန်းသည်	a: la' je' hpja' than: de

prueba (f) escrita	အခန်းဆုံးစစ်ဆေးမှု	akhan: zain zi' hsei: hmu
composición (f)	စာစီစာကုံး	sa zi za koun:
dictado (m)	သတ်ပုံခေါ်ပေးခြင်း	tha' poun go bei: gjin:
examen (m)	စာမေးပွဲ	sa mei: bwe:
hacer un examen	စာမေးပွဲဖြေသည်	sa mei: bwe: bjei de
experimento (m)	လက်တွေ့လုပ်ဆောင်မှု	le' twei. lou' zaun hma.

118. Los institutos. La Universidad

academia (f)	အထူးပညာသင်ကျောင်း	a htu: bjin nja dhin kjaun:
universidad (f)	တက္ကသိုလ်	te' kathou
facultad (f)	ဌာန	hta. na.

estudiante (m)	ကျောင်းသား	kjaun: dha:
estudiante (f)	ကျောင်းသူ	kjaun: dhu
profesor (m)	သင်ကြားပို့ရသူ	thin kja: bou. gja. dhu

| aula (f) | စာသင်ခန်း | sa dhin gan: |
| graduado (m) | ဘွဲ့ရသူ | bwe. ja. dhu |

| diploma (m) | ဒီပလိုမာ | di' lou ma |
| tesis (f) de grado | သုတေသနစာတမ်း | thu. tei thana za dan: |

| estudio (m) | သုတေသနစာတမ်း | thu. tei thana za dan |
| laboratorio (m) | လက်တွေ့ခန်း | le' twei. gan: |

clase (f)	သင်ကြားပို့ရမှု	thin kja: bou. gja. hmu.
compañero (m) de curso	အတန်းဖော်	atan: hpo
beca (f)	ပညာသင်ဆု	pjin nja dhin zu.
grado (m) académico	တက္ကသိုလ်ဘွဲ့	te' kathou bwe.

119. Las ciencias. Las disciplinas

matemáticas (f pl)	သင်္ချာ	thin cha
álgebra (f)	အက္ခရာသင်္ချာ	e' kha ja din gja
geometría (f)	ဂျီသြမေတြီ	gji o: mei tri
astronomía (f)	နက္ခတ္တဗေဒ	ne' kha' ta. bei da.
biología (f)	ဇီဝဗေဒ	zi: wa bei da.
geografía (f)	ပထဝီဝင်	pahtawi win
geología (f)	ဘူမိဗေဒ	buu mi. bei da.
historia (f)	သမိုင်း	thamain:
medicina (f)	ဆေးပညာ	hsei: pjin nja
pedagogía (f)	သင်ကြားနည်းပညာ	thin kja: nei: pin nja
derecho (m)	ဥပဒေဘာသာရပ်	u. ba. bei ba dha ja'
física (f)	ရူပဗေဒ	ju bei da.
química (f)	ဓာတုဗေဒ	da tu. bei da.
filosofía (f)	ဒဿနိကဗေဒ	da' tha ni. ga. bei da.
psicología (f)	စိတ်ပညာ	sei' pjin nja

120. Los sistemas de escritura. La ortografía

gramática (f)	သဒ္ဒါ	dhada
vocabulario (m)	ဝေါဟာရ	wo: ha ra.
fonética (f)	သဒ္ဒဗေဒ	dhada. bei da.
sustantivo (m)	နာမ်	nan
adjetivo (m)	နာမဝိသေသသန	nan wi. dhei dha. na.
verbo (m)	ကြိယာ	kji ja
adverbio (m)	ကြိယာဝိသေသသန	kja ja wi. dhei dha. na.
pronombre (m)	နာမ်စား	nan za:
interjección (f)	အာမေဍိတ်	a mei dei'
preposición (f)	ဝိဘတ်	wi ba'
raíz (f), radical (m)	ဝေါဟာရရင်းမြစ်	wo: ha ra. jin: mji'
desinencia (f)	အဆုံးသတ်	ahsoun: tha'
prefijo (m)	ရှေ့ဆက်ပုဒ်	shei. hse' pou'
sílaba (f)	ဝဏ္ဏ	wun na.
sufijo (m)	နောက်ဆက်ပုဒ်	nau' ze' pou'
acento (m)	ဖိသံသင်္ကေတ	hpi. dhan dha. gei da.
apóstrofo (m)	ပိုင်ဆိုင်ခြင်းပြသင်္ကေတ	pain zain bjin: bja tin kei ta.
punto (m)	ဖူးလုံစတော့	hpu: I za. po. p
coma (m)	ပုဒ်ထီး သင်္ကေတ	pou' hti: tin kei ta.
punto y coma	အဖြတ်အရပ်သင်္ကေတ	a hpja' aja' tha ngei da
dos puntos (m pl)	ကိုလန်	kou lan
puntos (m pl) suspensivos	စာချန်ပြအမှတ်အသား	sa gjan bja ahma' atha:
signo (m) de interrogación	မေးခွန်းပြအမှတ်အသား	mei: gun: bja. ahma' adha:
signo (m) de admiración	အာမေဍိတ်အမှတ်အသား	a mei dei' ahma' atha:

comillas (f pl)	မျက်တောင်အဖွင့်အပိတ်	mje' taun ahpwin. apei'
entre comillas	မျက်တောင်အဖွင့်အပိတ်-အတွင်း	mje' taun ahpwin. apei' atwin:
paréntesis (m)	ကွင်း	kwin:
entre paréntesis	ကွင်းအတွင်း	kwin: atwin:

guión (m)	တုံးတို	toun: dou
raya (f)	တုံးရှည်	toun: she
blanco (m)	ကွက်လပ်	kwe' la'

| letra (f) | စာလုံး | sa loun: |
| letra (f) mayúscula | စာလုံးကြီး | sa loun: gji: |

| vocal (f) | သရ | thara. |
| consonante (m) | ဗျည်း | bjin: |

oración (f)	ဝါကျ	we' kja.
sujeto (m)	ကံ	kan
predicado (m)	ဝါစက	wa saka.

línea (f)	မျဉ်းကြောင်း	mjin: gjaun:
en una nueva línea	မျဉ်းကြောင်းအသစ်ပေါ်မှာ	mjin: gjaun: athi' bo hma.
párrafo (m)	စာပိုဒ်	sa pai'

palabra (f)	စကားလုံး	zaga: loun:
combinación (f) de palabras	စကားစု	zaga: zu.
expresión (f)	ဖော်ပြချက်	hpjo bja. gje'
sinónimo (m)	အနက်တူ	ane' tu
antónimo (m)	ဆန့်ကျင်ဘက်အနက်	hsan. gjin ba' ana'

regla (f)	စည်းမျဉ်းစည်းကမ်း	si: mjin: si: kan:
excepción (f)	ခြွင်းချက်	chwin: gje'
correcto (adj)	မှန်ကန်သော	hman gan de.

conjugación (f)	ကြိယာပုံစံပြောင်းခြင်း	kji ja boun zan pjaun: chin:
declinación (f)	သဒ္ဒါပြောင်းလဲပုံ	dhada bjaun: le: boun
caso (m)	နာမ်ပြောင်းပုံစံ	nan bjaun: boun zan
pregunta (f)	မေးခွန်း	mei: gun:
subrayar (vt)	အလေးထားဖော်ပြသည်	a lei: da: hpo pja. de
línea (f) de puntos	အစက်မျဉ်း	ase' mjin:

121. Los idiomas extranjeros

lengua (f)	ဘာသာစကား	ba dha zaga:
extranjero (adj)	နိုင်ငံခြားနှင့်ဆိုင်သော	nain ngan gja: hnin. zain de.
lengua (f) extranjera	နိုင်ငံခြားဘာသာစကား	nain ngan gja: ba dha za ga:
estudiar (vt)	သင်ယူလေ့လာသည်	thin ju lei. la de
aprender (ingles, etc.)	သင်ယူသည်	thin ju de

leer (vi, vt)	ဖတ်သည်	hpa' te
hablar (vi, vt)	ပြောသည်	pjo: de
comprender (vt)	နားလည်သည်	na: le de
escribir (vt)	ရေးသည်	jei: de
rápidamente (adv)	မြန်မြန်	mjan mjan
lentamente (adv)	ဖြည်းဖြည်း	hpjei: bjei:

con fluidez (adv)	ကျွမ်းကျင်းကျင်ကျင်	kjwan: gjwan: gjin gjin
reglas (f pl)	စည်းများစည်းကမ်း	si: mjin: si: kan:
gramática (f)	သဒ္ဒါ	dhada
vocabulario (m)	ဝေါဟာရ	wo: ha ra.
fonética (f)	သဒ္ဒဗေဒ	dhada. bei da.

manual (m)	ဖတ်စာအုပ်	hpa' sa au'
diccionario (m)	အဘိဓာန်	abi. dan
manual (m) autodidáctico	မိမိဘာသာလေ့ လာနိုင်သောစာအုပ်	mi. mi. ba dha lei. la nain dho: za ou'
guía (f) de conversación	နှစ်ဘာသာစကားပြောစာအုပ်	hni' ba dha zaga: bjo: za ou'

casete (m)	တိပ်ခွေ	tei' khwei
videocasete (f)	ရုပ်ရှင်တိပ်ခွေ	jou' shin dei' hpwei
disco compacto, CD (m)	စီဒီခွေ	si di gwei
DVD (m)	ဒီဗီဒီခွေ	di bi di gwei

alfabeto (m)	အက္ခရာ	e' kha ja
deletrear (vt)	စာလုံးပေါင်းသည်	sa loun: baun: de
pronunciación (f)	အသံထွက်	athan dwe'

acento (m)	ဝဲသံ	we: dhan
con acento	ဝဲသံနှင့်	we: dhan hnin.
sin acento	ဝဲသံမပါဘဲ	we: dhan ma. ba be:

| palabra (f) | စကားလုံး | zaga: loun: |
| significado (m) | အဓိပ္ပါယ် | adei' be |

cursos (m pl)	သင်တန်း	thin dan:
inscribirse (vr)	စာရင်းသွင်းသည်	sajin: dhwin: de
profesor (m) (~ de inglés)	ဆရာ	hsa ja

traducción (f) (proceso)	ဘာသာပြန်ခြင်း	ba dha bjan gjin:
traducción (f) (texto)	ဘာသာပြန်ထားချက်	ba dha bjan da: gje'
traductor (m)	ဘာသာပြန်	ba dha bjan
intérprete (m)	စကားပြန်	zaga: bjan

| políglota (m) | ဘာသာစကားအများ
ပြောနိုင်သူ | ba dha zaga: amja:
bjo: nain dhu |
| memoria (f) | မှတ်ညဏ် | hma' njan |

---

122. Los personajes de los cuentos de hadas

Papá Noel (m)	ရှေရွှမတ်တိုးတိုး	khari' sa. ma' bou: bou:
Cenicienta (f)	စင်ဒရဲလား	sin da. je: la:
sirena (f)	ရေသူမ	jei dhu ma.
Neptuno (m)	နက်ပကျွန်း	ne' pa. gjun:

mago (m)	မှော်ဆရာ	hmo za. ja
maga (f)	မှော်ဆရာမ	hmo za. ja ma.
mágico (adj)	မှော်ပညာ	hmo ba. nja
varita (f) mágica	မှော်တုတ်တံ	hmjo dou' dan
cuento (m) de hadas	ကလေးပုံပြင်	ka. lei: boun bjin
milagro (m)	အံ့ဖွယ်	an. hpwe

| enano (m) | လူပုကကလေး | u bu. ga. lei: |
| transformarse en ... | ပြောင်းလဲပေးသည် | pjaun: le: bei: de |

espíritu (m) (fantasma)	သရဲ	thaje:
fantasma (m)	တစ္ဆေ	tahsei
monstruo (m)	ကြောက်မက်ဖွယ်ေ ရာမသတ္တဝါ	kjau' ma' hpwe ei ja ma. dha' ta wa
dragón (m)	နဂါး	na. ga:
gigante (m)	ဘီလူး	bi lu:

123. Los signos de zodiaco

Aries (m)	မိဿရာသီ	mi. dha ja dhi
Tauro (m)	ပြိဿရာသီ	pjei tha. jadhi
Géminis (m pl)	မေထုန်ရာသီ	mei doun ja dhi
Cáncer (m)	ကရကဋ်ရာသီ	ka. ja. ka' ja dhi
Leo (m)	သိဟ်ရာသီ	thei' ja dhi
Virgo (m)	ကန်ရာသီ	kan ja dhi

Libra (f)	တူရာသီ	tu ja dhi
Escorpio (m)	ဗြိစ္ဆာရာသီ	bjei' hsa. jadhi
Sagitario (m)	ဓနုရာသီ	dan ja dhi
Capricornio (m)	မကာရရာသီဖွား	ma. ga. j ja dhi bwa:
Acuario (m)	ကုံရာသီဖွား	koun ja dhi hpwa:
Piscis (m pl)	မိန်ရာသီဖွား	mein ja dhi bwa:

carácter (m)	စရိုက် လက္ခဏာ	zajai' le' khana
rasgos (m pl) de carácter	ဉာဉ်	njin
conducta (f)	အပြုအမူ	apju amu
decir la buenaventura	အနာဂတ်ဟောကိန်းထုတ်သည်	ana ga' ha gin: htou' te
adivinadora (f)	အနာဂတ်ဟောကိန်းထုတ်သူ	ana ga' ha gin: htou' thu
horóscopo (m)	ဇာတာ	za da

113

El arte

teatro (m)	ကဇာတ်ရုံ	ka. za' joun
ópera (f)	အော်ပရာဇာတ်ရုံ	o pa ra za' joun
opereta (f)	ပျော့ရှင်ဖွယ် ကဇာတ်တို	pjo shin bwe: gaza' tou
ballet (m)	ဘဲလေးကဇာတ်	be: lei: ga za'

cartelera (f)	ပြဇာတ်ရုံပိုစတာ	pja. za' joun bou zada
compañía (f) de teatro	ရိုင်းတော်သား	wain: do dha:
gira (f) artística	လှည့်လည်ကပြဖျော်ဖြေခြင်း	hle. le ga. bja bjo bjei gjin:
hacer una gira artística	လှည့်လည်ကပြဖျော်ဖြေသည်	hle. le ga. bja bjo bjei de
ensayar (vi, vt)	အတတ်တိုက်သည်	za' tou' te
ensayo (m)	အစမ်းဇလ္လာကျုံမှု	asan: lei. kjin. hmu.
repertorio (m)	တင်ဆက်မှု	tin ze' hmu.

representación (f)	ဖျော်ဖြေတင်ဆက်မှု	hpjo bjei din ze' hmu.
espectáculo (m)	ဖျော်ဖြေမှု	hpjo bjei hmu.
pieza (f) de teatro	ဇာတ်လမ်း	za' lan

billet (m)	လက်မှတ်	le' hma'
taquilla (f)	လက်မှတ်အရောင်းဌာန	le' hma' ajaun: hta. na.
vestíbulo (m)	ဧည့်သည်ဆောင်	e. dhe zaun
guardarropa (f)	ကုတ်နှင့်အိတ်အပ်နှံခန်း	kou' hnin. i' a' hnan khan:
ficha (f) de guardarropa	နံပါတ်ပြား	nan ba' pja:
gemelos (m pl)	နှစ်လုံးပူးမှန်ပြောင်း	hni' loun: bju: hman bjaun:
acomodador (m)	ဧည့်ကြို	e. gjou

patio (m) de butacas	ဇာတ်စင်ထိုင်ခုံ	za' sin dain guan
balconcillo (m)	လသာဆောင်	la. dha zaun
entresuelo (m)	ပထမထပ်ပွဲကြည့်ဆောင်	pahtama. da' bwe: gje. zaun
palco (m)	လက်မှတ်ရောင်းသည့်နေရာ	le' hma' jaun: dhi. nei ja
fila (f)	အတန်း	atan:
asiento (m)	နေရာ	nei ja

público (m)	ပရိတ်သတ်အစုအဝေး	pa. rei' tha' asu. awei:
espectador (m)	ပရိတ်သတ်	pa. rei' tha'
aplaudir (vi, vt)	လက်ခုပ်တီးသည်	le' khou' ti: de
aplausos (m pl)	လက်ခုပ်သြဘာသံ	le' khou' thja ba dhan
ovación (f)	သြဘာပေးခြင်း	thja dha bei: gjin:

escenario (m)	စင်	sin
telón (m)	လိုက်ကာ	lai' ka
decoración (f)	နောက်ခံကားချပ်	nau' khan gan ga: gja'
bastidores (m pl)	ဇာတ်စင်နောက်	za' sin nau'

escena (f)	တကယ့်ဖြစ်ရပ်	dage. bji ja'
acto (m)	သရုပ်ဆောင်	thajou' hsaun
entreacto (m)	ကြားကာလ	ka: ga la.

125. El cine

actor (m)	မင်းသား	min: dha:
actriz (f)	မင်းသမီး	min: dhami:

cine (m) (industria)	ရုပ်ရှင်လုပ်ငန်း	jou' shin lou' ngan:
película (f)	ရုပ်ရှင်ကား	jou' shin ga:
episodio (m)	အတွဲခန်းတစ်ခန်း	za' khan: ti' khan:

película (f) policíaca	ရဲထောက်ဇာတ်လမ်း	soun dau' za' lan:
película (f) de acción	အက်ရှင်ဇာတ်လမ်း	e' shin za' lan:
película (f) de aventura	စွန့်စားခန်းဇာတ်လမ်း	sun. za: gan: za' lan:
película (f) de ciencia ficción	သိပ္ပံစိတ်ကူးယဉ်ဇာတ်လမ်း	thei' pan zei' ku: jin za' lan:
película (f) de horror	ထိတ်လန့်ဖွယ်ရုပ်ရှင်	htei' lan. bwe jou' jou'

película (f) cómica	ဟာသရုပ်ရှင်	ha dha. jou' jou'
melodrama (m)	အပြိုင်းစားဒရာမာ	apjin: za: da. ja ma
drama (m)	အလွမ်းဇာတ်လမ်း	alwan: za' lan:

película (f) de ficción	စိတ်ကူးယဉ်ဇာတ်လမ်း	sei' ku: jin za' lan:
documental (m)	မှတ်တမ်းရုပ်ရှင်	hma' tan: jou' shin
dibujos (m pl) animados	ကာတွန်းဇာတ်လမ်း	ka tun: za' lan:
cine (m) mudo	အသံတိတ်ရုပ်ရှင်	athan dei' jou' shin

papel (m)	အခန်းကဏ္ဍ	akhan: gan da.
papel (m) principal	အဓိကအခန်းကဏ္ဍ	adi. ka. akhan: kan da
interpretar (vt)	သရုပ်ဆောင်သည်	thajou' hsaun de

estrella (f) de cine	ရုပ်ရှင်စတား	jou' shin za. da:
conocido (adj)	နာမည်ကြီးသော	na me gji: de.
famoso (adj)	ကျော်ကြားသော	kjo kja: de.
popular (adj)	လူကြိုက်များသော	lu gjou' mja: de.

guión (m) de cine	ဇာတ်ညွှန်း	za' hnjun:
guionista (m)	ဇာတ်ညွှန်းဆရာ	za' hnjun: za ja
director (m) de cine	ရုပ်ရှင်ဒါရိုက်တာ	jou' shin da jai' ta
productor (m)	ထုတ်လုပ်သူ	htou' lou' thu
asistente (m)	လက်ထောက်	le' htau'
operador (m) de cámara	ကင်မရာမန်း	kin ma. ja man:
doble (m) de riesgo	စတန့်သမား	satan. dhama:
doble (m)	ပုံစံတူ	poun zan du

filmar una película	ရုပ်ရှင်ရိုက်သည်	jou' shin jai' te
audición (f)	စမ်းသပ်ကြည့်ရှုခြင်း	san: dha' chi. shu. gjin:
rodaje (m)	ရိုက်ကွင်း	jai' kwin:
equipo (m) de rodaje	ရုပ်ရှင်အဖွဲ့	jou' shin ahpwe.
plató (m) de rodaje	ဇာတ်အိမ်	za' ein
cámara (f)	ကင်မရာ	kin ma. ja

cine (m) (iremos al ~)	ရုပ်ရှင်ရုံ	jou' shin joun
pantalla (f)	ပိတ်ကား	pei' ka:
mostrar la película	ရုပ်ရှင်ပြသည်	jou' shin bja. de

pista (f) sonora	အသံသွင်းတိပ်ခွေ	athan dhwin: di' khwei
efectos (m pl) especiales	အထူးပြုလုပ်ချက်များ	a htu: bju. lou' che' mja:

subtítulos (m pl)	စာတန်းထိုး	sa dan: dou:
créditos (m pl)	ပါဝင်သူများအမည်စာရင်း	pa win dhu mja: ame zajin:
traducción (f)	ဘာသာပြန်	ba dha bjan

126. La pintura

arte (m)	အနုပညာ	anu. pjin nja
bellas artes (f pl)	သုၡမအနုပညာ	thu. khu. ma. anu. pin nja
galería (f) de arte	အနုပညာပြခန်း	anu. pjin pja. gan:
exposición (f) de arte	ပြပွဲ	pja. bwe:

pintura (f) (tipo de arte)	ပန်းချီကား	bagji ga:
gráfica (f)	ပုံလွှဲခြင်းအနုပညာ	poun zwe: gjin: anu pjin nja
abstraccionismo (m)	စိတ္တဇဝါဒီချီလွဲခြင်း	sei' daza. ban: gji zwe: gjin:
impresionismo (m)	အရောင်အလင်းဖြင့်ပန်းချီလွဲခြင်း	ajaun alin: bjin. ban: gji zwe: gjin:

pintura (f) (cuadro)	ပန်းချီကား	bagji ga:
dibujo (m)	ရုပ်ပုံကားချပ်	jou' poun ga: gja'
pancarta (f)	ပိုစတာ	pou sata

| ilustración (f) | ရုပ်ပုံထည့်သွင်းဖော်ပြခြင်း | jou' poun di. dwin: bo bja. gjin: |

miniatura (f)	ပုံစံအသေးစား	poun zan athei: za:
copia (f)	မိတ္တူ	mi' tu
reproducción (f)	ပုံတူပန်းချီ	poun du ban: gji

mosaico (m)	မှန်စီရွှေချပန်းချီ	hman zi shwei gja ban: gji
vitral (m)	မှန်ရောင်စုံပြတင်းပေါက်	hman jaun zoun bja. din: bau'
fresco (m)	နံရံဆေးရေးပန်းချီ	nan jan zei: jei: ban: gji
grabado (m)	ပုံထွင်းပညာ	poun dwin: pjin nja

busto (m)	ကိုယ်တစ်ပိုင်းပုံရုပ်လုံး	kou ti' pain: boun jou' loun:
escultura (f)	ကျောက်ဆစ်ရုပ်	kjau' hsi' jou'
estatua (f)	ရုပ်တု	jou' tu.
yeso (m)	အင်္ဂတေ	angga. dei
en yeso (adj)	အင်္ဂတေဖြင့်	angga. dei hpjin.

retrato (m)	ပုံတု	poun du
autorretrato (m)	ကိုယ်တိုင်ရေးပုံတု	kou tain jou: boun dhu
paisaje (m)	ရှုခင်းပုံ	shu. gin: boun
naturaleza (f) muerta	သက်မဲ့ဝတ္ထုပုံ	the' me. wu' htu boun
caricatura (f)	ရုပ်ပြောင်	jou' pjaun
boceto (m)	ပုံကြမ်း	poun gjan:

pintura (f) (material)	သုတ်ဆေး	thou' hsei:
acuarela (f)	ရေဆေးပန်းချီ	jei zei: ban: gji
óleo (m)	ဆီ	hsi
lápiz (m)	ခဲတံ	khe: dan
tinta (f) china	အိန္ဒိယမင်	indi. ja hmin
carboncillo (m)	မီးသွေး	mi: dhwei:

| dibujar (vi, vt) | ပုံဆွဲသည် | poun zwe: de |
| pintar (vi, vt) | အရောင်ချယ်သည် | ajaun gje de |

posar (vi)	ကိုယ်ဟန်ပြသသည်	kou han pja de
modelo (m)	ပန်းချီမော်ဒယ်	bagji mo de
modelo (f)	ပန်းချီမော်ဒယ်မိန်းကလေး	bagji mo de mein: ga. lei:

pintor (m)	ပန်းချီဆရာ	bagji zaja
obra (f) de arte	အနုပညာလက်ရာ	anu. pjin nja le' ja
obra (f) maestra	အပြောင်မြောက်ဆုံးလက်ရာ	apjaun mjau' hsoun: le' ja
estudio (m) (de un artista)	အလုပ်ခန်း	alou' khan:

lienzo (m)	ပန်းချီဆွဲရန်ပတ္တူ	bagji zwe: jan: ba' tu za.
caballete (m)	ဒေါက်တိုင်	dau' tain
paleta (f)	ပန်းချီဆေးစပ်သည့်ပြား	bagji hsei: za' thi. bja:

marco (m)	ဘောင်	baun
restauración (f)	နဂိုအတိုင်းပြန်လည်မွမ်းမံခြင်း	na. gou atain: bjan le mun: man gjin:
restaurar (vt)	ပြန်လည်မွမ်းမံသည်	pjan le mwan: man de

127. La literatura y la poesía

literatura (f)	စာပေ	sa pei
autor (m) (escritor)	စာရေးသူ	sajei: dhu
seudónimo (m)	ကလောင်အမည်	kalaun amji

libro (m)	စာအုပ်	sa ou'
tomo (m)	ထုထည်	du. de
tabla (f) de contenidos	မာတိကာ	ma di. ga
página (f)	စာမျက်နှာ	sa mje' hna
héroe (m) principal	အဓိကဇာတ်ဆောင်	adi. ka. za' hsaun
autógrafo (m)	အမှတ်တရလက်မှတ်	ahma' ta ra le' hma'

relato (m) corto	ပုံပြင်	pjoun bjin
cuento (m)	ဝတ္ထုဇာတ်လမ်း	wu' htu. za' lan:
novela (f)	ဝတ္ထု	wu' htu.
obra (f) literaria	လက်ရာ	le' ja
fábula (f)	ဒဏ္ဍာရီ	dan da ji
novela (f) policíaca	စုံထောက်ဇာတ်လမ်း	soun dau' za' lan:
verso (m)	ကဗျာ	ka. bja
poesía (f)	လင်္ကာ	lin ga
poema (m)	ကဗျာ	ka. bja
poeta (m)	ကဗျာဆရာ	ka. bja zaja

bellas letras (f pl)	စိတ်ကူးယဉ်ဇာတ်လမ်း	sei' ku: jin za' lan:
ciencia ficción (f)	သိပ္ပံဇာတ်လမ်း	thei' pan za' lan:
aventuras (f pl)	စွန့်စားခန်းဇာတ်လမ်း	sun. za: gan: za' lan:
literatura (f) didáctica	ပညာပေးဇာတ်လမ်း	pjin nja bei za' lan:
literatura (f) infantil	ကလေးဆိုင်ရာစာပေ	kalei: hsin ja za bei

128. El circo

| circo (m) | ဆပ်ကပ် | hsa' ka' |
| circo (m) ambulante | နယ်လှည့်ဆပ်ကပ်အဖွဲ့ | ne hle. za' ka' ahpwe: |

| programa (m) | အစီအစဉ် | asi asin |
| representación (f) | ဖျော်ဖြေတင်ဆက်မှု | hpjo bjei din ze' hmu. |

| número (m) | ဖျော်ဖြေတင်ဆက်မှု | hpjo bjei din ze' hmu. |
| arena (f) | အစီအစဉ်တင်ဆက်ရာနေရာ | asi asin din ze' ja nei ja |

| pantomima (f) | ဇာတ်လမ်းသရုပ်ဖော် | za' lan: dha jou' hpo |
| payaso (m) | လူရွှင်တော် | lu shwin do |

acróbata (m)	ကျမ်းဘားပြသူ	kjwan: ba: bja dhu
acrobacia (f)	ကျမ်းဘားပြုခြင်း	kjwan: ba: bja gjin:
gimnasta (m)	ကျမ်းဘားသမား	kjwan: ba: dhama:
gimnasia (f) acrobática	ကျမ်းဘားအားကစား	kjwan: ba: a: gaza:
salto (m)	ကျမ်းပစ်ခြင်း	kjwan: bi' chin:

forzudo (m)	လူသန်ကြီး	lu dhan gji:
domador (m)	ယဉ်လာအောင်လေ့ကျင့်ပေးသူ	jin la aun lei. gjin. bei: dhu
caballista (m)	မြင်းစီးသူ	mjin: zi: dhu
asistente (m)	လက်ထောက်	le' htau'

truco (m)	စတန်	satan.
truco (m) de magia	မှော်ဆန်သောလှည့်ကွက်	hmo zan dho hle. gwe'
ilusionista (m)	မျက်လှည့်ဆရာ	mje' hle. zaja

malabarista (m)	လက်လှည့်ဆရာ	le' hli. za. ja.
malabarear (vt)	လက်လှည့်ပြသည်	le' hli. bja. de
amaestrador (m)	တိရစ္ဆာန်သင်ကြားပေးသူ	tharei' hsan dhin gja: bei: dhu
amaestramiento (m)	တိရစ္ဆာန်များကို လေ့ကျင့်ပေးခြင်း	tharei' hsan mja: gou: lei. gjin. bei: gjin:
amaestrar (vt)	လေ့ကျင့်ပေးသည်	lei. kjin. bei: de

129. La música. La música popular

música (f)	ဂီတ	gi ta.
músico (m)	ဂီတပညာရှင်	gi ta. bjin nja shin
instrumento (m) musical	တူရိယာ	tu ji. ja
tocar ...	တီးသည်	ti: de

guitarra (f)	ဂီတာ	gi ta
violín (m)	တယော	ta jo:
violonchelo (m)	စီလိုတယောကြီး	si lou tajo: gji:
contrabajo (m)	ဘော့စ်တယောကြီး	bei'. ta. jo gji:
arpa (f)	စောင်း	saun:

piano (m)	စန္ဒရား	san daja:
piano (m) de cola	စန္ဒရားကြီး	san daja: gji:
órgano (m)	အော်ဂင်	o gin

instrumentos (m pl) de viento	လေမှုတ်တူရိယာ	lei hmou' tu ji. ja
oboe (m)	အိုဘို	ou bou hne:
saxofón (m)	ဆက်ဆိုဖုန်း	hse' hso phoun:
clarinete (m)	ကလယ်ရီနက်-ပလွေ	kale ji ne' - pa lwei
flauta (f)	ပလွေ	palwei
trompeta (f)	ထရမ်းပက်ခရောငယ်	htajan: be' khaja nge

| acordeón (m) | အကော်ဒီယံ | ako di jan |
| tambor (m) | စည် | si |

dúo (m)	နှစ်ယောက်တွဲ	hni' jau' twe:
trío (m)	သုံးယောက်တွဲ	thoun: jau' twe:
cuarteto (m)	လေးယောက်တာစ်တွဲ	lei: jau' ti' twe:
coro (m)	သံပြိုင်အဖွဲ့	than bjain ahpwe.
orquesta (f)	သံစုတီးဝိုင်း	than zoun di: wain:

música (f) pop	ပော့ပ်ဂီတ	po. p gi da.
música (f) rock	ရော့ခ်ဂီတ	ro. kh gi da.
grupo (m) de rock	ရော့ခ်ဂီတအဖွဲ့	ro. kh gi da. ahpwe.
jazz (m)	ဂျတ်စ်ဂီတ	gja' z gi ta.

| ídolo (m) | အသည်းစွဲ | athe: zwe: |
| admirador (m) | နှစ်သက်သူ | hni' the' dhu |

concierto (m)	တေးဂီတဖြေဖျော်ပွဲ	tei: gi da. bjei bjo bwe:
sinfonía (f)	သံစုစ်ဝတ်စီးတေးသွား	than zoun za' ti: dei: dwa:
composición (f)	ရေးဖွဲ့သီကုံးခြင်း	jei: bwe dhi goun: gjin:
escribir (vt)	ရေးဖွဲ့သီကုံးသည်	jei: bwe dhi goun: de

canto (m)	သီချင်းဆိုခြင်း	thachin: zou gjin:
canción (f)	သီချင်း	thachin:
melodía (f)	တီးလုံး	ti: loun:
ritmo (m)	စည်းချက်	si gje'
blues (m)	ဘလူးစ်ဂီတ	ba. lu: s gi'

notas (f pl)	ဂီတသင်္ကေတများ	gi ta. dhin gei da. mja:
batuta (f)	ဂီတအချက်ပြတုတ်	gi ta. ache' pja dou'
arco (m)	ဘိုးတံ	bou: dan
cuerda (f)	ကြိုး	kjou:
estuche (m)	အိတ်	ei'

El descanso. El entretenimiento. El viaje

turismo (m)	ခရီးသွားလုပ်ငန်း	khaji: thwa: lou' ngan:
turista (m)	ကမ္ဘာလှည့်ခရီးသည်	ga ba hli. kha. ji: de
viaje (m)	ခရီးထွက်ခြင်း	khaji: htwe' chin:
aventura (f)	စွန့်စားမှု	sun. za: hmu.
viaje (m) (p.ej. ~ en coche)	ခရီး	khaji:
vacaciones (f pl)	ခွင့်ရက်	khwin. je'
estar de vacaciones	အခွင့်ယူသည်	akhwin. ju de
descanso (m)	အနားယူခြင်း	ana: ju gjin:
tren (m)	ရထား	jatha:
en tren	ရထားနဲ့	jatha: ne.
avión (m)	လေယာဉ်	lei jan
en avión	လေယာဉ်နဲ့	lei jan ne.
en coche	ကားနဲ့	ka: ne.
en barco	သင်္ဘောနဲ့	thin: bo: ne.
equipaje (m)	ဝန်စည်စလည်	wun zi za. li
maleta (f)	သားရေသေတ္တာ	tha: jei dhi' ta
carrito (m) de equipaje	ပစ္စည်းတင်ရန်တွန်းလှည်း	pji' si: din jan dun: hle:
pasaporte (m)	နိုင်ငံကူးလက်မှတ်	nain ngan gu: le' hma'
visado (m)	ဗီဇာ	bi za
billete (m)	လက်မှတ်	le' hma'
billete (m) de avión	လေယာဉ်လက်မှတ်	lei jan le' hma'
guía (f) (libro)	လမ်းညွှန်စာအုပ်	lan: hnjun za ou'
mapa (m)	မြေပုံ	mjei boun
área (f) (~ rural)	ဒေသ	dei dha.
lugar (m)	နေရာ	nei ja
exotismo (m)	အထူးအဆန်းပစ္စည်း	a htu: a hsan: bji' si:
exótico (adj)	အထူးအဆန်းဖြစ်သော	a htu: a hsan: hpja' te.
asombroso (adj)	အံ့ဩစရာကောင်းသော	an. o: sa ja kaun de.
grupo (m)	အုပ်စု	ou' zu.
excursión (f)	လေ့လာရေးခရီး	lei. la jei: gaji:
guía (m) (persona)	လမ်းညွှန်	lan: hnjun

hotel (m)	ဟိုတယ်	hou te
motel (m)	မိုတယ်	mou te
de tres estrellas	ကြယ် ၃ ပွင့်အဆင့်	kje thoun: pwin. ahsin.

| de cinco estrellas | ကြယ် ၅ ပွင့်အဆင့် | kje nga: pwin. ahsin. |
| hospedarse (vr) | တည်းခိုသည် | te: khou de |

habitación (f)	အခန်း	akhan:
habitación (f) individual	တစ်ယောက်ခန်း	ti' jau' khan:
habitación (f) doble	နှစ်ယောက်ခန်း	hni' jau' khan:
reservar una habitación	ကြိုတင်မှာယူသည်	kjou tin hma ju de

| media pensión (f) | ကြိုတင်တစ်ဝက်ငွေရှေ့ရှိုင်း | kjou tin di' we' ngwe gjei gjin: |
| pensión (f) completa | ငွေအပြည့်ကြို တင်ပေးရှေ့ရှိုင်း | ngwei apjei. kjou din bei: chei chin: |

con baño	ရေချိုးခန်းနှင့်	jei gjou gan: hnin.
con ducha	ရေပန်းနှင့်	jei ban: hnin.
televisión (f) satélite	ဂြိုလ်တုရုပ်မြင်သံကြား	gjou' htu. jou' mjin dhan gja:
climatizador (m)	လေအေးပေးဝက်	lei ei: bei: ze'
toalla (f)	တဘက်	tabe'
llave (f)	သော့	tho.

administrador (m)	အုပ်ချုပ်ရေးမှူး	ou' chu' jei: hmu:
camarera (f)	သန့်ရှင်းရေးဝန်ထမ်း	than. shin: jei: wun dan:
maletero (m)	အထမ်းသမား	a htan: dha. ma:
portero (m)	တံခါးဝမှ စောင့်ကြ	daga: wa. hma. e. kjou

restaurante (m)	စားသောက်ဆိုင်	sa: thau' hsain
bar (m)	ဘား	ba:
desayuno (m)	နံနက်စာ	nan ne' za
cena (f)	ညစာ	nja. za
buffet (m) libre	ဘူဖေး	bu hpei:

| vestíbulo (m) | နားရောင်ခန်း | hna jaun gan: |
| ascensor (m) | ဓာတ်လှေကား | da' hlei ga: |

| NO MOLESTAR | မနှောင့်ယှက်ရ | ma. hnaun hje' ja. |
| PROHIBIDO FUMAR | ဆေးလိပ်မသောက်ရ | hsei: lei' ma. dhau' ja. |

132. Los libros. La lectura

libro (m)	စာအုပ်	sa ou'
autor (m)	စာရေးသူ	sajei: dhu
escritor (m)	စာရေးဆရာ	sajei: zaja
escribir (~ un libro)	စာရေးသည်	sajei: de

lector (m)	စာဖတ်သူ	sa hpa' thu
leer (vi, vt)	ဖတ်သည်	hpa' te
lectura (f)	စာဖတ်ရှိုင်း	sa hpa' chin:

en silencio	တိတ်တဆိတ်	tei' ta. hsei'
en voz alta	ကျယ်လောင်စွာ	kje laun zwa
editar (vt)	ပုံနှိပ်ထုတ်ဝေသည်	poun nei' htou' wei de
edición (f) (~ de libros)	ပုံနှိပ်ထုတ်ဝေရှိုင်း	poun nei' htou' wei gjin:
editor (m)	ထုတ်ဝေသူ	htou' wei dhu
editorial (f)	ပုံနှိပ်ထုတ်ဝေ သည့်ကုမ္ပဏီ	poun nei' htou' wei dhi. koun pani

salir (libro)	ထွက်သည်	htwe' te
salida (f) (de un libro)	ဖြန့်ချိခြင်း	hpjan. gji. gjin:
tirada (f)	စာရေးသူ	sajei: dhu

| librería (f) | စာအုပ်ဆိုင် | sa ou' hsain |
| biblioteca (f) | စာကြည့်တိုက် | sa gji. dai' |

cuento (m)	ဝတ္ထုဇာတ်လမ်း	wu' htu. za' lan:
relato (m) corto	ဝတ္ထုတို	wu' htu. dou
novela (f)	ဝတ္ထု	wu' htu.
novela (f) policíaca	စုံထောက်ဇာတ်လမ်း	soun dau' za' lan:

memorias (f pl)	ကိုယ်တွေ့မှတ်တမ်း	kou twei. hma' tan:
leyenda (f)	ဒဏ္ဍာရီ	dan da ji
mito (m)	စိတ်ကူးယဉ်	sei' ku: jin

versos (m pl)	ကဗျာများ	ka. bja mja:
autobiografía (f)	ကိုယ်တိုင်ရေးအတ္ထုပ္ပတ္တိ	kou tain jei' a' tu. bi' ta.
obras (f pl) escogidas	လက်ရွေးစင်	le' jwei: zin
ciencia ficción (f)	သိပ္ပံဇာတ်လမ်း	thei' pan za' lan:

título (m)	ခေါင်းစဉ်	gaun: zin
introducción (f)	နိဒါန်း	ni. dan:
portada (f)	ခေါင်းစီးစာမျက်နှာ	gaun: zi: za: mje' hna

capítulo (m)	ခေါင်းကြီးပိုင်း	gaun: gji: bain:
extracto (m)	ကောက်နုတ်ချက်	kau' hnou' khje'
episodio (m)	အပိုင်း	apain:

sujeto (m)	ဇာတ်ကြောင်း	za' kjaun:
contenido (m)	မာတိကာ	ma di. ga
tabla (f) de contenidos	မာတိကာ	ma di. ga
héroe (m) principal	အဓိကဇာတ်ဆောင်	adi. ka. za' hsaun

tomo (m)	ထုထည်	du. de
cubierta (f)	စာအုပ်အဖုံး	sa ou' ahpoun:
encuadernado (m)	အဖုံး	ahpoun:
marcador (m) de libro	စာညှပ်	sa hnja'

página (f)	စာမျက်နှာ	sa mje' hna
hojear (vt)	စာရွက်လှန်သည်	sajwe' hlan de
márgenes (m pl)	နယ်နိမိတ်	ne ni. mei'
anotación (f)	မှတ်စာ	hma' sa
nota (f) a pie de página	အောက်ခြေမှတ်ချက်	au' chei hma' che'

texto (m)	စာသား	sa dha:
fuente (f)	ပုံစံ	poun zan
errata (f)	ပုံနှိပ်အမှား	poun nei' ahma:

traducción (f)	ဘာသာပြန်	ba dha bjan
traducir (vt)	ဘာသာပြန်သည်	ba dha bjan de
original (m)	မူရင်း	mu jin:

famoso (adj)	ကျော်ကြားသော	kjo kja: de.
desconocido (adj)	လူမသိသော	lu ma. thi. de.
interesante (adj)	စိတ်ဝင်စားစရာကောင်းသော	sei' win za: zaja gaun: de.

best-seller (m)	ရောင်းအားအကောင်းဆုံး	jo: a: akaun: zoun:
diccionario (m)	အဘိဓာန်	abi. dan
manual (m)	ဖတ်စာအုပ်	hpa' sa au'
enciclopedia (f)	စွယ်စုံကျမ်း	swe zoun gjan:

133. La caza. La pesca

caza (f)	အမဲလိုက်ခြင်း	ame: lai' chin
cazar (vi, vt)	အမဲလိုက်သည်	ame: lai' de
cazador (m)	မုဆိုး	mou' hsou:

tirar (vi)	ပစ်သည်	pi' te
fusil (m)	ရိုင်ဖယ်	jain be
cartucho (m)	ကျည်ဆံ	kji. zan
perdigón (m)	ကျည်စေ့	kji zei.

cepo (m)	သံမကိုထောင်ချောက်	than mani. daun gjau'
trampa (f)	ကျော့ကွင်း	kjo. kwin:
caer en el cepo	ထောင်ချောက်မိသည်	htaun gjau' mi de
poner un cepo	ထောင်ချောက်ဆင်သည်	htaun gjau' hsin de

cazador (m) furtivo	တရားမဝင်ခိုးပစ်သူ	taja: ma. win gou: bi' thu
caza (f) menor	အမဲလိုက်ခြင်း	ame: lai' chin
perro (m) de caza	အမဲလိုက်ခွေး	ame: lai' khwei:
safari (m)	သာဖာရီတောရိုင်းဒေသ	hsa hpa ji do joun: dei dha.
animal (m) disecado	ရုပ်လုံးဖော်တီရှုစ္ဆာန်ရုပ်	jou' loun: bo di ja' zan jou'

pescador (m)	တံငါသည်	da nga dhi
pesca (f)	ငါးဖမ်းခြင်း	nga: ban: gjin
pescar (vi)	ငါးဖမ်းသည်	nga: ban: de

caña (f) de pescar	ငါးများတံ	nga: mja: dan
sedal (m)	ငါးများကြိုး	nga: mja: gjou:
anzuelo (m)	ငါးများရှိတဲ	nga: mja: gji'
flotador (m)	ငါးများတံဖော့	nga: mja: dan bo.
cebo (m)	ငါးတ	nga: za

| lanzar el anzuelo | ငါးများကြိုးပစ်သည် | nga: mja: gjou: bji' te |
| picar (vt) | ကိုက်သည် | kou' de |

| pesca (f) (lo pescado) | ငါးထည့်စရာ | nga: de. za. ja |
| agujero (m) en el hielo | ရေခဲပြင်ပေါ်မှအပေါက် | jei ge: bjin bo hma. a. bau' |

red (f)	ပိုက်	pai'
barca (f)	လှေ	hlei
pescar con la red	ပိုက်ချသည်	pai' cha. de
tirar la red	ပိုက်ပစ်သည်	pai' pi' te

| sacar la red | ပိုက်ဆယ်သည် | pai' hse de |
| caer en la red | ပိုက်တိုးမိသည် | pai' tou: mi. de |

ballenero (m) (persona)	ဝေလငါး	wei la. nga:
ballenero (m) (barco)	ဝေလငါးဖမ်းလှေ	wei la. nga: ban: hlei
arpón (m)	နိန်း	hmein:

134. Los juegos. El billar

billar (m)	ဘိလိယက်	bi li je'
sala (f) de billar	ဘိလိယက်ထိုးခန်း	bi li ja' htou: khana:
bola (f) de billar	ဘိလိယက်ဘောလုံး	bi li ja' bo loun:
entronerar la bola	ကျင်းထည့်သည်	kjin: de. de
taco (m)	ကျွတံ	kju dan
tronera (f)	ကျင်း	kjin:

135. Los juegos. Las cartas

carta (f)	ဖဲကစားသည်	hpe: ga. za de
cartas (f pl)	ဖဲချပ်များ	hpe: gje' mja:
baraja (f)	ဖဲထုပ်	hpe: dou'
triunfo (m)	ဝှက်ဖဲ	hwe' hpe:
cuadrados (m pl)	ထောင့်	htaun.
picas (f pl)	စပိတ်	sapei'
corazones (m pl)	ဟတ်	ha'
tréboles (m pl)	ညှင်း	hnjin:
as (m)	တစ်ဖဲ	ti' hpe:
rey (m)	ကင်း	kin:
dama (f)	ကွင်း	kwin:
sota (f)	ဂျက်	gje'
dar, distribuir (repartidor)	ဖဲဝေသည်	hpe: wei de
barajar (vt) (mezclar las cartas)	ကုလားဖန်ထိုးသည်	kala: ban dou de
jugada (f) (turno)	ဦးဆုံးအလှည့်	u: zoun: ahle.
punto (m)	အမှတ်	ahma'
fullero (m)	ဖဲလိမ်သမား	hpe: lin dha ma:

136. El descanso. Los juegos. Miscelánea

pasear (vi)	အပန်းဖြေလမ်းလျှောက်သည်	apin: hpjei lan: jau' the
paseo (m) (caminata)	လမ်းလျှောက်ခြင်း	lan: shau' chin:
paseo (m) (en coche)	အပန်းဖြေခရီး	apin: hpjei khaji:
aventura (f)	စွန့်စားမှု	sun. za: hmu.
picnic (m)	ပျော်ပွဲစား	pjo bwe: za:
juego (m)	ဂိမ်း	gein:
jugador (m)	ကစားသမား	gaza: dhama:
partido (m)	ကစားပွဲ	gaza: pwe:
coleccionista (m)	စုဆောင်းသူ	su. zaun: dhu
coleccionar (vt)	စုဆောင်းသည်	su. zaun: de
colección (f)	စုဆောင်းခြင်း	su. zaun: gjin:
crucigrama (m)	စကားလုံးဆက် ပဟေဠိ	zaga: loun: ze' bahei li.
hipódromo (m)	ပြေးလမ်း	pjei: lan:

discoteca (f)	ဒစ္စကိုကပွဲ	di' sa kou ga. bwe:
sauna (f)	ပေါင်းခံချွေးထုတ်ခန်း	paun: gan gjwa: dou' khan:
lotería (f)	ထီ	hti
marcha (f)	အပျော်စခန်းချခရီး	apjo za. khan: khja kha ni:
campo (m)	စခန်း	sakhan:
campista (m)	စခန်းချသူ	sakhan: gja. dhu
tienda (f) de campaña	တဲ	te:
brújula (f)	သံလိုက်အိမ်မြှောင်	than lai' ein hmjaun
ver (la televisión)	ကြည့်သည်	kji. de
telespectador (m)	ကြည့်သူ	kji. thu
programa (m) de televisión	ရုပ်မြင်သံကြားအစီအစဉ်	jou' mjin dhan gja: asi asan

137. La fotografía

cámara (f) fotográfica	ကင်မရာ	kin ma. ja
fotografía (f) (una foto)	ဓာတ်ပုံ	da' poun
fotógrafo (m)	ဓာတ်ပုံဆရာ	da' poun za ja
estudio (m) fotográfico	ဓာတ်ပုံရိုက်ရန်အခန်း	da' poun jai' jan akhan:
álbum (m) de fotos	ဓာတ်ပုံအယ်လဘမ်	da' poun e la. ban
objetivo (m)	ကင်မရာမှန်ဘီလူး	kin ma. ja hman bi lu:
teleobjetivo (m)	အဝေးရိုက်သောမှန်ဘီလူး	awei: shi' tho: hman bi lu:
filtro (m)	အရောင်စစ်မှန်ပြား	ajaun za' hman bja:
lente (m)	မှန်ဘီလူး	hman bi lu:
óptica (f)	အလင်းပညာ	alin: bjin
diafragma (m)	ကင်မရာတွင် အလင်းဝင်ပေါက်	kin ma. ja twin alin: win bau'
tiempo (m) de exposición	အလင်းရောင်ဖွင့်ပေးချိန်	alin: jaun hpwin bei: gjein
visor (m)	ရိုက်ကွင်းပြသည့်ကိရိယာ	jou' kwin: bja dhe. gi. ji. ja
cámara (f) digital	ဒီဂျစ်တယ်ကင်မရာ	digji' te gin ma. ja
trípode (m)	သုံးချောင်းထောက်	thoun: gjaun: dau'
flash (m)	ကင်မရာသုံး လျှပ်တပြက်မီး	kin ma. ja dhoun: lja' ta. pje' mi:
fotografiar (vt)	ဓာတ်ပုံရိုက်သည်	da' poun jai' te
hacer fotos	ရိုက်သည်	jai' te
fotografiarse (vr)	ဓာတ်ပုံရိုက်သည်	da' poun jai' te
foco (m)	ဆုံချက်	hsoun gje'
enfocar (vt)	ဆုံချက်ချိန်သည်	hsoun gje' chin de
nítido (adj)	ထင်ရှားပြတ်သားသော	htin sha: bja' tha: de
nitidez (f)	ထင်ရှားပြတ်သားမှု	htin sha: bja' tha: hmu.
contraste (m)	ခြားနားချက်	hpja: na: gje'
de alto contraste (adj)	မတူညီသော	ma. du nji de.
foto (f)	ပုံ	poun
negativo (m)	နက်ဂတစ်	ne' ga ti'
película (f) fotográfica	ဖလင်	hpa. lin
fotograma (m)	ဘောင်	baun
imprimir (vt)	ပရင့်ထုတ်သည်	pa. jin. dou' te

138. La playa. La natación

playa (f)	ကမ်းခြေ	kan: gjei
arena (f)	သဲ	the:
desierto (playa ~a)	လူသူကင်းမဲ့သော	lu dhu gin: me. de.

bronceado (m)	နေကြောင့်-အသားရောင်ညိုခြင်း	nei gjaun.-atha: jaun njou gjin:
broncearse (vr)	နေတာလှုံသည်	nei za hloun de
bronceado (adj)	အသားညိုသော	atha: njou de.
protector (m) solar	နေပူစင်လိမ်းဆေး	nei bu gan lein: zei:

bikini (m)	ဘီကီနီ	bi ki ni
traje (m) de baño	ရေကူးဝတ်စုံ	jei ku: wa' zoun
bañador (m)	ယောက်ျားဝတ်ဘောင်းဘီတို	jau' kja: wu' baun: bi dou

piscina (f)	ရေကူးကန်	jei ku: gan
nadar (vi)	ရေကူးသည်	jei ku: de
ducha (f)	ရေပန်း	jei ban:
cambiarse (vr)	အဝတ်လဲသည်	awu' le: de
toalla (f)	တဘက်	tabe'

| barca (f) | လှေ | hlei |
| lancha (f) motora | မော်တော်ဘုတ် | mo to bou' |

esquís (m pl) acuáticos	ရေလျှာလျောစီးအပြား	jei hlwa sho: apja:
bicicleta (f) acuática	ယက်ဘီးတပ်လှေ	je' bi: da' hlei
surf (m)	ရေလျှာလှိုင်း	jei hlwa hlain:
surfista (m)	ရေလျှာလှိုင်းစီးသူ	jei hlwa hlain: zi: dhu

equipo (m) de buceo	စက္ကူဆက်	sakuba ze'
aletas (f pl)	ရော်ဘာရေယက်ပြား	jo ba jei je' pja:
máscara (f) de buceo	မျက်နှာဖုံး	mje' hna boun:
buceador (m)	ရေငုပ်သမား	jei ngou' tha ma:
bucear (vi)	ရေငုပ်သည်	jei ngou' te
bajo el agua (adv)	ရေအောက်	jei au'

sombrilla (f)	ကမ်းခြေထီး	kan: gjei hti:
tumbona (f)	ပက်လက်ကုလားထိုင်	pje' le' ku. la: din
gafas (f pl) de sol	နေကာမျက်မှန်	nei ga mje' hman
colchoneta (f) inflable	လေထိုးအိပ်ယာ	lei dou: i' ja

| jugar (divertirse) | ကစားသည် | gaza: de |
| bañarse (vr) | ရေကူးသည် | jei ku: de |

pelota (f) de playa	ဘောလုံး	bo loun:
inflar (vt)	လေထိုးသည်	lei dou: de
inflable (colchoneta ~)	လေထိုးနိုင်သော	lei dou: nain de.

ola (f)	လှိုင်း	hlain:
boya (f)	ရေကြောင်းပြဖောလ္လ	jei gjaun: bja. bo: ja
ahogarse (vr)	ရေနစ်သည်	jei ni' te

| salvar (vt) | ကယ်ဆယ်သည် | ke ze de |
| chaleco (m) salvavidas | အသက်ကယ်အက်ိ | athe' kai in: gji |

observar (vt)	စောင့်ကြည့်သည်	saun. gji. de
socorrista (m)	ကယ်ဆဉယ်သူ	ke ze dhu

EL EQUIPO TÉCNICO. EL TRANSPORTE

El equipo técnico

139. El computador

ordenador (m)	ကွန်ပျူတာ	kun pju ta
ordenador (m) portátil	လပ်တော့	la' to.
encender (vt)	ဖွင့်သည်	hpwin. de
apagar (vt)	ပိတ်သည်	pei' te
teclado (m)	ကီးဘုတ်	kji: bou'
tecla (f)	ကီး	kji:
ratón (m)	မောက်စ်	mau's
alfombrilla (f) para ratón	မောက်စ်အောက်ခံပြား	mau's au' gan bja:
botón (m)	ခလုတ်	khalou'
cursor (m)	ညွှန်းများ	hnjun: ma:
monitor (m)	မော်နီတာ	mo ni ta
pantalla (f)	မှန်သားပြင်	hman dha: bjin
disco (m) duro	ဟွတ်ဒစ်-အချက်အလက်သိမ်းပစ္စည်း	ha' di' akja' ale' thein: bji' si:
volumen (m) de disco duro	ဟတ်ဒစ်သိုလှောင်နိုင်မှု	ha' di' thou laun nain hmu.
memoria (f)	မှတ်ဉာဏ်	hma' njan
memoria (f) operativa	ရမ်	ran
archivo, fichero (m)	ဖိုင်	hpain
carpeta (f)	စာတွဲဖိုင်	sa dwe: bain
abrir (vt)	ဖွင့်သည်	hpwin. de
cerrar (vt)	ပိတ်သည်	pei' te
guardar (un archivo)	သိမ်းဆည်းသည်	thain: zain: de
borrar (vt)	ဖျက်သည်	hpje' te
copiar (vt)	ကူးသည်	mi' tu gu: de
ordenar (vt) (~ de A a Z, etc.)	ခွဲသည်	khwe: de
transferir (vt)	ပြန်ကူးသည်	pjan gu: de
programa (m)	ပရိုဂရမ်	pa. jou ga. jan
software (m)	ဆော့ဝဲ	hso. hp we:
programador (m)	ပရိုဂရမ်မာ	pa. jou ga. jan ma
programar (vt)	ပရိုဂရမ်ရေးသည်	pa. jou ga. jan jei: de
hacker (m)	ဟက်ကာ	he' ka
contraseña (f)	စကားဝှက်	zaga: hwe'
virus (m)	ဗိုင်းရပ်စ်	bain ja's
detectar (vt)	ရှာဖွေသည်	sha hpwei de

| octeto, byte (m) | ဘိုက် | bai' |
| megaocteto (m) | မီဂါဘိုက် | mi ga bai' |

| datos (m pl) | အချက်အလက် | ache' ale' |
| base (f) de datos | ဒေတာဘေ့စ် | dei da bei. s |

cable (m)	ကေဘယ်ကြိုး	kei be kjou:
desconectar (vt)	ဖြုတ်သည်	hpjei: de
conectar (vt)	တပ်သည်	ta' te

140. El internet. El correo electrónico

internet (m), red (f)	အင်တာနက်	in ta na'
navegador (m)	ဘရောက်ဆာ	ba. jau' hsa
buscador (m)	ဆာ့ချ်အင်ဂျင်	hsa. ch in gjin
proveedor (m)	ပံ့ပိုးသူ	pan. bou: dhu

webmaster (m)	ဝက်မာစတာ	we' sai' ma sa. ta
sitio (m) web	ဝက်ဆိုက်	we' sai'
página (f) web	ဝက်ဆိုဒ်စာမျက်နှာ	we' sai' sa mje' hna

| dirección (f) | လိပ်စာ | lei' sa |
| libro (m) de direcciones | လိပ်စာမှတ်စု | lei' sa hmat' su. |

buzón (m)	စာတိုက်ပုံး	sa dai' poun:
correo (m)	စာ	sa
lleno (adj)	ပြည့်သော	pjei. de.

mensaje (m)	သတင်း	dhadin:
correo (m) entrante	အဝင်သတင်း	awin dha din:
correo (m) saliente	အထွက်သတင်း	a htwe' tha. din:

expedidor (m)	ပို့သူ	pou. dhu
enviar (vt)	ပို့သည်	pou. de
envío (m)	ပို့ခြင်း	pou. gjin:

| destinatario (m) | လက်ခံသူ | le' khan dhu |
| recibir (vt) | လက်ခံရရှိသည် | le' khan ja. shi. de |

| correspondencia (f) | စာအဆက်အသွယ် | sa ahse' athwe |
| escribirse con ... | စာပေးစာယူလုပ်သည် | sa pei: za ju lou' te |

archivo, fichero (m)	ဖိုင်	hpain
descargar (vt)	ဒေါင်းလော့ဒ်လုပ်သည်	daun: lo. d lou' de
crear (vt)	ဖန်တီးသည်	hpan di: de
borrar (vt)	ဖျက်သည်	hpje' te
borrado (adj)	ဖျက်ပြီးသော	hpje' pji: de.

conexión (f) (ADSL, etc.)	ဆက်သွယ်မှု	hse' thwe hmu.
velocidad (f)	နှုန်း	hnun:
módem (m)	မိုဒမ်း	mou dan:
acceso (m)	ဝင်လမ်း	win lan
puerto (m)	ပို့တ်ဘက်	we: be'
conexión (f) (establecer la ~)	အချိတ်အဆက်	achei' ahse'

conectarse a …	ချိတ်ဆက်သည်	chei' hse' te
seleccionar (vt)	ရွေးချယ်သည်	jwei: che de
buscar (vt)	ရှာသည်	sha de

El transporte

141. El avión

avión (m)	လေယာဉ်	lei jan
billete (m) de avión	လေယာဉ်လက်မှတ်	lei jan le' hma'
compañía (f) aérea	လေကြောင်း	lei gjaun:
aeropuerto (m)	လေဆိပ်	lei zi'
supersónico (adj)	အသံထက်မြန်သော	athan de' mjan de.
comandante (m)	လေယာဉ်မှူး	lei jan hmu:
tripulación (f)	လေယာဉ်အမှုထမ်းအဖွဲ့	lei jan ahmu. dan: ahpwe.
piloto (m)	လေယာဉ်မောင်းသူ	lei jan maun dhu
azafata (f)	လေယာဉ်မယ်	lei jan me
navegador (m)	လေကြောင်းပြ	lei gjaun: bja.
alas (f pl)	လေယာဉ်တောင်ပံ	lei jan daun ban
cola (f)	လေယာဉ်အမြီး	lei jan amji:
cabina (f)	လေယာဉ်မောင်းအခန်း	lei jan maun akhan:
motor (m)	အင်ဂျင်	in gjin
tren (m) de aterrizaje	အောက်ခံဘောင်	au' khan baun
turbina (f)	တာဘိုင်	ta bain
hélice (f)	ပန်ကာ	pan ga
caja (f) negra	ဘလက်ဘောက်	ba. le' bo'
timón (m)	ပဲ့ကိုင်ဘီး	pe. gain bi:
combustible (m)	လောင်စာ	laun za
instructivo (m) de seguridad	အရေးပေါ်လုံခြုံရေး ညွှန်ကြားစာ	ajei: po' choun loun jei: hnjun gja: za
respirador (m) de oxígeno	အောက်ဆီဂျင်မျက်နှာဖုံး	au' hsi gjin mje' hna hpoun:
uniforme (m)	ယူနီဖောင်း	ju ni hpaun:
chaleco (m) salvavidas	အသက်ကယ်အင်္ကျီ	athe' kai in: gji
paracaídas (m)	လေထီး	lei di:
despegue (m)	ထွက်ခွာခြင်း	htwe' khwa gjin:
despegar (vi)	ပျံတက်သည်	pjan de' te
pista (f) de despegue	လေယာဉ်ပြေးလမ်း	lei jan bei: lan:
visibilidad (f)	မြင်ကွင်း	mjin gwin:
vuelo (m)	ပျံသန်းခြင်း	pjan dan: gjin:
altura (f)	အမြင့်	amjin.
pozo (m) de aire	လေမငြိမ်အရပ်	lei ma ngjin aja'
asiento (m)	ထိုင်ခုံ	htain goun
auriculares (m pl)	နားကြပ်	na: kja'
mesita (f) plegable	ခေါက်စားပွဲ	khau' sa: bwe:
ventana (f)	လေယာဉ်ပြတင်းပေါက်	lei jan bja. din: bau'
pasillo (m)	မင်းလမ်း	min: lan:

142. El tren

tren (m)	ရထား	jatha:
tren (m) de cercanías	လျပ်စစ်ဓာတ်အားသုံးရထား	hlja' si' da' a: dhou: ja da:
tren (m) rápido	အမြန်ရထား	aman ja. hta:
locomotora (f) diésel	ဒီဇယ်ရထား	di ze ja da:
tren (m) de vapor	ရေနွေးငွေ့စက်ခေါင်း	jei nwei: ngwei. ze' khaun:
coche (m)	အတွဲ	atwe:
coche (m) restaurante	စားသောက်တွဲ	sa: thau' thwe:
rieles (m pl)	ရထားသံလမ်း	jatha dhan lan:
ferrocarril (m)	ရထားလမ်း	jatha: lan:
traviesa (f)	ဇလီဖားတုံး	zali ba: doun
plataforma (f)	စင်္ကြံ	sin gjan
vía (f)	ရထားစင်္ကြံ	jatha zin gjan
semáforo (m)	မီးပွိုင့်	mi: bwain.
estación (f)	ဘူတာရုံ	bu da joun
maquinista (m)	ရထားမောင်းသူ	jatha: maun: dhu
maletero (m)	အထမ်းသမား	a htan: dha. ma:
mozo (m) del vagón	အစောင့်	asaun.
pasajero (m)	ခရီးသည်	khaji: de
revisor (m)	လက်မှတ်စစ်ဆေးသူ	le' hma' ti' hsei: dhu:
corredor (m)	ကော်ရစ်တာ	ko ji' ta
freno (m) de urgencia	အရေးပေါ် ဘရိတ်	ajei: po' ba ji'
compartimiento (m)	အခန်း	akhan:
litera (f)	အိပ်စင်	ei' zin
litera (f) de arriba	အပေါ်ထပ်အိပ်စင်	apo htap ei' sin
litera (f) de abajo	အောက်ထပ်အိပ်စင်	au' hta' ei' sin
ropa (f) de cama	အိပ်ရာခင်း	ei' ja khin:
billete (m)	လက်မှတ်	le' hma'
horario (m)	အချိန်ဇယား	achein zaja:
pantalla (f) de información	အချက်အလက်ပြနေရာ	ache' ale' pja. nei ja
partir (vi)	ထွက်ရှိသည်	htwe' khwa de
partida (f) (del tren)	အထွက်	a htwe'
llegar (tren)	ဆိုက်ရောက်သည်	hseu' jau' de
llegada (f)	ဆိုက်ရောက်ရာ	hseu' jau' ja
llegar en tren	မီးရထားဖြင့်ရောက်ရှိသည်	mi: ja. da: bjin. jau' shi. de
tomar el tren	မီးရထားစီးသည်	mi: ja. da: zi: de
bajar del tren	မီးရထားမှဆင်းသည်	mi: ja. da: hma. zin: de
descarrilamiento (m)	ရထားတိုက်ခြင်း	jatha: dai' chin:
descarrilarse (vr)	ရထားလမ်းချော်သည်	jatha: lan: gjo de
tren (m) de vapor	ရေနွေးငွေ့စက်ခေါင်း	jei nwei: ngwei. ze' khaun:
fogonero (m)	မီးထိုးသမား	mi: dou: dhama:
hogar (m)	မီးဖို	mi: bou
carbón (m)	ကျောက်မီးသွေး	kjau' mi dhwei:

143. El barco

barco, buque (m)	သင်္ဘော	thin: bo:
navío (m)	ရေယာဉ်	jei jan

buque (m) de vapor	မီးသင်္ဘော	mi: dha. bo:
motonave (f)	အပျော်စီးမော်တော်ဘုတ်ငယ်	apjo zi: mo do bou' nge
trasatlántico (m)	ပင်လယ်အပျော်စီးသင်္ဘော	pin le apjo zi: dhin: bo:
crucero (m)	လေယာဉ်တင်သင်္ဘော	lei jan din

yate (m)	အပျော်စီးရွက်လှေ	apjo zi: jwe' hlei
remolcador (m)	ဆွဲသင်္ဘော	hswe: thin: bo:
barcaza (f)	ဖောင်	hpaun
ferry (m)	ကူးတို့သင်္ဘော	gadou. thin: bo:

velero (m)	ရွက်သင်္ဘော	jwe' thin: bo:
bergantín (m)	ရွက်လှေ	jwe' hlei

rompehielos (m)	ရေခဲပြင်ခွဲသင်္ဘော	jei ge: bjin gwe: dhin: bo:
submarino (m)	ရေငုပ်သင်္ဘော	jei ngou' thin: bo:

bote (m) de remo	လှေ	hlei
bote (m)	ရှော်ဘာလှေ	jo ba hlei
bote (m) salvavidas	အသက်ကယ်လှေ	athe' kai hlei
lancha (f) motora	မော်တော်ဘုတ်	mo to bou'

capitán (m)	ရေယာဉ်မှူး	jei jan hmu:
marinero (m)	သင်္ဘောသား	thin: bo: dha:
marino (m)	သင်္ဘောသား	thin: bo: dha:
tripulación (f)	သင်္ဘောအမှုထမ်းအဖွဲ့	thin: bo: ahmu. htan: ahpwe.

contramaestre (m)	ရေတပ်အရာရှိငယ်	jei da' aja shi. nge
grumete (m)	သင်္ဘောသားကလေး	thin: bo: dha: galei:
cocinero (m) de abordo	ထမင်းချက်	htamin: gje'
médico (m) del buque	သင်္ဘောဆရာဝန်	thin: bo: zaja wun

cubierta (f)	သင်္ဘောကုန်းပတ်	thin: bo: koun: ba'
mástil (m)	ရွက်တိုင်	jwe' tai'
vela (f)	ရွက်	jwe'

bodega (f)	ဝမ်းတွင်း	wan: twin:
proa (f)	ဦးရှုန်း	u: zun:
popa (f)	ပိုင်း	pe. bain:
remo (m)	လှော်တက်	hlo de'
hélice (f)	သင်္ဘောပန်ကာ	thin: bo: ban ga

camarote (m)	သင်္ဘောပေါ်မှအခန်း	thin: bo: bo hma. aksan:
sala (f) de oficiales	အရာရှိများရိပ်သာ	aja shi. mja: jin dha
sala (f) de máquinas	စက်ခန်း	se' khan:
puente (m) de mando	ကွပ်ကဲခန်း	ku' ke: khan:
sala (f) de radio	ရေဒီယိုခန်း	rei di jou gan:
onda (f)	လှိုင်း	hlain:
cuaderno (m) de bitácora	မှတ်တမ်းစာအုပ်	hma' tan: za ou'
anteojo (m)	အဝေးကြည့်မှန်ပြောင်း	awei: gji. hman bjaun:
campana (f)	ခေါင်းလောင်း	gaun: laun:

bandera (f)	အလံ	alan
cabo (m) (maroma)	သင်္ဘောသုံးလွန်ကြိုး	thin: bo: dhaun: lun gjou:
nudo (m)	ကြိုးထုံး	kjou: htoun:
pasamano (m)	လက်ရန်း	le' jan
pasarela (f)	သင်္ဘောကုန်းပေါင်	thin: bo: koun: baun
ancla (f)	ကျောက်ဆူး	kjau' hsu:
levar ancla	ကျောက်ဆူးနုတ်သည်	kjau' hsu: nou' te
echar ancla	ကျောက်ချသည်	kjau' cha. de
cadena (f) del ancla	ကျောက်ဆူးကြိုး	kjau' hsu: kjou:
puerto (m)	ဆိပ်ကမ်း	hsi' kan:
embarcadero (m)	သင်္ဘောဆိပ်	thin: bo: zei'
amarrar (vt)	ဆိုက်ကပ်သည်	hseu' ka' de
desamarrar (vt)	စွန့်ပစ်သည်	sun. bi' de
viaje (m)	ခရီးထွက်ခြင်း	khaji: htwe' chin:
crucero (m) (viaje)	အပျော်ခရီး	apjo gaji:
derrota (f) (rumbo)	ဦးတည်ရာ	u: ti ja
itinerario (m)	လမ်းကြောင်း	lan: gjaun:
canal (m) navegable	သင်္ဘောရေကြောင်း	thin: bo: jei gjaun:
bajío (m)	ရေတိမ်ပိုင်း	jei dein bain:
encallar (vi)	ကမ်းကပ်သည်	kan ka' te
tempestad (f)	မုန်တိုင်း	moun dain:
señal (f)	အချက်ပြ	ache' pja.
hundirse (vr)	နစ်မြုပ်သည်	ni' mjou' te
¡Hombre al agua!	လူရေထဲကျ	lu jei de: gja
SOS	အက်စ်အိုအက်စ်	e's o e's
aro (m) salvavidas	အသက်ကယ်ဘော	athe' kai bo

144. El aeropuerto

aeropuerto (m)	လေဆိပ်	lei zi'
avión (m)	လေယာဉ်	lei jan
compañía (f) aérea	လေကြောင်း	lei gjaun:
controlador (m) aéreo	လေကြောင်းထိန်း	lei kjaun: din:
despegue (m)	ထွက်ခွာရာ	htwe' khwa ja
llegada (f)	ဆိုက်ရောက်ရာ	hseu' jau' ja
llegar (en avión)	ဆိုက်ရောက်သည်	hsai' jau' te
hora (f) de salida	ထွက်ခွာချိန်	htwe' khwa gjein
hora (f) de llegada	ဆိုက်ရောက်ချိန်	hseu' jau' chein
retrasarse (vr)	နောက်ကျသည်	nau' kja. de
retraso (m) de vuelo	လေယာဉ်နောက်ကျခြင်း	lei jan nau' kja. chin:
pantalla (f) de información	လေယာဉ်ခရီးစဉ်ပြဘုတ်	lei jan ga. ji: zi bja. bou'
información (f)	သတင်းအချက်အလက်	dhadin: akje' ale'
anunciar (vt)	ကြေငြာသည်	kjei nja de
vuelo (m)	ပျံသန်းမှု	pjan dan: hmu.

aduana (f)	အကောက်ခိုင်	akau' hsein
aduanero (m)	အကောက်ခွန်အရာရှိ	akau' khun aja shi.

declaración (f) de aduana	အကောက်ခွန်ကြေငြာချက်	akau' khun gjei nja gje'
rellenar (vt)	လျှောက်လွှာဖြည့်သည်	shau' hlwa bji. de
rellenar la declaración	သယ်ယူပစ္စည်းစာရင်း ကြေညာသည်	the ju pji' si: zajin: kjei nja de
control (m) de pasaportes	ပတ်စ်ပို့ထိန်းချုပ်မှု	pa's pou. htein: gju' hmu.

equipaje (m)	ဝန်စည်စလယ်	wun zi za. li
equipaje (m) de mano	လက်ဆွဲပစ္စည်း	le' swe: pji' si:
carrito (m) de equipaje	ပစ္စည်းတင်သည့်လှည်း	pji' si: din dhe. hle:

aterrizaje (m)	ဆင်းသက်ခြင်း	hsin: dha' chin:
pista (f) de aterrizaje	အဆင်းလမ်း	ahsin: lan:
aterrizar (vi)	ဆင်းသက်သည်	hsin: dha' te
escaleras (f pl) (de avión)	လေယာဉ်လှေကား	lei jan hlei ka:

facturación (f) (check-in)	စာရင်းသွင်းခြင်း	sajin: dhwin: gjin:
mostrador (m) de facturación	စာရင်းသွင်းကောင်တာ	sajin: gaun da
hacer el check-in	စာရင်းသွင်းသည်	sajin: dhwin: de
tarjeta (f) de embarque	လေယာဉ်ပေါ်တက်ခွင့်လက်မှတ်	lei jan bo de' khwin. le' hma'
puerta (f) de embarque	လေယာဉ်ထွက်ရွာရာဂိတ်	lei jan dwe' khwa ja gei'

tránsito (m)	အကူးအပြောင်း	aku: apjaun:
esperar (aguardar)	စောင့်သည်	saun. de
zona (f) de preembarque	ထွက်ရွာရာခန်းမ	htwe' kha ja gan: ma.
despedir (vt)	လိုက်ပို့သည်	lai' bou. de
despedirse (vr)	နှုတ်ဆက်သည်	hnou' hsei' te

145. La bicicleta. La motocicleta

bicicleta (f)	စက်ဘီး	se' bi:
scooter (m)	ဆိုင်ကယ်အပေါ့စား	hsain ge apau. za:
motocicleta (f)	ဆိုင်ကယ်	hsain ge

ir en bicicleta	စက်ဘီးစီးသည်	se' bi: zi: de
manillar (m)	လက်ကိုင်	le' kain
pedal (m)	ခြေနင်း	chei nin:
frenos (m pl)	ဘရိတ်	ba. rei'
sillín (m)	စက်ဘီးထိုင်ခုံ	se' bi: dai' goun

bomba (f)	လေထိုးတံ	lei dou: tan
portaequipajes (m)	နောက်တွဲထိုင်ခုံ	nau' twe: dain goun
faro (m)	ရှေ့မီး	shei. mi:
casco (m)	ဟဲလ်မက်ဦးထုပ်	he: l me u: htou'

rueda (f)	ဘီး	bi:
guardabarros (m)	ဘီးကာ	bi: ga
llanta (f)	ခွေ	khwei
rayo (m)	စပုတ်တံ	sapou' tan

135

Los coches

coche (m)	ကား	ka:
coche (m) deportivo	ပြိုင်ကား	pjain ga:
limusina (f)	အလှစီးဖိမ်ခံကား	ahla. zi: zin khan ka:
todoterreno (m)	လမ်းကြမ်းမောင်းကား	lan: kjan: maun: ka:
cabriolé (m)	အမိုးဖေါက်ကား	amou: gau' ka:
microbús (m)	မီနီဘာ့စ်	mi ni ba's
ambulancia (f)	လူနာတင်ကား	lu na din ga:
quitanieves (m)	နင်းကောက်ကား	hnin: go: ga:
camión (m)	ကုန်တင်ကား	koun din ka:
camión (m) cisterna	ရေတင်ကား	jei din ga:
camioneta (f)	ပစ္စည်းတင်ဗင်ကား	pji' si: din bin ga:
cabeza (f) tractora	နောက်တွဲပါကုန်တင်ယာဉ်	nau' twe: ba goun din jan
remolque (m)	နောက်တွဲယာဉ်	nau' twe: jan
confortable (adj)	သက်တောင့်သက်သာဖြစ်သော	the' taun. the' tha hpji' te.
de ocasión (adj)	တစ်ပတ်ရစ်	ti' pa' ji'

capó (m)	စက်ခေါင်းအဖုံး	se' khaun: ahpoun:
guardabarros (m)	ရွှံ့ကာ	shwan. ga
techo (m)	ကားခေါင်မိုး	ka: gaun mou:
parabrisas (m)	လေကာမှန်	lei ga hman
espejo (m) retrovisor	နောက်ကြည့်မှန်	nau' kje. hman
limpiador (m)	လေကာမှန်ဝါရှာ	lei ga hman wa sha
limpiaparabrisas (m)	လေကာမှန်ရေသုတ်တံ	lei ga hman jei thou' tan
ventana (f) lateral	ဘေးတံခါးမှန်	bei: dan ga: hman
elevalunas (m)	တံခါးခလုတ်	daga: kha lou'
antena (f)	အင်တန်နာတိုင်	in tan na tain
techo (m) solar	နေကာမှန်	nei ga hman
parachoques (m)	ကားဘန်ပါ	ka: ban ba
maletero (m)	ပစ္စည်းခန်း	pji' si: khan:
baca (f) (portaequipajes)	ခေါင်မိုးပစ္စည်းတင်စင်	gaun mou: pji' si: din zin
puerta (f)	တံခါး	daga:
tirador (m) de puerta	တံခါးလက်ကိုင်	daga: le' kain
cerradura (f)	တံခါးသော့	daga: dho.
matrícula (f)	လိုင်စင်ပြား	lain zin bja:
silenciador (m)	အသံထိန်းကိရိယာ	athan dein: gi. ji. ja

tanque (m) de gasolina	ဆီတိုင်ကီ	hsi dain gi
tubo (m) de escape	အိတ်ဇော	ei' zo:

acelerador (m)	လီဘာ	li ba
pedal (m)	ခြေနင်း	chei nin:
pedal (m) de acelerador	လီဘာနင်းပြား	li ba nin: bja

freno (m)	ဘရိတ်	ba. rei'
pedal (m) de freno	ဘရိတ်နင်းပြား	ba. rei' nin bja:
frenar (vi)	ဘရိတ်အုပ်သည်	ba. rei' au' te
freno (m) de mano	ပါကင်ဘရိတ်	pa gin ba. jei'

embrague (m)	ကလပ်	kala'
pedal (m) de embrague	ခြေနင်းကလပ်	chei nin: gala'
disco (m) de embrague	ကလပ်ပြား	kala' pja:
amortiguador (m)	ရှော့အစ်ဆော်ဘာ	sho.kh a' hso ba

rueda (f)	ဘီး	bi:
rueda (f) de repuesto	အပိုတာယာ	apou daja
neumático (m)	တာယာ	ta ja
tapacubo (m)	ဘီးဖုံး	bi: boun:

ruedas (f pl) motrices	တွန်းအားပေးသောဘီးများ	tun: a: bei: do: bi: mja:
de tracción delantera	ရှေ့ဘီးအုံ	shei. bi: oun
de tracción trasera	ဝင်ရှိုးအုံ	win jou: oun
de tracción integral	အောဝီးလ်ဒရှိုက်ဘီးအုံ	o: wi: l da. shik bi: oun

caja (f) de cambios	ဂီယာဘောက်	gi ja bau'
automático (adj)	အလိုအလျောက်ဖြစ်သော	alou aljau' hpji' te.
mecánico (adj)	စက်နှင့်ဆိုင်သော	se' hnin. zain de.
palanca (f) de cambios	ဂီယာတံ	gi ja dan

faro (m) delantero	ရှေ့မီး	shei. mi:
faros (m pl)	ရှေ့မီးများ	shei. mi: mja:

luz (f) de cruce	အောက်မီး	au' mi:
luz (f) de carretera	အဝေးမီး	awei: mi:
luz (f) de freno	ဘရိတ်မီး	ba. rei' mi:

luz (f) de posición	ပါကင်မီး	pa gin mi:
luces (f pl) de emergencia	အရေးပေါ်အချက်ပြမီး	ajei: po' che' pja. mi:
luces (f pl) antiniebla	မြူနှင်းအလင်းဖေါက်မီး	hmju hnin: alin: bau' mi:
intermitente (m)	အကွေ့အချက်ပြမီး	akwei. ache' pja. mi:
luz (f) de marcha atrás	နောက်ဘက်အချက်ပြမီး	nau' be' ache' pja. mi:

148. El coche. El compartimiento de pasajeros

habitáculo (m)	အတွင်းပိုင်း	atwin: bain:
de cuero (adj)	သားရေနှင့်လုပ်ထားသော	tha: jei hnin. lou' hta: de.
de felpa (adj)	ကတ္တီပါအထူစား	gadi ba ahtu za:
tapizado (m)	ကုရှင်	ku shin

instrumento (m)	စံပြမကတိုင်းကိရိယာ	san bamana dain: gi ji ja
salpicadero (m)	ဒက်ရှ်ဘုတ်	de' sh bou'

| velocímetro (m) | ကားအရှိန်တိုင်းကိရိယာ | ka: ashein dain: ki. ja. ja |
| aguja (f) | လက်တံ | le' tan |

cuentakilómetros (m)	ခရီးမိုင်တိုင်းကိရိယာ	khaji: main dain: ki. ji. ja
indicador (m)	ညွှန်ချက်	dain gwa'
nivel (m)	ရေမျက်	jei gjain
testigo (m) (~ luminoso)	သတိပေးမီး	dhadi. pei: mi:

volante (m)	လက်ကိုင်ဘီး	le' kain bi:
bocina (f)	ဟွန်း	hwun:
botón (m)	ခလုပ်	khalou'
interruptor (m)	ခလုပ်	khalou'

asiento (m)	ထိုင်ခုံ	htain goun
respaldo (m)	နောက်မှီ	nau' mi
reposacabezas (m)	ခေါင်းမှီ	gaun: hmi
cinturón (m) de seguridad	ထိုင်ခုံခါးပတ်	htain goun ga: pa'
abrocharse el cinturón	ထိုင်ခုံခါးပတ်ပတ်သည်	htain goun ga: pa' pa' te
reglaje (m)	ချိန်ညှိခြင်း	chein hnji. chin:

| bolsa (f) de aire (airbag) | လေအိတ် | lei i' |
| climatizador (m) | လေအေးပေးစက် | lei ei: bei: ze' |

radio (m)	ရေဒီယို	rei di jou
reproductor (m) de CD	စီဒီပြလာသ	si di ba. lei ja
encender (vt)	ဖွင့်သည်	hpwin. de
antena (f)	အင်တာနာတိုင်	in tan na tain
guantera (f)	ပစ္စည်းထည့်ရန်အံဆဲ	pji' si: de. jan an ze:
cenicero (m)	ဆေးလိပ်ပြာခွက်	hsei: lei' pja gwe'

149. El coche. El motor

motor (m)	အင်ဂျင်	in gjin
diésel (adj)	ဒီဇယ်	di ze
a gasolina (adj)	ဓါတ်ဆီ	da' hsi

volumen (m) del motor	အင်ဂျင်ထုထည်	in gjin htu. hte
potencia (f)	စွမ်းအား	swan: a:
caballo (m) de fuerza	မြင်းကောင်ရေအား	mjin: gaun jei a:
pistón (m)	ပစ္စတင်	pji' sa. tin
cilindro (m)	ဆလင်ဒါ	hsa. lin da
válvula (f)	အဆို့ရှင်	ahsou. shin

inyector (m)	ထိုးတံ	htou: dan
generador (m)	ဂျင်နရေတာ	gjin na. jei ta
carburador (m)	ကာဗရက်တာ	ka ba. je' ta
aceite (m) de motor	စက်ဆီ	se' hsi

radiador (m)	ရေတိုင်ကီ	jei dain gi
liquido (m) refrigerante	အင်ဂျင်အေးစေ	in gjin ei: zei
	သည့်အရည်-ကူးလန့်	dhi. aji - ku: lan.
ventilador (m)	အအေးပေးပန်ကာ	aei: bei: ban ga
estárter (m)	စက်နှိုးကိရိယာ	se' hnou: ki. ji. ja
encendido (m)	မီးပေးအပိုင်း	mi: bei: apain:

| bujía (f) | မီးပွားပလလပ် | mi: bwa: ba. la' |
| fusible (m) | ဖျူးစ် | hpju: s |

batería (f)	ဘက်ထရီ	ba' hta ji
terminal (m)	ဘက်ထရီထိပ်ဖွန်း	be' hta. ji htei' swan:
terminal (m) positivo	ဘက်ထရီအဖို့ဖွန်း	be' hta. ji ahpou zwan:
terminal (m) negativo	ဘက်ထရီအမဖွန်း	be' hta. ji ama. zwan:

filtro (m) de aire	လေစစ်ကိရိယာ	lei zi' ki. ji. ja
filtro (m) de aceite	ဆီစစ်ကိရိယာ	hsi za' ki. ji. ja
filtro (m) de combustible	လောင်စာဆီစစ်ကိရိယာ	laun za hsi zi' ki. ji. ja

150. El coche. Accidente de tráfico. La reparación

accidente (m)	ကားတိုက်ခြင်း	ka: dou' chin:
accidente (m) de tráfico	မတော်တဆလယာဉ်တိုက်မှု	ma. do da. za. jan dai' hmu.
chocar contra ...	ဝင်တိုက်သည်	win dai' te
tener un accidente	အရှိန်ပြင်းစွာတိုက်မိသည်	ashein bjin: zwa daik mi. de
daño (m)	အပျက်အစီး	apje' asi:
intacto (adj)	မရှုတ်ယွင်းသော	ma gjwe' jwin: de.

pana (f)	စက်ချွတ်ယွင်းခြင်း	se' chu' jwin: gjin:
averiarse (vr)	စက်ချွတ်ယွင်းသည်	se' chu' jwin: de
remolque (m) (cuerda)	လွန်ကြိုးကြီး	lun gjou: gji:

pinchazo (m)	ဘီးပေါက်ခြင်း	bi: bau' chin:
desinflarse (vr)	ပြားကပ်သွားသည်	pja: ga' thwa: de
inflar (vt)	လေထိုးသည်	lei dou: de
presión (f)	ဖိအား	hpi. a:
verificar (vt)	စစ်ဆေးသည်	si' hsei: de

reparación (f)	ပြင်ခြင်း	pjin gjin:
taller (m)	ကားပြင်ဆိုင်	ka: bjin zain
parte (f) de repuesto	စက်အပိုပစ္စည်း	se' apou pji' si:
parte (f)	အစိတ်အပိုင်း	asei' apain:

perno (m)	မူလီ	mu li
tornillo (m)	ဝက်အူ	we' u
tuerca (f)	မူလီခေါင်း	mu li gaun:
arandela (f)	ဝါရှာ	wa sha
rodamiento (m)	ဘယ်ယာရင်	be ja jin

tubo (m)	ပိုက်	pai'
junta (f)	ဆက်ရာတိဖုံးသည့်ကွင်း	hse' ja gou boun: dhe. gwin:
cable, hilo (m)	ဝိုင်ယာကြိုး	wain ja gjou:

gato (m)	ဂျက်	gjou'
llave (f) de tuerca	ခွ	khwa.
martillo (m)	တူ	tu
bomba (f)	လေထိုးစက်	lei dou: ze'
destornillador (m)	ဝက်အူလှည့်	we' u hli.

| extintor (m) | မီးသတ်ဘူး | mi: tha' bu: |
| triángulo (m) de avería | ရပ်သတိပေးသော အမှတ်အသား | ja' thati bei: de. ahma' atha: |

139

pararse, calarse (vr)	စက် ရပ်တရက်သေသသည်	se' jou' taja' dhei de
parada (f) (del motor)	အင်ဂျင်စက် သေသွားခြင်း	in gjin sek thei thwa: gjin:
estar averiado	ကျိုးသွားသည်	kjou: dhwa: de
recalentarse (vr)	စက်အရမ်းပူသွားသည်	se' ajan: bu dhwa: de
estar atascado	တစ်ဆို့သည်	ti' hsou. de
congelarse (vr)	အေးအောင်လုပ်သည်	ei: aun lou' te
reventar (vi)	ကျိုးပေါက်သည်	kjou: bau' te
presión (f)	ဖိအား	hpi. a:
nivel (m)	ရေချိန်	jei gjain
flojo (correa ~a)	လျော့တီလျှော့ရှိဖြစ်သော	ljau. di. ljau. je: hpji' de
abolladura (f)	အချိုင့်	achoun.
ruido (m) (en el motor)	ခေါက်သံ	khau' dhan
grieta (f)	အက်ကြောင်း	e' kjaun:
rozadura (f)	ခြစ်ရာ	chi' ja

151. El coche. El camino

camino (m)	လမ်း	lan:
autovía (f)	အဝေးပြေးလမ်းမကြီး	awei: bjei: lan: ma. gji:
carretera (f)	အမြန်လမ်းမကြီး	aman lan: ma. mji:
dirección (f)	ဦးတည်ရာ	u: te ja
distancia (f)	အကွာအဝေး	akwa awei:
puente (m)	တံတား	dada:
aparcamiento (m)	ကားပါကင်	ka: pa kin
plaza (f)	ရင်ပြင်	jin bjin
intercambiador (m)	အဝေးပြေးလမ်းမ ကြီးများဆုံရာ	awei: bjei: lan: ma. gji: mja: zoun ja
túnel (m)	ဥမင်လိုက်ခေါင်း	u. min lain gaun:
gasolinera (f)	ဆီဆိုင်	hsi: zain
aparcamiento (m)	ကားပါကင်	ka: pa kin
surtidor (m)	ဆီပိုက်	hsi pou'
taller (m)	ကားပြင်ဆိုင်	ka: bjin zain
cargar gasolina	ဓာတ်ဆီထည့်သည်	da' hsi de. de
combustible (m)	လောင်စာ	laun za
bidón (m) de gasolina	ဓာတ်ဆီပုံး	da' hsi boun:
asfalto (m)	နိုင်လွန်ကတ္တရာ	nain lun ga' taja
señalización (f) vial	လမ်းအမှတ်အသား	lan: ahma' atha:
bordillo (m)	ပလက်ဖောင်းဘောင်	pa. je' hpaun: baun:
barrera (f) de seguridad	လမ်းဘေးအရံအတား	lan: bei: ajan ata:
cuneta (f)	လမ်းဘေးမြောင်း	lan: bei: mjaun:
borde (m) de la carretera	လမ်းဘေးမြေသား	lan: bei: mjei dha:
farola (f)	တိုင်	tain
conducir (vi, vt)	မောင်းနှင်သည်	maun: hnin de
girar (~ a la izquierda)	ကွေ့သည်	kwei. de
girar en U	ကွေ့သည်	kwei. de
marcha (f) atrás	နောက်ပြန်	nau' pjan
tocar la bocina	ဟွန်းတီးသည်	hwun: di: de

bocinazo (m)	ဟွန်း	hwun:
atascarse (vr)	နစ်သည်	ni' te
patinar (vi)	ဘီးလည်စေသည်	bi: le zei de
parar (el motor)	ရပ်သည်	ja' te

velocidad (f)	နှုန်း	hnun:
exceder la velocidad	သတ်မှတ်နှုန်းထက် ပိုမောင်းသည်	tha' hma' hnoun: de' pou maun: de
multar (vt)	ဒဏ်ရှိက်သည်	dan jai' de
semáforo (m)	မီးပွိုင့်	mi: bwain.
permiso (m) de conducir	ကားလိုင်စင်	ka: lain zin

paso (m) a nivel	ရထားလမ်းကူး	jatha: lan: gu:
cruce (m)	လမ်းဆုံ	lan: zoun
paso (m) de peatones	လူကူးမျဉ်းကြား	lu gu: mji: gja:
zona (f) de peatones	လမ်းသွားလမ်းလာနေရာ	lan: dhwa: lan: la nei ja

LA GENTE. ACONTECIMIENTOS DE LA VIDA

152. Los días festivos. Los eventos

fiesta (f)	ပျော်ပွဲရွှင်ပွဲ	pjo bwe: shin bwe:
fiesta (f) nacional	အများသားနေ့	amjou: dha: nei.
día (m) de fiesta	ပွဲတော်ရက်	pwe: do je'
celebrar (vt)	အထိမ်းအမှတ်အဖြစ်ကျင်း ပသည်	a htin: ahma' ahpja' kjin: ba. de

evento (m)	အဖြစ်အပျက်	a hpji' apje'
medida (f)	အစီအစဉ်	asi asin
banquete (m)	ဂုဏ်ပြုစားပွဲ	goun bju za: bwe:
recepción (f)	ညှို့ကြိုနေရာ	e. gjou nei ja
festín (m)	စားသောက်ညှို့ခံပွဲ	sa: thau' e. gan bwe:

aniversario (m)	နှစ်ပတ်လည်	hni' ba' le
jubileo (m)	ရတု	jadu.

Año (m) Nuevo	နှစ်သစ်ကူး	hni' thi' ku:
¡Feliz Año Nuevo!	ပျော်ရွှင်ဖွယ်နှစ်သစ်ကူး ဖြစ်ပါစေ	pjo shin bwe: hni' ku: hpji' ba zei
Papá Noel (m)	ခရစ္စမတ်ဘိုးဘိုး	khari' sa. ma' bou: bou:

Navidad (f)	ခရစ္စမတ်ပွဲတော်	khari' sa. ma' pwe: do
¡Feliz Navidad!	မယ်ရီခရစ္စမတ်	me ji kha. ji' sa. ma'
árbol (m) de Navidad	ခရစ္စမတ်သစ်ပင်	khari' sa. ma' thi' pin
fuegos (m pl) artificiales	မီးရှူးမီးပန်း	mi: shu: mi: ban:

boda (f)	မင်္ဂလာဆောင်ပွဲ	min ga. la zaun bwe:
novio (m)	သတို့သား	dhadou. tha:
novia (f)	သတို့သမီး	dhadou. thami:

invitar (vt)	ဖိတ်သည်	hpi' de
tarjeta (f) de invitación	ဖိတ်စာကဒ်	hpi' sa ka'

invitado (m)	ညှို့သည်	e. dhe
visitar (vt) (a los amigos)	အိမ်လည်သွားသည်	ein le dhwa: de
recibir a los invitados	ညှို့သည်ကြိုရိုသည်	e. dhe gjou zou de

regalo (m)	လက်ဆောင်	le' hsaun
regalar (vt)	ပေးသည်	pei: de
recibir regalos	လက်ဆောင်ရသည်	le' hsaun ja. de
ramo (m) de flores	ပန်းစည်း	pan: ze:

felicitación (f)	ဂုဏ်ပြုခြင်း	goun bju chin:
felicitar (vt)	ဂုဏ်ပြုသည်	goun bju de

tarjeta (f) de felicitación	ဂုဏ်ပြုကဒ်	goun bju ka'
enviar una tarjeta	ပို့ကဒ်ပေးသည်	pou. s ka' pei: de

recibir una tarjeta	ပို့စ်ကတ်လက်ခံရရှိသည်	pou. s ka' le' khan ja. shi. de
brindis (m)	ဆုတောင်းဂုဏ်ပြုခြင်း	hsu. daun: goun pju. gjin:
ofrecer (~ una copa)	ကျေးသည်	kjwei: de
champaña (f)	ရှန်ပိန်	shan pein

divertirse (vr)	ပျော်ရွှင်သည်	pjo shwin de
diversión (f)	ပျော်ရွှင်မှု	pjo shwin hmu
alegría (f) (emoción)	ပျော်ရွှင်ခြင်း	pjo shwin gjin:

| baile (m) | အက | aka. |
| bailar (vi, vt) | ကသည် | ka de |

| vals (m) | ဝေါ့ဇ်အက | wo. z aka. |
| tango (m) | တန်ဂိုအက | tan gou aka. |

153. Los funerales. El entierro

cementerio (m)	သချိုင်း	thin gjain:
tumba (f)	အုတ်ဂူ	ou' gu
cruz (f)	လက်ဝါးကပ်တိုင်အမှတ်အသား	le' wa: ka' tain ahma' atha:
lápida (f)	အုတ်ဂူကျောက်တုံး	ou' gu kjau' toun.
verja (f)	ခြံစည်းရိုး	chan zi: jou:
capilla (f)	ဝတ်ပြုဆုတောင်းရာနေရာ	wa' pju. u. daun: ja nei ja

muerte (f)	သေခြင်းတရား	thei gjin: daja:
morir (vi)	ကွယ်လွန်သည်	kwe lun de
difunto (m)	ကွယ်လွန်သူ	kwe lun dhu
luto (m)	ဝမ်းနည်းကြေကွဲခြင်း	wan: ne: gjei gwe gjin:

enterrar (vt)	မြေမြှုပ်သဂြိုဟ်သည်	mjei hmjou' dha. gjoun de
funeraria (f)	အသုဘရှုရန်နေရာ	athu. ba. shu. jan nei ja
entierro (m)	ဈာပန	za ba. na.

corona (f) funeraria	ပန်းခွေ	pan gwei
ataúd (m)	ခေါင်း	gaun:
coche (m) fúnebre	နိဌာန်ယာဉ်	nei' ban jan
mortaja (f)	လူသေပတ်သည့်အဝတ်စ	lu dhei ba' the. awa' za.

cortejo (m) fúnebre	အသုဘလှောင်တန်း	athu. ba. in dan:
urna (f) funeraria	အရိုးပြာအိုး	ajain: bja ou:
crematorio (m)	မီးသဂြိုဟ်ရုံ	mi: dha. gjoun joun

necrología (f)	နာရေးသတင်း	na jei: dha. din:
llorar (vi)	ငိုသည်	ngou de
sollozar (vi)	ရှိုက်ငိုသည်	shai' ngou de

154. La guerra. Los soldados

sección (f)	တပ်စု	ta' su.
compañía (f)	တပ်ခွဲ	ta' khwe:
regimiento (m)	တပ်ရင်း	ta' jin:
ejército (m)	တပ်မတော်	ta' mado

división (f)	တိုင်းအဆင့်	tain: ahsin.
destacamento (m)	အထူးစစ်သားအဖွဲ့ငယ်	a htu: za' tha: ahpwe. nge
hueste (f)	စစ်တပ်ဖွဲ့	si' ta' hpwe.
soldado (m)	စစ်သား	si' tha:
oficial (m)	အရာရှိ	aja shi.
soldado (m) raso	တပ်သား	ta' tha:
sargento (m)	တပ်ကြပ်ကြီး	ta' kja' kji:
teniente (m)	ဗိုလ်	bou
capitán (m)	ဗိုလ်ကြီး	bou gji
mayor (m)	ဗိုလ်မှူး	bou hmu:
coronel (m)	ဗိုလ်မှူးကြီး	bou hmu: gji:
general (m)	ဗိုလ်ချုပ်	bou gjou'
marino (m)	ရေတပ်သား	jei da' tha:
capitán (m)	ဗိုလ်ကြီး	bou gji
contramaestre (m)	သင်္ဘောအရာရှိငယ်	thin: bo: aja shi. nge
artillero (m)	အမြောက်တပ်သား	amjau' thin de.
paracaidista (m)	လေထီးခုန်စစ်သား	lei di: goun zi' tha:
piloto (m)	လေယာဉ်မှူး	lei jan hmu:
navegador (m)	လေကြောင်းပြ	lei gjaun: bja.
mecánico (m)	စက်ပြင်ဆရာ	se' pjin zaja
zapador (m)	မိုင်းရှင်းသူ	main: shin: dhu
paracaidista (m)	လေထီးခုန်သူ	lei di: goun dhu
explorador (m)	ကင်းထောက်	kin: dau'
francotirador (m)	လက်ဖြောင့်စစ်သား	le' hpaun. zi' tha:
patrulla (f)	လှည့်ကင်း	hle. kin:
patrullar (vi, vt)	ကင်းလှည့်သည်	kin: hle. de
centinela (m)	ကင်းသမား	kin: dhama:
guerrero (m)	စစ်သည်	si' te
patriota (m)	မျိုးချစ်သူ	mjou: gji dhu
héroe (m)	သူရဲကောင်း	thu je: kaun:
heroína (f)	အမျိုးသမီးလှ	amjou: dhami: lu
	စွမ်းကောင်း	swan: gaun:
traidor (m)	သစ္စာဖောက်	thi' sabau'
traicionar (vt)	သစ္စာဖောက်သည်	thi' sabau' te
desertor (m)	စစ်ပြေး	si' pjei:
desertar (vi)	စစ်တပ်မှထွက်ပြေးသည်	si' ta' hma. dwe' pjei: de
mercenario (m)	ကြေးစားစစ်သား	kjei: za za' tha:
recluta (m)	တပ်သားသစ်	ta' tha: dhi'
voluntario (m)	မိမိဆန္ဒ	mi. mi. i zan da.
	အရာစစ်ထဲဝင်သူ	aja. zi' hte: win dhu
muerto (m)	တိုက်ပွဲကျသူ	tai' pwe: gja dhu
herido (m)	ဒက်ရာရသူ	dan ja ja. dhu
prisionero (m)	စစ်သုံ့ပန်း	si' thoun. ban:

155. La guerra. El ámbito militar. Unidad 1

guerra (f)	စစ်ပွဲ	si' pwe:
estar en guerra	စစ်ပွဲဝင်ဆင်နွှဲသည်	si' pwe: ba win zin hnwe: de
guerra (f) civil	ပြည်တွင်းစစ်	pji dwin: zi'

pérfidamente (adv)	သစ္စာဖောက်သွေဖီလျက်	thi' sabau' thwei bi le'
declaración (f) de guerra	စစ်ကြေညာခြင်း	si' kjei nja gjin:
declarar (~ la guerra)	ကြေညာသည်	kjei nja de
agresión (f)	ကျူးကျော်ရန်စမှု	kju: gjo jan za. hmu.
atacar (~ a un país)	တိုက်ခိုက်သည်	tai' khai' te

invadir (vt)	ကျူးကျော်ဝင်ရောက်သည်	kju: gjo win jau' te
invasor (m)	ကျူးကျော်ဝင်ရောက်သူ	kju: gjo win jau' thu
conquistador (m)	အောင်နိုင်သူ	aun nain dhu

defensa (f)	ကာကွယ်ရေး	ka gwe ei:
defender (vt)	ကာကွယ်သည်	ka gwe de
defenderse (vr)	ခုခံကာကွယ်သည်	khu. gan ga gwe de

enemigo (m), adversario (m)	ရန်သူ	jan dhu
enemigo (m)	ရန်သူ	jan dhu
adversario (m)	ပြိုင်ဘက်	pjain be'
enemigo (adj)	ရန်သူ	jan dhu

| estrategia (f) | မဟာဗျူဟာ | maha bju ha |
| táctica (f) | ဗျူဟာ | bju ha |

orden (f)	အမိန့်	amin.
comando (m)	အမိန့်	amin.
ordenar (vt)	အမိန့်ပေးသည်	amin. bei: de
misión (f)	ရည်မှန်းချက်	ji hman: gje'
secreto (adj)	လျှို့ဝှက်သော	shou. hwe' te.

| batalla (f) | တိုက်ပွဲငယ် | tai' pwe: nge |
| combate (m) | တိုက်ပွဲ | tai' pwe: |

ataque (m)	တိုက်စစ်	tai' si'
asalto (m)	တဟုန်ထိုးတိုက်ခိုက်ခြင်း	tahoun
tomar por asalto	တအားကြမ်းတိုက်ခိုက်သည်	tara gjan: dai' khai' te
asedio (m), sitio (m)	ဝန်းရံလုပ်ကြံခြင်း	wun: jan lou' chan gjin:

| ofensiva (f) | ထိုးစစ် | htou: zi' |
| tomar la ofensiva | ထိုးစစ်ဆင်နွှဲသည် | htou: zi' hsin hnwe: de |

| retirada (f) | ဆုတ်ခွာခြင်း | hsou' khwa gjin |
| retirarse (vr) | ဆုတ်ခွာသည် | hsou' khwa de |

| envolvimiento (m) | ဝန်းရံပိတ်ဆို့ထားခြင်း | wun: jan bei' zou. da: chin: |
| cercar (vt) | ဝန်းရံပိတ်ဆို့ထားသည် | wun: jan bei' zou. da: de |

bombardeo (m)	ဗုံးကျရခြင်း	boun: gje: gja. gjin:
lanzar una bomba	ဗုံးကျရသည်	boun: gje: gja. de
bombear (vt)	ဗုံးကျတိုက်ခိုက်သည်	boun: gje: dai' khai' te
explosión (f)	ပေါက်ကွဲမှု	pau' kwe: hmu.

tiro (m), disparo (m)	ပစ်ချက်	pi' che'
disparar (vi)	ပစ်သည်	pi' te
tiro (m) (de artillería)	ပစ်ခတ်ခြင်း	pi' che' chin:

apuntar a ...	ပစ်မှတ်ရှိန်သည်	pi' hma' chein de
encarar (apuntar)	ရှိန်ရွယ်သည်	chein jwe de
alcanzar (el objetivo)	ပစ်မှတ်ထိသည်	pi' hma' hti. de

hundir (vt)	နှစ်မြှုပ်သည်	ni' mjou' te
brecha (f) (~ en el casco)	အပေါက်	apau'
hundirse (vr)	နှစ်မြှုပ်သည်	hni' hmjou' te

frente (m)	ရှေ့တန်း	shei. dan:
evacuación (f)	စစ်ဘေးရှောင်ခြင်း	si' bei: shaun gjin:
evacuar (vt)	စစ်ဘေးရှောင်သည်	si' bei: shaun de

trinchera (f)	ကတုတ်ကျင်း	gadou kjin:
alambre (m) de púas	သံဆူးကြိုး	than zu: gjou:
barrera (f) (~ antitanque)	အတားအဆီး	ata: ahsi:
torre (f) de vigilancia	မျှော်စင်	hmjo zin

hospital (m)	ရှေ့တန်းစစ်ဆေးရုံ	shei. dan: zi' zei: joun
herir (vt)	ဒဏ်ရာရသည်	dan ja ja. de
herida (f)	ဒဏ်ရာ	dan ja
herido (m)	ဒဏ်ရာရသူ	dan ja ja. dhu
recibir una herida	ဒဏ်ရာရစေသည်	dan ja ja. zei de
grave (herida)	ပြင်းထန်သော	pjin: dan dho:

156. Las armas

arma (f)	လက်နက်	le' ne'
arma (f) de fuego	မီးပွင့်သေနတ်	mi: bwin. dhei na'
arma (f) blanca	ဓါးအမျိုးမျိုး	da: mjou: mjou:

arma (f) química	ဓာတုလက်နက်	da tu. le' ne'
nuclear (adj)	နျူကလီးယား	nju ka. li: ja:
arma (f) nuclear	နျူကလီးယားလက်နက်	nju ka. li: ja: le' ne'

bomba (f)	ဗုံး	boun:
bomba (f) atómica	အက်တမ်ဗုံး	e' tan boun:

pistola (f)	ပစ္စတို	pji' sa. tou
fusil (m)	ရိုင်ဖယ်	jain be
metralleta (f)	မောင်းပြန်သေနတ်	maun: bjan dhei na'
ametralladora (f)	စက်သေနတ်	se' thei na'

boca (f)	ပြောင်းဝ	pjaun: wa.
cañón (m) (del arma)	ပြောင်း	pjaun:
calibre (m)	သေနတ်ပြောင်းအရျင်း	thei na' pjan: achin:

gatillo (m)	ခလုတ်	khalou'
alza (f)	ရှိန်ရွက်	chein kwe'
cargador (m)	ကျည်ကပ်	kji ke'
culata (f)	သေနတ်ဒင်	thei na' din

| granada (f) de mano | လက်ပစ်ဗုံး | le' pi' boun: |
| explosivo (m) | ပေါက်ကွဲစေသောပစ္စည်း | pau' kwe: zei de. bji' si: |

bala (f)	ကျည်ဆံ	kji. zan
cartucho (m)	ကျည်ဆံ	kji. zan
carga (f)	ကျည်ထိုးခြင်း	kji dou: gjin:
pertrechos (m pl)	ခဲယမ်းမီးကျောက်	khe: jan: mi: kjau'

bombardero (m)	ဗုံးကြဲလေယာဉ်	boun: gje: lei jin
avión (m) de caza	တိုက်လေယာဉ်	tai' lei jan
helicóptero (m)	ရဟတ်ယာဉ်	jaha' jan

antiaéreo (m)	လေယာဉ်ပစ်စက်သေနတ်	lei jan pi' ze' dhei na'
tanque (m)	တင့်ကား	tin. ga:
cañón (m) (de un tanque)	တင့်အမြောက်	tin. amjau'

artillería (f)	အမြောက်	amjau'
cañón (m) (arma)	ရှေးခေတ်အမြောက်	shei: gi' amjau'
dirigir (un misil, etc.)	ချိန်ရွယ်သည်	chein jwe de

mortero (m)	စိန်ပြောင်း	sein bjaun:
bomba (f) de mortero	စိန်ပြောင်းကျည်	sein bjaun: gji
obús (m)	အမြောက်ဆံ	amjau' hsan
trozo (m) de obús	ဗုံးစ	boun: za

submarino (m)	ရေအောက်နှင့်ဆိုင်သော	jei au' hnin. zain de.
torpedo (m)	တော်ပီဒို	to pi dou
misil (m)	ဒုံး	doun:

cargar (pistola)	ကျည်ထိုးသည်	kji dou: de
tirar (vi)	သေနတ်ပစ်သည်	thei na' pi' te
apuntar a ...	ချိန်သည်	chein de
bayoneta (f)	လှံစွပ်	hlan zu'

espada (f) (duelo a ~)	ရာပီယာဒားရှည်	ra pi ja da: shei
sable (m)	စစ်သုံးဓားရှည်	si' thoun: da shi
lanza (f)	လှံ	hlan
arco (m)	လေး	lei:
flecha (f)	မြား	mja:
mosquete (m)	ပြောင်းရှောသေနတ်	pjaun: gjo: dhei na'
ballesta (f)	ဒူးလေး	du: lei:

157. Los pueblos antiguos

primitivo (adj)	ရှေးဦးကာလ	shei: u: ga la.
prehistórico (adj)	သမိုင်းမတိုင်မီကာလ	thamain: ma. dain mi ga la.
antiguo (adj)	ရှေးကျသော	shei: gja. de

Edad (f) de Piedra	ကျောက်ခေတ်	kjau' khi'
Edad (f) de Bronce	ကြေးခေတ်	kjei: gei'
Edad (f) de Hielo	ရေခဲခေတ်	jei ge: gei'

| tribu (f) | မျိုးနွယ်စု | mjou: nwe zu. |
| caníbal (m) | လူသားစားလူရိုင်း | lu dha: za: lu jain: |

cazador (m)	မုဆိုး	mou' hsou:
cazar (vi, vt)	အမဲလိုက်သည်	ame: lai' de
mamut (m)	အမွေးရှည်ဆင်ကြီးတစ်မျိုး	ahmwei shei zin kji: ti' mjou:

caverna (f)	ဂူ	gu
fuego (m)	မီး	mi:
hoguera (f)	မီးပုံ	mi: boun
pintura (f) rupestre	နံရံဆေးရေးပန်းချီ	nan jan zei: jei: ban: gji

herramienta (f), útil (m)	ကိရိယာ	ki. ji. ja
lanza (f)	လှံ	hlan
hacha (f) de piedra	ကျောက်ပုဆိန်	kjau' pu. hsain
estar en guerra	စစ်ပွဲတွင်ပါဝင်ဆင် နွှဲသည်	si' pwe: dwin ba win zin hnwe: de
domesticar (vt)	ယဉ်ပါးစေသည်	jin ba: zei de

ídolo (m)	ရုပ်တု	jou' tu
adorar (vt)	ကိုးကွယ်သည်	kou: kwe de
superstición (f)	အယူသီးခြင်း	aju dhi: gjin:
rito (m)	ရှိရာထုံးတမ်းဓလေ့	jou: ja doun: dan: da lei.

evolución (f)	ဆင့်ကဲဖြစ်စဉ်	hsin. ke: hpja' sin
desarrollo (m)	ဖွံ့ဖြိုးတိုးတက်မှု	hpjun. bjou: dou: de' hmu.
desaparición (f)	ပျောက်ကွယ်ခြင်း	pjau' kwe gjin
adaptarse (vr)	နေသားကျရန်နဲ့ပြင်ဆင်သည်	nei dha: gja. jan bjin zin de

arqueología (f)	ရှေးဟောင်းသုတေသန	shei: haun
arqueólogo (m)	ရှေးဟောင်းသုတေသန ပညာရှင်	shei: haun thu. dei dha. na. bji nja shin
arqueológico (adj)	ရှေးဟောင်းသုတေသန နဲ့ဆိုင်ရာ	shei: haun thu. dei dha. na. zain ja

sitio (m) de excavación	တူးဖော်ရာနေရာ	tu: hpo ja nei ja
excavaciones (f pl)	တူးဖော်မှုလုပ်ငန်း	tu: hpo hmu. lou' ngan:
hallazgo (m)	တွေ့ရှိချက်	twei. shi. gje'
fragmento (m)	အပိုင်းအစ	apain: asa.

158. La Edad Media

pueblo (m)	လူမျိုး	lu mjou:
pueblos (m pl)	လူမျိုး	lu mjou:
tribu (f)	မျိုးနွယ်စု	mjou: nwe zu.
tribus (f pl)	မျိုးနွယ်စုများ	mjou: nwe zu. mja:

bárbaros (m pl)	အရိုင်းအစိုင်းများ	ajou: asain: mja:
galos (m pl)	ဂေါလ်လူမျိုးများ	go l lu mjou: mja:
godos (m pl)	ဂေါ့တ်လူမျိုးများ	go. t lu mjou: mja:
eslavos (m pl)	စလာဗ်လူမျိုးများ	sala' lu mjou: mja:
vikingos (m pl)	ဗိုက်ကင်းလူမျိုး	bai' kin: lu mjou:

romanos (m pl)	ရောမလူမျိုး	ro: ma. lu mjou:
romano (adj)	ရောမနှင့်ဆိုင်သော	ro: ma. hnin. zain de
bizantinos (m pl)	ဘိုင်ဇင်တိုင်လူမျိုးများ	bain zin dain lu mjou: mja:
Bizancio (m)	ဘိုင်ဇင်တိုင်အင်ပါယာ	bain zin dain in ba ja

bizantino (adj)	ဘိုင်ဇင်တိုင်းနှင့်ဆိုင်သော	bain zin dain hnin. zain de.
emperador (m)	ဧကရာဇ်	ei gaja'
jefe (m)	ခေါင်းဆောင်	gaun: zaun
poderoso (adj)	အင်အားကြီးသော	in a: kji: de.
rey (m)	ဘုရင်	ba. jin
gobernador (m)	အုပ်ချုပ်သူ	ou' chou' thu

caballero (m)	ဆာဘွဲ့ ရသူရဲ့ကောင်း	hsa bwe. ja. dhu je gaun:
señor (m) feudal	မြေရှင်ပဒေသာရာဇ်	mjei shin badei dhaja'
feudal (adj)	မြေရှင်ပဒေသာရာဇ် စနစ်နှင့်ဆိုင်သော	mjei shin badei dhaja' sani' hnin. zain de.
vasallo (m)	မြေကျွန်	mjei gjun

duque (m)	မြို့စားကြီး	mjou. za: gji:
conde (m)	ဗြိတိသျှမှူး မတ်သူရဲကောင်း	bri ti sha hmu: ma' thu je: gaun:
barón (m)	ဘယ်ရွန် အမတ်	be jwan ama'
obispo (m)	ဘုန်းတော်ကြီး	hpoun do: gji:

armadura (f)	ရုပ်ဝတ်တန်ဆာ	cha' wu' tan za
escudo (m)	ဒိုင်း	dain:
espada (f) (danza de ~s)	ဓား	da:
visera (f)	စပ်မျက်နှာကာ	si' mje' na ga
cota (f) de malla	သံဇကာရုပ်ဝတ်တန်ဆာ	than za. ga gja' wu' tan za

| cruzada (f) | ရှေးဆိတ်ဘာသာရေးစစ်ပွဲ | kha ju: zei' ba dha jei: zi' pwe: |
| cruzado (m) | ရှေးဆိတ်တိုက်ပွဲဝင်သူ | kha ju: zei' dai' bwe: win dhu |

territorio (m)	နယ်မြေ	ne mjei
atacar (~ a un país)	တိုက်ခိုက်သည်	tai' khai' te
conquistar (vt)	သိမ်းပိုက်စိုးမိုးသည်	thain: bou' sou: mou: de
ocupar (invadir)	သိမ်းပိုက်သည်	thain:

asedio (m), sitio (m)	ဝန်းရံလုပ်ကြံခြင်း	wun: jan lou' chan gjin:
sitiado (adj)	ဝန်းရံလုပ်ကြံခံရသော	wun: jan lou' chan gan ja. de.
asediar, sitiar (vt)	ဝန်းရံလုပ်ကြံသည်	wun: jan lou' chan de

inquisición (f)	ကာသိုလိပ်ဘုရားကျောင်း တရားစီရင်အဖွဲ့	ka tho li' bou ja: gjan: ta. ja: zi jin ahpwe.
inquisidor (m)	စစ်ကြောမေးမြန်းသူ	si' kjo: mei: mjan: dhu
tortura (f)	ညှဉ်းပန်းနှိပ်စက်ခြင်း	hnjin: ban: hnei' se' chin:
cruel (adj)	ရက်စက်ကြမ်းကြုတ်သော	je' se' kjan: gjou' te.
hereje (m)	ဒိဌိ	di hti
herejía (f)	မိစ္ဆာဒိဌိ	mei' hsa dei' hti.

navegación (f) marítima	ပင်လယ်ပျော်	pin le bjo
pirata (m)	ပင်လယ်ဓား	pin le da: bja.
piratería (f)	ပင်လယ်ဓားပြတိုက်ခြင်း	pin le da: bja. tai' chin:
abordaje (m)	လှေကုန်းပတ်ပေါ် တိုက်ခိုက်ခြင်း	hlei goun: ba' po dou' hpou' chin:
botín (m)	တိုက်ခိုက်ရရှိသောပစ္စည်း	tai' khai' ja. shi. dho: pji' si:
tesoros (m pl)	ရတနာ	jadana

descubrimiento (m)	စူးစမ်းရှာဖွေခြင်း	su: zan: sha bwei gjin
descubrir (tierras nuevas)	စူးစမ်းရှာဖွေသည်	su: zan: sha bwei de
expedición (f)	စူးစမ်းလေ့လာရေးခရီး	su: zan: lei. la nei: khaji:

mosquetero (m)	ခြောင်းရှောသေနတ်ကိုင်စစ်သား	pjaun: gjo: dhei na' kain si' tha:
cardenal (m)	ရေဂျုန်းခရစ်ယာန်ဘုန်းတော်ကြီး	jei bjan: khaji' jan boun: do gji:
heráldica (f)	မျိုးရိုးဘွဲ့တံဆိပ်များလေ့လာခြင်းပညာ	mjou: jou: bwe. dan zai' mja: lei. la gjin: pi nja
heráldico (adj)	မျိုးရိုးပညာလေ့လာခြင်းနှင့်ဆိုင်သော	mjou: pi nja lei. la gjin: hnin. zain de.

159. El líder. El jefe. Las autoridades

rey (m)	ဘုရင်	ba jin
reina (f)	ဘုရင်မ	ba jin ma.
real (adj)	ဘုရင်နှင့်ဆိုင်သော	ba. jin hnin. zain de
reino (m)	ဘုရင်အုပ်ချုပ်သောနိုင်ငံ	ba jin au' chou' dho nin gan

| príncipe (m) | အိမ်ရှေ့ မင်းသား | ein shei. min: dha: |
| princesa (f) | မင်းသမီး | min: dhami: |

presidente (m)	သမ္မတ	thamada.
vicepresidente (m)	ဒုသမ္မတ	du. dhamada.
senador (m)	ဆီနိတ်လွှတ်တော်အမတ်	hsi nei' hlwa' do: ama'

monarca (m)	သက်ဦးဆံပိုင်	the'
gobernador (m)	အုပ်ချုပ်သူ	ou' chou' thu
dictador (m)	အာဏာရှင်	a na shin
tirano (m)	ဗိုလ်ပ်ချုပ်ရယ်သူ	hpana' chou' che dhu
magnate (m)	လုပ်ငန်းရှင်သူဌေးကြီး	lou' ngan: shin dhu dei: gji:

director (m)	ညွှန်ကြားရေးမှူး	hnjun gja: jei: hmu:
jefe (m)	အကြီးအကဲ	akji: ake:
gerente (m)	မန်နေဂျာ	man nei gji

| amo (m) | အကြီးအကဲ | akji: ake: |
| dueño (m) | ပိုင်ရှင် | pain shin |

| jefe (m), líder (m) | ခေါင်းဆောင် | gaun: zaun |
| jefe (m) (~ de delegación) | အဖွဲ့ခေါင်းဆောင် | ahpwe. gaun: zaun: |

| autoridades (f pl) | အာဏာပိုင်အဖွဲ့ | a na bain ahpwe. |
| superiores (m pl) | အထက်လူကြီးများ | a hte' lu gji: mja: |

gobernador (m)	ပြည်နယ်အုပ်ချုပ်ရေးမှူး	pji ne ou' chou' jei: hmu:
cónsul (m)	ကောင်စစ်ဝန်	kaun si' wun
diplomático (m)	သံတမန်	than taman.

| alcalde (m) | မြို့တော်ဝန် | mjou. do wun |
| sheriff (m) | နယ်မြေတာဝန်ခံရဲအရာရှိ | ne mjei da wun gan je: aja shi. |

emperador (m)	ဧကရဇ်	ei gaja'
zar (m)	ဇာဘုရင်	za bou jin
faraón (m)	ရှေးအီဂျစ်နိုင်ငံဘုရင်	shei: i gji' nain ngan bu. jin
jan (m), kan (m)	ခန်	khan

160. Violar la ley. Los criminales. Unidad 1

bandido (m)	ဓားပြ	damja.
crimen (m)	ရာဇဝတ်မှု	raza. wu' hma.
criminal (m)	ရာဇဝတ်သား	raza, wu' tha:

ladrón (m)	သူခိုး	thu khou:
robar (vt)	ခိုးသည်	khou: de
robo (m)	ခိုးမှု	khou: hmu
robo (m) (actividad)	ခိုးခြင်း	khou: chin:
robo (m) (hurto)	သူခိုး	thu khou:

secuestrar (vt)	ပြန်ပေးဆွဲသည်	pjan bei: zwe: de
secuestro (m)	ပြန်ပေးဆွဲခြင်း	pjan bei: zwe: gjin:
secuestrador (m)	ပြန်ပေးသမား	pjan bei: dhama:

| rescate (m) | ပြန်ရွေးငွေ | pjan jwei: ngwei |
| exigir un rescate | ပြန်ပေးဆွဲသည် | pjan bei: zwe: de |

robar (vt)	ဓားပြတိုက်သည်	damja. tai' te
robo (m)	လုယက်မှု	lu. je' hmu.
atracador (m)	လုယက်သူ	lu. je' dhu

extorsionar (vt)	ခြိမ်းခြောက်ပြီးငွေညှစ်သည်	chein: gjau' pji: ngwe hnji' te
extorsionista (m)	ခြိမ်းခြောက်ငွေညှစ်သူ	chein: gjau' ngwe hnji' thu
extorsión (f)	ခြိမ်းခြောက်၍ပြီး ငွေညှစ်ခြင်း	chein: gjau' pji: ngwe hnji' chin:

matar, asesinar (vt)	သတ်သည်	tha' te
asesinato (m)	လူသတ်မှု	lu dha' hmu.
asesino (m)	လူသတ်သမား	lu dha' thama:

tiro (m), disparo (m)	ပစ်ချက်	pi' che'
disparar (vi)	ပစ်သည်	pi' te
matar (a tiros)	ပစ်သတ်သည်	pi' tha' te
tirar (vi)	ပစ်သည်	pi' te
tiroteo (m)	ပစ်ချက်	pi' che'

incidente (m)	ဆူပူမှု	hsu. bu hmu.
pelea (f)	ရန်ပွဲ	jan bwe:
¡Socorro!	ကူညီပါ	ku nji ba
víctima (f)	ရန်ပြုခံရသူ	jab bju. gan ja. dhu

perjudicar (vt)	ဖျက်ဆီးသည်	hpje' hsi: de
daño (m)	အဖျက်အစီး	apje' asi:
cadáver (m)	အလောင်း	alaun:
grave (un delito ~)	ဦးရိမ်ဖွယ်ဖြစ်သော	sou: jein bwe bji' te.

atacar (vt)	တိုက်ခိုက်သည်	tai' khai' te
pegar (golpear)	ရိုက်သည်	jai' te
apporear (vt)	ရိုက်သည်	jai' te
quitar (robar)	ယူသည်	ju de
acuchillar (vt)	ထိုးသတ်သည်	htou: dha' te
mutilar (vt)	သေရာပါဒဏ်ရာရစေသည်	thei ja ba dan ja. zei de
herir (vt)	ဒဏ်ရာရသည်	dan ja ja. de

chantaje (m)	ခြိမ်းခြောက်ငွေညှစ်ခြင်း	chein: gjau' ngwe hnji' chin:
hacer chantaje	ခြိမ်းခြောက်ငွေညှစ်သည်	chein: gjau' ngwe hnji' te
chantajista (m)	ခြိမ်းခြောက်ငွေညှစ်သူ	chein: gjau' ngwe hnji' thu

extorsión (f)	ရာဇဝတ်ဝိုက်းဆွတ် ကြေးကောက်ခြင်း	raza. wu' goun: hse' kjei: gau' chin:
extorsionador (m)	ဆက်ကြေးတောင်း-ရာ ဇဝတ်ဝိုက်း	hse' kjei: daun: ra za. wu' gain:
gángster (m)	လူဆိုးဝိုက်းဝင်	lu zou: gain: win
mafia (f)	မာဖီးယားဝိုက်း	ma bi: ja: gain:

carterista (m)	ခါးပိုက်နှိုက်	kha: bai' hnai'
ladrón (m) de viviendas	ဖောက်ထွင်းသူခိုး	hpau' htwin: dhu gou:
contrabandismo (m)	မှောင်ခို	hmaun gou
contrabandista (m)	မှောင်ခိုသမား	hmaun gou dhama:

falsificación (f)	လိမ်လည်အတုပြုမှု	lein le atu. bju hmu.
falsificar (vt)	အတုလုပ်သည်	atu. lou' te
falso (falsificado)	အတု	atu.

161. Violar la ley. Los criminales. Unidad 2

violación (f)	မုဒိမ်းမှု	mu. dein: hmu.
violar (vt)	မုဒိမ်းကျင့်သည်	mu. dein: gjin. de
violador (m)	မုဒိမ်းကျင့်သူ	mu. dein: gjin. dhu
maniaco (m)	အရူး	aju:

prostituta (f)	ပြည့်တန်ဆာ	pjei. dan za
prostitución (f)	ပြည့်တန်ဆာမှု	pjei. dan za hmu.
chulo (m), proxeneta (m)	ဖာခေါင်း	hpa gaun:

drogadicto (m)	ဆေးစွဲသူ	hsei: zwe: dhu
narcotraficante (m)	မူးယစ်ဆေးရောင်းဝယ်သူ	mu: ji' hsei: jaun we dhu

hacer explotar	ပေါက်ကွဲသည်	pau' kwe: de
explosión (f)	ပေါက်ကွဲမှု	pau' kwe: hmu.
incendiar (vt)	မီးရှို့သည်	mi: shou. de
incendiario (m)	မီးရှို့မှုကျူးလွန်သူ	mi: shou. hmu. gju: lun dhu

terrorismo (m)	အကြမ်းဖက်ဝါဒ	akjan: be' wa da.
terrorista (m)	အကြမ်းဖက်သမား	akjan: be' tha. ma:
rehén (m)	ဓားစာခံ	daza gan

estafar (vt)	လိမ်လည်သည်	lein le de
estafa (f)	လိမ်လည်မှု	lein le hmu.
estafador (m)	လူလိမ်	lu lein

sobornar (vt)	လာဘ်ထိုးသည်	la' htou: de
soborno (m) (delito)	လာဘ်ပေးလာဘ်ယူ	la' pei: la' thu
soborno (m) (dinero, etc.)	လာဘ်	la'

veneno (m)	အဆိပ်	ahsei'
envenenar (vt)	အဆိပ်ခတ်သည်	ahsei' kha' te
envenenarse (vr)	အဆိပ်သောက်သည်	ahsei' dhau' te

| suicidio (m) | မိမိကိုယ်မိမိ သတ်သေခြင်း | mi. mi. kou mi. mi. dha' thei gjin: |
| suicida (m, f) | မိမိကိုယ်မိမိ သတ်သေသူ | mi. mi. kou mi. mi. dha' thei dhu |

amenazar (vt)	ခြိမ်းခြောက်သည်	chein: gjau' te
amenaza (f)	ခြိမ်းခြောက်မှု	chein: gjau' hmu.
atentar (vi)	လုပ်ကြံသည်	lou' kjan de
atentado (m)	လုပ်ကြံခြင်း	lou' kjan gjin:

| robar (un coche) | ခိုးသည် | khou: de |
| secuestrar (un avión) | လေယာဉ်အပိုင်စီးသည် | lei jan apain zi: de |

| venganza (f) | လက်စားချေခြင်း | le' sa: gjei gjin: |
| vengar (vt) | လက်စားချေသည် | le' sa: gjei de |

torturar (vt)	ညှဉ်းပန်းနှိပ်စက်သည်	hnjin: ban: hnei' se' te
tortura (f)	ညှဉ်းပန်းနှိပ်စက်ခြင်း	hnjin: ban: hnei' se' chin:
atormentar (vt)	နှိပ်စက်သည်	hnei' se' te

pirata (m)	ပင်လယ်ဓားပြ	pin le da: bja.
gamberro (m)	လမ်းသဲ	lan: dhaje:
armado (adj)	လက်နက်ကိုင်ဆောင်သော	le' ne' kain zaun de.
violencia (f)	ရက်စက်ကြမ်းကြုတ်မှု	je' se' kjan: gjou' hmu.
ilegal (adj)	တရားမဝင်သော	taja: ma. win de.

| espionaje (m) | သူလျှိုလုပ်ခြင်း | thu shou lou' chin: |
| espiar (vi, vt) | သူလျှိုလုပ်သည် | thu shou lou' te |

162. La policía. La ley. Unidad 1

| justicia (f) | တရားမျှတမှု | taja: hmja. ta. hmu. |
| tribunal (m) | တရားရုံး | taja: joun: |

juez (m)	တရားသူကြီး	taja: dhu gji:
jurados (m pl)	ဂျူရီအဖွဲ့ဝင်များ	gju ji ahpwe. win mja:
tribunal (m) de jurados	ဂျူရီလူကြီးအဖွဲ့	gju ji lu gji: ahpwe.
juzgar (vt)	တရားစီရင်သည်	taja: zi jin de

abogado (m)	ရှေ့နေ	shei. nei
acusado (m)	တရားပြိုင်	taja: bjain
banquillo (m) de los acusados	တရားရုံးဝက်ရှိ	taja: joun: we' khjan

| inculpación (f) | စွပ်စွဲခြင်း | su' swe: chin: |
| inculpado (m) | တရားစွဲခံရသော | taja: zwe: gan ja. de. |

| sentencia (f) | စီရင်ချက် | si jin gje' |
| sentenciar (vt) | စီရင်ချက်ချသည် | si jin gje' cha. de |

culpable (m)	တရားခံ	tajakhan
castigar (vt)	ပြစ်ဒဏ်ပေးသည်	pji' dan bei: de
castigo (m)	ပြစ်ဒဏ်	pji' dan
multa (f)	ဒဏ်ငွေ	dan ngwei
cadena (f) perpetua	တစ်သက်တစ်ကျွန်းပြစ်ဒဏ်	ti' te' ti' kjun: bji' dan

pena (f) de muerte	သေဒဏ်	thei dan
silla (f) eléctrica	လျှပ်စစ်ထိုင်ခုံ	hlja' si' dain boun
horca (f)	ကြိုးစင်	kjou: zin
ejecutar (vt)	ကွပ်မျက်သည်	ku' mje' te
ejecución (f)	ကွပ်မျက်ခြင်း	ku' mje' gjin
prisión (f)	ထောင်	htaun
celda (f)	အကျဉ်းခန်း	achou' khan:
escolta (f)	အစောင့်အကြပ်	asaun. akja'
guardia (m) de prisiones	ထောင်စောင့်	htaun zaun.
prisionero (m)	ထောင်သား	htaun dha:
esposas (f pl)	လက်ထိပ်	le' htei'
esposar (vt)	လက်ထိပ်ခတ်သည်	le' htei' kha' te
escape (m)	ထောင်ဖောက်ပြေးခြင်း	htaun bau' pjei: gjin:
escaparse (vr)	ထောင်ဖောက်ပြေးသည်	htaun bau' pjei: de
desaparecer (vi)	ပျောက်ကွယ်သည်	pjau' kwe de
liberar (vt)	ထောင်မှလွတ်သည်	htaun hma. lu' te
amnistía (f)	လွတ်ငြိမ်းချမ်းသာခွင့်	lu' njein: gjan: dha gwin.
policía (f) (~ nacional)	ရဲ	je:
policía (m)	ရဲအရာရှိ	je: aja shi.
comisaría (f) de policía	ရဲစခန်း	je: za. gan:
porra (f)	သံတုတ်	than dou'
megáfono (m)	လက်ကိုင်စပီကာ	le' kain za. bi ka
coche (m) patrulla	ကင်းလှည့်ကား	kin: hle. ka:
sirena (f)	အချက်ပေးဩသံ	ache' pei: ou' o: dhan
poner la sirena	အချက်ပေးဩသွဲ့သည်	ache' pei: ou' o: zwe: de
sonido (m) de sirena	အချက်ပေးဩသွဲ့သံ	ache' pei: ou' o: zwe: dhan
escena (f) del delito	အခင်းဖြစ်ပွားရာနေရာ	achin: hpji' pwa: ja nei ja
testigo (m)	သက်သေ	the' thei
libertad (f)	လွတ်လပ်မှု	lu' la' hmu.
cómplice (m)	ကြံရာပါ	kjan ja ba
escapar de …	ပုန်းသည်	poun: de
rastro (m)	ခြေရာ	chei ja

163. La policía. La ley. Unidad 2

búsqueda (f)	ဝရမ်းရှာဖွေခြင်း	wajan: sha bwei gjin:
buscar (~ el criminal)	ရှာသည်	sha de
sospecha (f)	မသင်္ကာမှု	ma. dhin ga hmu.
sospechoso (adj)	သံသယဖြစ်ဖွယ်ကောင်းသော	than thaja. bji' hpwe gaun: de.
parar (~ en la calle)	ရပ်သည်	ja' te
retener (vt)	ထိန်းသိမ်းထားသည်	htein: dhein: da: de
causa (f) (~ penal)	အမှု	ahmu.
investigación (f)	စုံစမ်းစစ်ဆေးခြင်း	soun zan: zi' hsei: gjin:
detective (m)	စုံထောက်	soun dau'

investigador (m)	အလွတ်စုံထောက်	alu' zoun htau'
versión (f)	အဆိုကြမ်း	ahsou gjan:
motivo (m)	စေ့ဆော်မှု	sei. zo hmu.
interrogatorio (m)	စစ်ကြောမှု	si' kjo: hmu.
interrogar (vt)	စစ်ကြောသည်	si' kjo: de
interrogar (al testigo)	မေးမြန်းသည်	mei: mjan: de
control (m) (de vehículos, etc.)	စစ်ဆေးသည်	si' hsei: de
redada (f)	ဝိုင်းဝန်းမှု	wain: wan: hmu.
registro (m) (~ de la casa)	ရှာဖွေခြင်း	sha hpwei gjin:
persecución (f)	လိုက်လံဖမ်းဆီးခြင်း	lai' lan ban: zi: gjin:
perseguir (vt)	လိုက်သည်	lai' de
rastrear (~ al criminal)	ခြေရာခံသည်	chei ja gan de
arresto (m)	ဖမ်းဆီးခြင်း	hpan: zi: gjin:
arrestar (vt)	ဖမ်းဆီးသည်	hpan: zi: de
capturar (vt)	ဖမ်းမိသည်	hpan: mi. de
captura (f)	သိမ်းခြင်း	thain: gjin:
documento (m)	စာရွက်စာတမ်း	sajwe' zatan:
prueba (f)	သက်သေပြချက်	the' thei pja. gje'
probar (vt)	သက်သေပြသည်	the' thei pja. de
huella (f) (pisada)	ခြေရာ	chei ja
huellas (f pl) digitales	လက်ဗွေရာများ	lei' bwei ja mja:
elemento (m) de prueba	သဲလွန်စ	the: lun za.
coartada (f)	ဆင်ခြေ	hsin gjei
inocente (no culpable)	အပြစ်ကင်းသော	apja' kin: de.
injusticia (f)	မတရားမှု	ma. daja: hmu.
injusto (adj)	မတရားသော	ma. daja: de.
criminal (adj)	ပြုမှုကျူးလွန်သော	pju. hmu. gju: lun de.
confiscar (vt)	သိမ်းယူသည်	thein: ju de
narcótico (m)	မူးယစ်ဆေးဝါး	mu: ji' hsei: wa:
arma (f)	လက်နက်	le' ne'
desarmar (vt)	လက်နက်သိမ်းသည်	le' ne' thain de
ordenar (vt)	အမိန့်ပေးသည်	amin. bei: de
desaparecer (vi)	ပျောက်ကွယ်သည်	pjau' kwe de
ley (f)	ဥပဒေ	u. ba. dei
legal (adj)	ဥပဒေနှင့် ညီညွတ်သော	u. ba. dei hnin. nji nju' te.
ilegal (adj)	ဥပဒေနှင့်မညီညွတ်သော	u. ba. dei hnin. ma. nji nju' te.
responsabilidad (f)	တာဝန်ယူခြင်း	ta wun ju gjin:
responsable (adj)	တာဝန်ရှိသော	ta wun shi. de.

LA NATURALEZA

La tierra. Unidad 1

164. El espacio

cosmos (m)	အာကာသ	akatha.
espacial, cósmico (adj)	အာကာသနှင့်ဆိုင်သော	akatha. hnin zain dho:
espacio (m) cósmico	အာကာသဟင်းလင်းပြင်	akatha. hin: lin: bjin
mundo (m)	ကမ္ဘာ	ga ba
universo (m)	စကြာဝဠာ	sa kja wa. la
galaxia (f)	ကြယ်စုတန်း	kje zu. dan:
estrella (f)	ကြယ်	kje
constelación (f)	ကြယ်နက္ခတ်စု	kje ne' kha' zu.
planeta (m)	ဂြိုဟ်	gjou
satélite (m)	ဂြိုဟ်ငယ်	gjou nge
meteorito (m)	ဥက္ကာခဲ	ou' ka ge:
cometa (m)	ကြယ်တံခွန်	kje dagun
asteroide (m)	ဂြိုဟ်သိမ်ဂြိုဟ်မွှား	gjou dhein gjou hmwa:
órbita (f)	ပတ်လမ်း	pa' lan:
girar (vi)	လည်သည်	le de
atmósfera (f)	လေထု	lei du.
Sol (m)	နေ	nei
sistema (m) solar	နေစကြာဝဠာ	nei ze kja. wala
eclipse (m) de Sol	နေကြတ်ခြင်း	nei gja' chin:
Tierra (f)	ကမ္ဘာလုံး	ga ba loun:
Luna (f)	လ	la.
Marte (m)	အင်္ဂါဂြိုဟ်	in ga gjou
Venus (f)	သောကြာဂြိုဟ်	thau' kja gjou'
Júpiter (m)	ကြာသပတေးဂြိုဟ်	kja dha ba. dei: gjou'
Saturno (m)	စနေဂြိုဟ်	sanei gjou'
Mercurio (m)	ဗုဒ္ဓဟူးဂြိုဟ်	bou' da. gjou'
Urano (m)	ယူရေးနက်ဂြိုဟ်	ju rei: na' gjou
Neptuno (m)	နက်ပကျွန်းဂြိုဟ်	ne' pa. gjun: gjou
Plutón (m)	ပလူတိုဂြိုဟ်	pa lu tou gjou '
la Vía Láctea	နဂါးငွေ့ကြယ်စုတန်း	na. ga: ngwe. gje zu dan:
la Osa Mayor	မြောက်ပိုင်းဂရိတ်ဘဲရ်ကြယ်စု	mjau' pain: gajei' be:j gje zu.
la Estrella Polar	ဓ္ရုဝ်ကြယ်	du wan gje
marciano (m)	အင်္ဂါဂြိုဟ်သား	in ga gjou dha:
extraterrestre (m)	အခြားကမ္ဘာဂြိုဟ်သား	apja: ga ba gjou dha

| planetícola (m) | ရှိဟ်သား | gjou dha: |
| platillo (m) volante | ပန်းကန်ပြားပုံ | bagan: bja: bjan |

nave (f) espacial	အာကာသယာဉ်	akatha. jin
estación (f) orbital	အာကာသစခန်း	akatha. za khan:
despegue (m)	လွတ်တင်ခြင်း	hlu' tin gjin:

motor (m)	အင်ဂျင်	in gjin
tobera (f)	နော်ဇယ်	no ze
combustible (m)	လောင်စာ	laun za

carlinga (f)	လေယာဉ်မောင်းအခန်း	lei jan maun akhan:
antena (f)	အင်တန်နာတိုင်	in tan na tain
ventana (f)	ပြတင်း	badin:
batería (f) solar	နေရောင်ခြည်သုံးဘဝ်ထရီ	nei jaun gje dhoun: ba' hta ji
escafandra (f)	အာကာသဝတ်စုံ	akatha. wu' soun

| ingravidez (f) | အလေးရှိန်ကင်းမဲ့ခြင်း | alei: gjein gin: me. gjin: |
| oxígeno (m) | အောက်ဆီဂျင် | au' hsi gjin |

| atraque (m) | အာကာသထဲရှိတ်ဆက်ခြင်း | akatha. hte: chei' hse' chin: |
| realizar el atraque | အာကာသထဲရှိတ်ဆက်သည် | akatha. hte: chei' hse' te |

observatorio (m)	နက္ခတ်မျှော်စင်	ne' kha' ta. mjo zin
telescopio (m)	အဝေးကြည့်မှန်ပြောင်း	awei: gji. hman bjaun:
observar (vt)	လေ့လာကြည့်ရှုသည်	lei. la kji. hju. de
explorar (~ el universo)	သုတေသနပြုသည်	thu. tei thana bjou de

---

165. La tierra

Tierra (f)	ကမ္ဘာမြေကြီး	ga ba mjei kji:
globo (m) terrestre	ကမ္ဘာလုံး	ga ba loun:
planeta (m)	ရှိဟ်	gjou

atmósfera (f)	လေထု	lei du.
geografía (f)	ပထဝီဝင်	pahtawi win
naturaleza (f)	သဘာဝ	tha. bawa

globo (m) terráqueo	ကမ္ဘာလုံး	ga ba loun:
mapa (m)	မြေပုံ	mjei boun
atlas (m)	မြေပုံစာအုပ်	mjei boun za ou'

| Europa (f) | ဥရောပ | u. jo: pa |
| Asia (f) | အာရှ | a sha. |

| África (f) | အာဖရိက | apha. ri. ka. |
| Australia (f) | ဩစတြေးလျ | thja za djei: lja |

América (f)	အမေရိက	amei ji ka
América (f) del Norte	မြောက်အမေရိက	mjau' amei ri. ka.
América (f) del Sur	တောင်အမေရိက	taun amei ri. ka.

| Antártida (f) | အန္တာတိတ် | anta di' |
| Ártico (m) | အာတိတ် | a tei' |

166. Los puntos cardinales

norte (m)	မြောက်အရပ်	mjau' aja'
al norte	မြောက်ဘက်သို့	mjau' be' thou.
en el norte	မြောက်ဘက်မှာ	mjau' be' hma
del norte (adj)	မြောက်အရပ်နှင့်ဆိုင်သော	mjau' aja' hnin. zain de.

sur (m)	တောင်အရပ်	taun aja'
al sur	တောင်ဘက်သို့	taun be' thou.
en el sur	တောင်ဘက်မှာ	taun be' hma
del sur (adj)	တောင်အရပ်နှင့်ဆိုင်သော	taun aja' hnin. zain de.

oeste (m)	အနောက်အရပ်	anau' aja'
al oeste	အနောက်ဘက်သို့	anau' be' thou.
en el oeste	အနောက်ဘက်မှာ	anau' be' hma
del oeste (adj)	အနောက်အရပ်နှင့်ဆိုင်သော	anau' aja' hnin. zain dho:

este (m)	အရှေ့အရပ်	ashei. aja'
al este	အရှေ့ဘက်သို့	ashei. be' hma
en el este	အရှေ့ဘက်မှာ	ashei. be' hma
del este (adj)	အရှေ့အရပ်နှင့်ဆိုင်သော	ashei. aja' hnin. zain de.

167. El mar. El océano

mar (m)	ပင်လယ်	pin le
océano (m)	သမုဒ္ဒရာ	thamou' daja
golfo (m)	ပင်လယ်ကွေ့	pin le gwe.
estrecho (m)	ရေလက်ကြား	jei le' kja:

tierra (f) firme	ကုန်းမြေ	koun: mei
continente (m)	တိုက်	tai'

isla (f)	ကျွန်း	kjun:
península (f)	ကျွန်းဆွယ်	kjun: zwe
archipiélago (m)	ကျွန်းစု	kjun: zu.

bahía (f)	အော်	o
ensenada, bahía (f)	သင်္ဘောဆိပ်ကမ်း	thin: bo: zei' kan:
laguna (f)	ပင်လယ်ထဲးအိုင်	pin le doun: ain
cabo (m)	အငူ	angu

atolón (m)	သန္တာကျောက်တန်းကျွန်းငယ်	than da gjau' tan: gjun: nge
arrecife (m)	ကျောက်တန်း	kjau' tan:
coral (m)	သန္တာကောင်	than da gaun
arrecife (m) de coral	သန္တာကျောက်တန်း	than da gjau' tan:

profundo (adj)	နက်သော	ne' te.
profundidad (f)	အနက်	ane'
abismo (m)	ရှောက်နက်ကြီး	chau' ne' kji:
fosa (f) oceánica	မြောင်း	mjaun:

corriente (f)	စီးကြောင်း	si: gaun:
bañar (rodear)	ဝိုင်းသည်	wain: de

| orilla (f) | ကမ်းစပ် | kan: za' |
| costa (f) | ကမ်းခြေ | kan: gjei |

flujo (m)	ရေတက်	jei de'
reflujo (m)	ရေကျ	jei gja.
banco (m) de arena	သောင်စွယ်	thaun zwe
fondo (m)	ကြမ်းပြင်	kan: pjin

ola (f)	လှိုင်း	hlain:
cresta (f) de la ola	လှိုင်းခေါင်းဗျူ	hlain: gaun: bju.
espuma (f)	အမြှုပ်	a hmjou'

tempestad (f)	မုန်တိုင်း	moun dain:
huracán (m)	ဟာရီကိန်းမုန်တိုင်း	ha ji gain: moun dain:
tsunami (m)	ဆူနာမိ	hsu na mi
bonanza (f)	ရေဒေ	jei dhei
calmo, tranquilo	ငြိမ်သက်အေးဆေးသော	njein dhe' ei: zei: de.

| polo (m) | ဝင်ရိုးစွန်း | win jou: zun |
| polar (adj) | ဝင်ရိုးစွန်းနှင့်ဆိုင်သော | win jou: zun hnin. zain de. |

latitud (f)	လတ္တီတွဒ်	la' ti. tu'
longitud (f)	လောင်ဂျီတွဒ်	laun gji twa'
paralelo (m)	လတ္တီတွဒ်မျဉ်း	la' ti. tu' mjin:
ecuador (m)	အီကွေတာ	i kwei: da

cielo (m)	ကောင်းကင်	kaun: gin
horizonte (m)	မိုးကုပ်စက်ဝိုင်း	mou kou' se' wain:
aire (m)	လေထု	lei du.

faro (m)	မီးပြတိုက်	mi: bja dai'
bucear (vi)	ရေငုပ်သည်	jei ngou' te
hundirse (vr)	ရေမြုပ်သည်	jei mjou' te
tesoros (m pl)	ရတနာ	jadana

168. Las montañas

montaña (f)	တောင်	taun
cadena (f) de montañas	တောင်တန်း	taun dan:
cresta (f) de montañas	တောင်ကြော	taun gjo:

cima (f)	ထိပ်	htei'
pico (m)	တောင်ထွတ်	taun htu'
pie (m)	တောင်ခြေ	taun gjei
cuesta (f)	တောင်စောင်း	taun zaun:

volcán (m)	မီးတောင်	mi: daun
volcán (m) activo	မီးတောင်ရှင်	mi: daun shin
volcán (m) apagado	မီးငြိမ်းတောင်	mi: njein: daun

erupción (f)	မီးတောင်ပေါက်ကွဲခြင်း	mi: daun pau' kwe: gjin:
cráter (m)	မီးတောင်ဝ	mi: daun wa.
magma (m)	ကျောက်ရည်ပူ	kjau' ji bu
lava (f)	ရော်ရည်	cho ji

fundido (lava ~a)	အရမ်းပူသော	ajam: bu de.
cañón (m)	တောင်ကြားချိုင့်ဝှမ်းနက်	taun gja: gjain. hwan: ne'
desfiladero (m)	တောင်ကြား	taun gja:
grieta (f)	အက်ကွဲကြောင်း	e' kwe: gjaun:
precipicio (m)	ချောက်ကမ်းပါး	chau' kan: ba:
puerto (m) (paso)	တောင်ကြားလမ်း	taun gja: lan:
meseta (f)	ကုန်းပြင်မြင့်	koun: bjin mjin:
roca (f)	ကျောက်ဆောင်	kjau' hsain
colina (f)	တောင်ကုန်း	taun goun:
glaciar (m)	ရေခဲမြစ်	jei ge: mji'
cascada (f)	ရေတံခွန်	jei dan khun
geiser (m)	ရေပူစမ်း	jei bu zan:
lago (m)	ရေကန်	jei gan
llanura (f)	မြေပြန့်	mjei bjan:
paisaje (m)	ရှုခင်း	shu. gin:
eco (m)	ပဲ့တင်သံ	pe. din than
alpinista (m)	တောင်တက်သမား	taun de' thama:
escalador (m)	ကျောက်တောင်တက်သမား	kjau' taun de dha ma:
conquistar (vt)	အောင်နိုင်သူ	aun nain dhu
ascensión (f)	တောင်တက်ခြင်း	taun de' chin:

169. Los ríos

río (m)	မြစ်	mji'
manantial (m)	စမ်း	san:
lecho (m) (curso de agua)	ရေကြောစီးကြောင်း	jei gjo: zi: gjaun:
cuenca (f) fluvial	မြစ်ချိုင့်ဝှမ်း	mji' chain. hwan:
desembocar en ...	စီးဝင်သည်	si: win de
afluente (m)	မြစ်လက်တက်	mji' le' te'
ribera (f)	ကမ်း	kan:
corriente (f)	စီးကြောင်း	si: gaun:
río abajo (adv)	ရေစုန်	jei zoun
río arriba (adv)	ရေဆန်	jei zan
inundación (f)	ရေကြီးမှု	jei gji: hmu.
riada (f)	ရေလျှံခြင်း	jei shan gjin:
desbordarse (vr)	လျှံသည်	shan de
inundar (vt)	ရေလွှမ်းသည်	jei hlwan: de
bajo (m) arenoso	ရေတိမ်ပိုင်း	jei dein bain:
rápido (m)	ရေအောက်ကျောက်ဆောင်	jei au' kjau' hsaun
presa (f)	ဆည်	hse
canal (m)	တူးမြောင်း	tu: mjaun:
lago (m) artificiale	ရေလှောင်ကန်	jei hlaun gan
esclusa (f)	ရေလွှဲပေါက်	jei hlwe: bau'
cuerpo (m) de agua	ရေထု	jei du.
pantano (m)	ရွှံ့ ညွန်	shwan njun

| ciénaga (f) | စိမ့်ပြေ | sein. mjei |
| remolino (m) | ရေဝဲ | jei we: |

arroyo (m)	ချောင်းကလေး	chaun: galei:
potable (adj)	သောက်ရေ	thau' jei
dulce (agua ~)	ရေချို	jei gjou

| hielo (m) | ရေခဲ | jei ge: |
| helarse (el lago, etc.) | ရေခဲသည် | jei ge: de |

170. El bosque

| bosque (m) | သစ်တော | thi' to: |
| de bosque (adj) | သစ်တောနှင့်ဆိုင်သော | thi' to: hnin. zain de. |

espesura (f)	ထူထပ်သောတော	htu da' te. do:
bosquecillo (m)	သစ်ပင်အုပ်	thi' pin ou'
claro (m)	တောတွင်းလဟာပြင်	to: dwin: la. ha bjin

| maleza (f) | ချုံပိတ်ပေါင်း | choun bei' paun: |
| matorral (m) | ချုံထနောင်းတော | choun hta naun: de. |

| senda (f) | လူသွားလမ်းကလေး | lu dhwa: lan: ga. lei: |
| barranco (m) | လျှို | shou |

árbol (m)	သစ်ပင်	thi' pin
hoja (f)	သစ်ရွက်	thi' jwe'
follaje (m)	သစ်ရွက်များ	thi' jwe' mja:

caída (f) de hojas	သစ်ရွက်ကြွေခြင်း	thi' jwe' kjwei gjin:
caer (las hojas)	သစ်ရွက်ကြွေသည်	thi' jwe' kjwei de
cima (f)	အဖျား	ahpja:

rama (f)	အကိုင်းခွဲ	akain: khwe:
rama (f) (gruesa)	ပင်မကိုင်း	pin ma. gain:
brote (m)	အဖူး	ahpu:
aguja (f)	အပ်နှင့်တူသောအရွက်	a' hnin. bu de. ajwe'
piña (f)	ထင်းရှူးသီး	htin: shu: dhi:

| agujero (m) | အခေါင်းပေါက် | akhaun: bau' |
| nido (m) | ငှက်သိုက် | hnge' thai' |

tronco (m)	ပင်စည်	pin ze
raíz (f)	အမြစ်	amji'
corteza (f)	သစ်ခေါက်	thi' khau'
musgo (m)	ရေညှို	jei hnji.

extirpar (vt)	အမြစ်မှဆွဲနုတ်သည်	amji' hma zwe: hna' te
talar (vt)	ခုတ်သည်	khou' te
deforestar (vt)	တောပြုန်းစေသည်	to: bjoun: zei de
tocón (m)	သစ်ငုတ်တို	thi' ngou' tou

| hoguera (f) | မီးပုံ | mi: boun |
| incendio (m) forestal | မီးလောင်ခြင်း | mi: laun gjin: |

apagar (~ el incendio)	မီးသတ်သည်	mi: tha' de
guarda (m) forestal	တောခေါင်း	to: gaun:
protección (f)	သစ်တောဝန်ထမ်း	thi' to: wun dan:
proteger (vt)	ထိန်းသိမ်းစောင့်ရှောက်သည်	htein: dhein: zaun. shau' te
cazador (m) furtivo	နိုးယုသူ	khou: ju dhu
cepo (m)	သံမဏိထောင်ရှောက်	than mani. daun gjau'

recoger (setas)	ဆွတ်သည်	hsu' te
recoger (bayas)	ခူးသည်	khu: de
perderse (vr)	လမ်းပျောက်သည်	lan: bjau' de

171. Los recursos naturales

recursos (m pl) naturales	သယံဇာတ	thajan za da.
recursos (m pl) subterráneos	တွင်းထွက်ပစ္စည်း	twin: htwe' pji' si:
depósitos (m pl)	နန်း	noun:
yacimiento (m)	ဓာတ်သတ္တုထွက်ရာမြေ	da' tha' tu dwe' ja mjei

extraer (vt)	တူးဖော်သည်	tu: hpo de
extracción (f)	တူးဖော်ခြင်း	tu: hpo gjin:
mena (f)	သတ္တုရိုင်း	tha' tu. jain:
mina (f)	သတ္တုတွင်း	tha' tu. dwin:
pozo (m) de mina	မိုင်းတွင်း	main: dwin:
minero (m)	သတ္တုတွင်း အလုပ်သမား	tha' tu. dwin: alou' thama:

gas (m)	ဓာတ်ငွေ့	da' ngwei.
gasoducto (m)	ဓါတ်ငွေ့ပိုက်လိုင်း	da' ngwei. bou' lain:

petróleo (m)	ရေနံ	jei nan
oleoducto (m)	ရေနံပိုက်လိုင်း	jei nan bou' lain:
pozo (m) de petróleo	ရေနံတွင်း	jei nan dwin:
torre (f) de sondeo	ရေနံစင်	jei nan zin
petrolero (m)	လောင်စာတင်သင်္ဘော	laun za din dhin bo:

arena (f)	သဲ	the:
caliza (f)	ထုံးကျောက်	htoun: gjau'
grava (f)	ကျောက်စရစ်	kjau' sa. ji'
turba (f)	မြေဆွေးခဲ	mjei zwei: ge:
arcilla (f)	ရွှံ့မြေစေး	mjei zei:
carbón (m)	ကျောက်မီးသွေး	kjau' mi dhwei:

hierro (m)	သံ	than
oro (m)	ရွှေ	shwei
plata (f)	ငွေ	ngwei
níquel (m)	နီကယ်	ni ke
cobre (m)	ကြေးနီ	kjei: ni

zinc (m)	သွပ်	thu'
manganeso (m)	မဂ္ဂနိစ်	ma' ga. ni:s
mercurio (m)	ပြဒါး	bada:
plomo (m)	ခဲ	khe:

mineral (m)	သတ္တုရား	tha' tu. za:
cristal (m)	သလင်းကျောက်	thalin: gjau'

mármol (m)	စကျင်ကျောက်	zagjin kjau'
uranio (m)	ယူရေနီယမ်	ju rei ni jan

La tierra. Unidad 2

172. El tiempo

Spanish	Burmese	Phonetic
tiempo (m)	ရာသီဥတု	ja dhi nja. tu.
previsión (f) del tiempo	မိုးလေဝသခန့်မှန်းချက်	mou: lei wa. dha. gan. hman: gje'
temperatura (f)	အပူရှိန်	apu gjein
termómetro (m)	သာမိုမီတာ	tha mou mi ta
barómetro (m)	လေဖိအားတိုင်းကိရိယာ	lei bi. a: dain: gi. ji. ja
húmedo (adj)	စိုထိုင်းသော	sou htain: de
humedad (f)	စိုထိုင်းမှု	sou htain: hmu.
bochorno (m)	အပူရှိန်	apu shein
tórrido (adj)	ပူလောင်သော	pu laun de.
hace mucho calor	ပူလောင်ခြင်း	pu laun gjin:
hace calor (templado)	နွေးခြင်း	nwei: chin:
templado (adj)	နွေးသော	nwei: de.
hace frío	အေးခြင်း	ei: gjin:
frío (adj)	အေးသော	ei: de.
sol (m)	နေ	nei
brillar (vi)	သာသည်	tha de
soleado (un día ~)	နေသာသော	nei dha de.
elevarse (el sol)	နေထွက်သည်	nei dwe' te
ponerse (vr)	နေဝင်သည်	nei win de
nube (f)	တိမ်	tein
nuboso (adj)	တိမ်ထူသော	tein du de
nubarrón (m)	မိုးတိမ်	mou: dain
nublado (adj)	ညို့မှိုင်းသော	njou. hmain: de.
lluvia (f)	မိုး	mou:
está lloviendo	မိုးရွာသည်	mou: jwa de.
lluvioso (adj)	မိုးရွာသော	mou: jwa de.
lloviznar (vi)	မိုးဖွဲဖွဲရွာသည်	mou: bwe: bwe: jwa de
aguacero (m)	သည်းထန်စွာရွာသောမိုး	thi: dan zwa jwa dho: mou:
chaparrón (m)	မိုးပုံးနဲ့	mou: bu. zain
fuerte (la lluvia ~)	မိုးသည်းသော	mou: de: de.
charco (m)	ရေအိုင်	jei ain
mojarse (vr)	မိုးမိသည်	mou: mi de
niebla (f)	မြူ	mju
nebuloso (adj)	မြူထူထပ်သော	mju htu hta' te.
nieve (f)	နှင်း	hnin:
está nevando	နှင်းကျသည်	hnin: gja. de

173. Los eventos climáticos severos. Los desastres naturales

tormenta (f)	မိုးသက်မုန်တိုင်း	mou: dhe' moun dain:
relámpago (m)	လျှပ်စီး	hlja' si:
relampaguear (vi)	လျှပ်ပြက်သည်	hlja' pje' te
trueno (m)	မိုးကြိုး	mou: kjou:
tronar (vi)	မိုးကြိုးပစ်သည်	mou: gjou: pi' te
está tronando	မိုးကြိုးပစ်သည်	mou: gjou: pi' te
granizo (m)	မိုးသီး	mou: dhi:
está granizando	မိုးသီးကြွသည်	mou: dhi: gjwei de
inundar (vt)	ရေကြီးသည်	jei gji: de
inundación (f)	ရေကြီးမှု	jei gji: hmu.
terremoto (m)	ငလျင်	nga ljin
sacudida (f)	တုန်ခါခြင်း	toun ga gjin:
epicentro (m)	ငလျင်ဗဟိုချက်	nga ljin ba hou che'
erupción (f)	မီးတောင်ပေါက်ကွဲခြင်း	mi: daun pau' kwe: gjin:
lava (f)	ရှော်ရည်	cho ji
torbellino (m)	လေဆင်နှာမောင်း	lei zin hna maun:
tornado (m)	လေဆင်နှာမောင်း	lei zin hna maun:
tifón (m)	တိုင်ဖွန်းမုန်တိုင်း	tain hpun moun dain:
huracán (m)	ဟာရီကိန်းမုန်တိုင်း	ha ji gain: moun dain:
tempestad (f)	မုန်တိုင်း	moun dain:
tsunami (m)	ဆူနာမီ	hsu na mi
ciclón (m)	ဆိုင်ကလုန်းမုန်တိုင်း	hsain ga. loun: moun dain:
mal tiempo (m)	ဆိုးရွားသောရာသီဥတု	hsou: jwa: de. ja dhi u. tu.
incendio (m)	မီးလောင်ခြင်း	mi: laun gjin:
catástrofe (f)	ဘေးအန္တရာယ်	bei: an daje
meteorito (m)	ဥက္ကာခဲ	ou' ka ge:
avalancha (f)	ရေခဲနှင့်ကျောက်တုံးများပိုးကျခြင်း	jei ge: hnin kjau' toun: mja: htou: gja. gjin:
alud (m) de nieve	လေလွတ်ပြိုပြီးဖြစ်နေသောနင်းပုံ	lei dou' hpji: bi' nei dho: hnin: boun
ventisca (f)	နှင်းမုန်တိုင်း	hnin: moun dain:
nevasca (f)	နှင်းမုန်တိုင်း	hnin: moun dain:

La fauna

174. Los mamíferos. Los predadores

carnívoro (m)	သားရဲ	tha: je:
tigre (m)	ကျား	kja:
león (m)	ခြင်္သေ့	chin dhei.
lobo (m)	ဝံပုလွေ	wun bu. lwei
zorro (m)	မြေခွေး	mjei gwei:
jaguar (m)	ဂျာကွာကျားသစ်မျိုး	gja gwa gja: dhi' mjou:
leopardo (m)	ကျားသစ်	kja: dhi'
guepardo (m)	သစ်ကျွတ်	thi' kjou'
pantera (f)	ကျားသစ်နက်	kja: dhi' ne'
puma (f)	ပျူမားတောင်ခြေသေ့	pju. ma: daun gjin dhei.
leopardo (m) de las nieves	ရေခဲတောင်ကျားသစ်	jei ge: daun gja: dhi'
lince (m)	လင့်ကြောင်မြီးတို	lin. gjaun mji: dou
coyote (m)	ဝံပုလွေငယ်တစ်မျိုး	wun bu. lwei nge di' mjou:
chacal (m)	ခွေးအ	khwei: a.
hiena (f)	ဟိုင်အီးနား	hain i: na:

175. Los animales salvajes

animal (m)	တိရစ္ဆာန်	tharei' hsan
bestia (f)	ခြေလေးချောင်းသတ္တဝါ	chei lei: gjaun: dhadawa
ardilla (f)	ရှဉ့်	shin.
erizo (m)	ဖြူကောင်	hpju gaun
liebre (f)	တောယုန်ကြီး	to: joun gji:
conejo (m)	ယုန်	joun
tejón (m)	ခွေးတူဝက်တူကောင်	khwei: du we' tu gaun
mapache (m)	ရက်ကွန်းဝ	je' kwan: wan
hámster (m)	မြီးတိုပါးတွဲကြွက်	mji: dou ba: dwe: gjwe'
marmota (f)	မားမွတ်ကောင်	ma: mou. t gaun
topo (m)	ပွေး	pwei:
ratón (m)	ကြွက်	kjwe'
rata (f)	မြေကြွက်	mjei gjwe'
murciélago (m)	လင်းနို့	lin: nou.
armiño (m)	အားမင်ကောင်	a: min gaun
cebellina (f)	ဆေဘယ်	hsei be
marta (f)	အသားစားအကောင်ငယ်	atha: za: akaun nge
comadreja (f)	သားစားဖျံ	tha: za: bjan
visón (m)	မင့်ခမွေပါ	min kh mjwei ba

castor (m)	ဖျံကြီးတစ်မျိုး	hpjan gji: da' mjou:
nutria (f)	ဖျံ	hpjan
caballo (m)	မြင်း	mjin:
alce (m)	ဦးချိုပြားသော သမင်ကြီး	u: gjou bja: dho: thamin gji:
ciervo (m)	သမင်	thamin
camello (m)	ကုလားအုတ်	kala: ou'
bisonte (m)	အမေရိကန်ပြောင်	amei ji kan pjaun
uro (m)	အောရက်စ်	o: re' s
búfalo (m)	ကျွဲ	kjwe:
cebra (f)	မြင်းကျား	mjin: gja:
antílope (m)	အပြေးမြန်သော တောဆိတ်	apjei: mjan de. hto: zei'
corzo (m)	ဒရယ်လယ်တစ်မျိုး	da. je nge da' mjou:
gamo (m)	ဒရယ်	da. je
gamuza (f)	တောင်ဆိတ်	taun zei'
jabalí (m)	တောဝက်ထီး	to: we' hti:
ballena (f)	ဝေလငါး	wei la. nga:
foca (f)	ပင်လယ်ဖျံ	pin le bjan
morsa (f)	ဝါရပ်စ်ဖျံ	wo: ra's hpjan
oso (m) marino	အမွေးပါသောပင် လယ်ဖျံ	amwei: pa dho: bin le hpjan
delfín (m)	လင်းပိုင်	lin: bain
oso (m)	ဝက်ဝံ	we' wun
oso (m) blanco	ဝိုလာဝက်ဝံ	pou la we' wan
panda (f)	ပန်ဒါဝက်ဝံ	pan da we' wan
mono (m)	မျောက်	mjau'
chimpancé (m)	ချင်ပင်ဇီမျောက်ဝံ	chin pin zi mjau' wan
orangután (m)	အော်ရန်အူတန်လှုဝံ	o ran u tan lu wun
gorila (m)	ဂေါ်ရီလာမျောက်ဝံ	go ji la mjau' wun
macaco (m)	မာကာဂွေမျောက်	ma ga gwei mjau'
gibón (m)	မျောက်လွှေကျော်	mjau' hlwe: gjo
elefante (m)	ဆင်	hsin
rinoceronte (m)	ကြံ့	kjan.
jirafa (f)	သစ်ကုလားအုတ်	thi' ku. la ou'
hipopótamo (m)	ရေမြင်း	jei mjin:
canguro (m)	သားပိုက်ကောင်	tha: bai' kaun
koala (f)	ကိုအာလာဝက်ဝံ	kou a la we' wun
mangosta (f)	မွှေပါ	mwei ba
chinchilla (f)	ချင်းရှီလာ	chin: chi la
mofeta (f)	စကန်ဖဲ့	sakan. kh hpjan
espín (m)	ဖြူ	hpju

176. Los animales domésticos

gata (f)	ကြောင်	kjaun
gato (m)	ကြောင်ထီး	kjaun di:
perro (m)	ခွေး	khwei:

caballo (m)	မြင်း	mjin:
garañón (m)	မြင်းထီး	mjin: di:
yegua (f)	မြင်းမ	mjin: ma.
vaca (f)	နွား	nwa:
toro (m)	နွားထီး	nwa: di:
buey (m)	နွားထီး	nwa: di:
oveja (f)	သိုး	thou:
carnero (m)	သိုးထီး	thou: hti:
cabra (f)	ဆိတ်	hsei'
cabrón (m)	ဆိတ်ထီး	hsei' hti:
asno (m)	မြည်း	mji:
mulo (m)	လား	la:
cerdo (m)	ဝက်	we'
cerdito (m)	ဝက်ကလေး	we' ka lei:
conejo (m)	ယုန်	joun
gallina (f)	ကြက်	kje'
gallo (m)	ကြက်ဖ	kje' pha.
pato (m)	ဘဲ	be:
ánade (m)	ဘဲထီး	be: di:
ganso (m)	ဘဲငန်း	be: ngan:
pavo (m)	ကြက်ဆင်	kje' hsin
pava (f)	ကြက်ဆင်	kje' hsin
animales (m pl) domésticos	အိမ်မွေးတိရစ္ဆာန်များ	ein mwei: ti. ji. swan mja:
domesticado (adj)	ယဉ်ပါးသော	jin ba: de.
domesticar (vt)	ယဉ်ပါးစေသည်	jin ba: zei de
criar (vt)	သားပေါက်သည်	tha: bau' te
granja (f)	စိုက်ပျိုးမွေးမြူရေးခြံ	sai' pjou: mwei: mju jei: gjan
aves (f pl) de corral	ကြက်ငှက်တိရစ္ဆာန်	kje' ti ji za hsan
ganado (m)	ကျွဲနွားတိရစ္ဆာန်	kjwe: nwa: tarei. zan
rebaño (m)	အုပ်	ou'
caballeriza (f)	မြင်းဇောင်း	mjin: zaun:
porqueriza (f)	ဝက်ခြံ	we' khan
vaquería (f)	နွားတင်းကုပ်	nwa: din: gou'
conejal (m)	ယုန်အိမ်	joun ein
gallinero (m)	ကြက်လှောင်အိမ်	kje' hlaun ein

177. Los perros. Las razas de perros

perro (m)	ခွေး	khwei:
perro (m) pastor	သိုးကျောင်းခွေး	thou: kjaun: gwei:
pastor (m) alemán	ဂျာမနီသိုးကျောင်းခွေး	gja ma. ni hnin. gjaun: gwei:
caniche (m)	ပူဒယ်လ်ခွေး	pu de l gwei:
teckel (m)	ဒတ်ရှန်းခွေး	da' shan: gwei:
bulldog (m)	ခွေးဘီလူး	khwei: bi lu:

bóxer (m)	ဘောက်ဆာခွေး	bo' hsa gwei:
mastín (m) inglés	အိမ်စောင့်ခွေးကြီးတစ်မျိုး	ein zaun. gwei: gji: di' mjou:
rottweiler (m)	ရော့ဝီလာခွေး	ro. wi la gwei:
doberman (m)	ဒိုဘာမင်န်းခွေး	dou ba min: gwei:
basset hound (m)	ခြေတံတိုအမဲလိုက်ခွေး	chei dan dou ame: lai' gwei:
bobtail (m)	ခွေးပုတစ်မျိုး	khwei: bu di' mjou:
dálmata (m)	ဒယ်မေးရှင်းခွေး	de mei: shin gwe:
cocker spaniel (m)	ကိုကာစပန်နီရယ်ခွေး	kou ka sa. pan ni je khwei:
terranova (m)	နယူးဖောင်လန်ခွေး	na. ju: hpaun lan gwe:
san bernardo (m)	ကြက်ခြေနီခွေး	kje' chei ni khwei:
husky (m)	စွတ်ဖားဆွဲခွေး	su' hpa: zwe: gwei:
chow chow (m)	တရုတ်ပြည်ပေါက် အမွေး ထူခွေး	tajou' pji bau' amwei: htu gwei:
pomerania (m)	စပစ်ဇ်ခွေး	sapi's khwei:
pug (m), carlino (m)	ပဂ်ခွေး	pa' gwei:

178. Los sonidos de los animales

ladrido (m)	ဟောင်သံ	han dhan
ladrar (vi)	ဟောင်သည်	han de
maullar (vi)	ကြောင်အော်သည်	kjaun o de
ronronear (vi)	ညိမ့်ညိမ့်လေးမြည် သံပေးသည်	njein. njein. le: mje dhan bei: de
mugir (vi)	နွားအော်သည်	nwa: o de
bramar (toro)	တိရစ္ဆာန်အော်သည်	tharei' hsan o de
rugir (vi)	မာန်ဖီသည်	man bi de
aullido (m)	အူသံ	u dhan
aullar (vi)	အူသည်	u de
gañir (vi)	ရှည်လျားစူးရှစွာအော်သည်	shei lja: zu: sha. zwa o de
balar (vi)	သိုးအော်သည်	thou: o de
gruñir (cerdo)	တအီအီမြည်သည်	ta. i i mji de
chillar (vi)	တစီစီအော်မြည်သည်	ta. zi. zi. jo mje de
croar (vi)	ဖားအော်သည်	hpa: o de
zumbar (vi)	တဝီဝီအော်သည်	ta. wi wi o de
chirriar (vi)	ကျည်ကျည်ကျာကျာအော်သည်	kji kji kja kja o de

179. Los pájaros

pájaro (m)	ငှက်	hnge'
paloma (f)	ခို	khou
gorrión (m)	စာကလေး	sa ga. lei:
carbonero (m)	စာဝတီးငှက်	sa wadi: hnge'
urraca (f)	ငှက်ကျား	hnge' kja:
cuervo (m)	ကျီးနက်	kji: ne'
corneja (f)	ကျီးကန်း	kji: kan:

| chova (f) | ဥရောပကျီးတစ်မျိုး | u. jo: pa gji: di' mjou: |
| grajo (m) | ကျီးအ | kji: a. |

pato (m)	ဘဲ	be:
ganso (m)	ဘဲငန်း	be: ngan:
faisán (m)	ရစ်ငှက်	ji' hnge'

águila (f)	လင်းယုန်	lin: joun
azor (m)	သိမ်းငှက်	thain: hnge'
halcón (m)	အမဲလိုက်သိမ်းငှက်တစ်မျိုး	ame: lai' thein: hnge' ti' mjou:
buitre (m)	လင်းတ	lin: da.
cóndor (m)	တောင်အမေရိကာလင်းတ	taun amei ri. ka. lin: da.

cisne (m)	ငန်း	ngan:
grulla (f)	ငှက်ကုလား	hnge' ku. la:
cigüeña (f)	ချည်ခင်စွပ်ငှက်	che gin zu' hnge'

loro (m), papagayo (m)	ကျက်တုရွေး	kje' tu jwei:
colibrí (m)	ငှက်ပိတုန်း	hnge' pi. doun:
pavo (m) real	ဥဒေါင်း	u. daun:

avestruz (m)	ငှက်ကုလားအုတ်	hnge' ku. la: ou'
garza (f)	ငဟစ်ငှက်	nga hi' hnge'
flamenco (m)	ကျိုးကြားနီ	kjou: kja: ni
pelícano (m)	ငှက်ကြီးဝမ်ပို	hnge' kji: wun bou

| ruiseñor (m) | တေးဆိုငှက် | tei: hsou hnge' |
| golondrina (f) | ပျံလွှား | pjan hlwa: |

tordo (m)	မြေလူးငှက်	mjei lu: hnge'
zorzal (m)	တေးဆိုမြေလူးငှက်	tei: hsou mjei lu: hnge'
mirlo (m)	ငှက်မည်း	hnge' mji:

vencejo (m)	ပျံလွှားတစ်မျိုး	pjan hlwa: di' mjou:
alondra (f)	ဘီလုံးငှက်	bi loun: hnge'
codorniz (f)	ငုံး	ngoun:

pájaro carpintero (m)	သစ်တောက်ငှက်	thi' tau' hnge'
cuco (m)	ဥသျှငှက်	udhja hnge'
lechuza (f)	ဇီးကွက်	zi: gwe
búho (m)	သိမ်းငှက်အနွယ်ဝင်ဇီးကွက်	thain: hnge' anwe win zi: gwe'
urogallo (m)	ရစ်	ji'

| gallo lira (m) | ရစ်နက် | ji' ne' |
| perdiz (f) | ခါ | kha |

estornino (m)	ကျွဆက်ရက်	kjwe: hse' je'
canario (m)	စာဝါငှက်	sa wa hnge'
ortega (f)	ရစ်ည	ji' njou

| pinzón (m) | စာကျွေခေါင်း | sa gjwe: gaun |
| camachuelo (m) | စာကျွေခေါင်းငှက် | sa gjwe: gaun: hngwe' |

gaviota (f)	စင်ရော်	sin jo
albatros (m)	ပင်လယ်စင်ရော်ကြီး	pin le zin jo gji:
pingüino (m)	ပင်ဂွင်း	pin gwin:

180. Los pájaros. El canto y los sonidos

cantar (vi)	၄က်တေးဆိုသည်	hnge' tei: zou de
gritar, llamar (vi)	အော်သည်	o de
cantar (el gallo)	တွန်သည်	tun de
quiquiriquí (m)	ကြက်တွန်သံ	kje' twan dhan
cloquear (vi)	ကြက်မကာတော်သည်	kje' ma. ka. do de
graznar (vi)	ကျီးအာသည်	kji: a de
graznar, parpar (vi)	တဂတ်ဂတ်အောင်သည်	ta. ge' ge' aun de
piar (vi)	ကျည်ကျည်ကျာကျာမြည်သည်	kji kji kja kja mji de
gorjear (vi)	တွတ်ထိုးသည်	tu' htou: de

181. Los peces. Los animales marinos

brema (f)	ငါးကြင်းတစ်မျိုး	nga: gjin: di' mjou
carpa (f)	ငါးကြင်း	nga gjin:
perca (f)	ငါးအပြုမတစ်မျိုး	nga: bjei ma. di' mjou:
siluro (m)	ငါးခူ	nga: gu
lucio (m)	ပိုက်ငါး	pai' nga
salmón (m)	ဆော်လမွန်ငါး	hso: la. mun nga:
esturión (m)	စတာဂျင်ငါးကြီးမျိုး	sata gjin nga: gji: mjou:
arenque (m)	ငါးသလောက်	nga: dha. lau'
salmón (m) del Atlántico	ဆော်လမွန်ငါး	hso: la. mun nga:
caballa (f)	မက်ကရယ်ငါး	me' ka. je nga:
lenguado (m)	ဥရောပ ငါးခွေး လျှာတစ်မျိုး	u. jo: pa nga: gwe: sha di' mjou:
lucioperca (f)	ငါးပြုမအနွယ် ဝင်ငါးတစ်မျိုး	nga: bjei ma. anwe win nga: di' mjou:
bacalao (m)	ငါးကြီးဆီထုတ်သောငါး	nga: gji: zi dou' de. nga:
atún (m)	တူနာငါး	tu na nga:
trucha (f)	ထရောက်ငါး	hta. jau' nga:
anguila (f)	ငါးရှည့်	nga: shin.
raya (f) eléctrica	ငါးလက်ထံ	nga: le' htoun
morena (f)	ငါးရှည့်ကြီးတစ်မျိုး	nga: shin. gji: da' mjou:
piraña (f)	အသားစားငါးငယ်တစ်မျိုး	atha: za: nga: nge ti' mjou:
tiburón (m)	ငါးမန်း	nga: man:
delfín (m)	လင်းပိုင်	lin: bain
ballena (f)	ဝေလငါး	wei la. nga:
centolla (f)	ကကန်း	kanan:
medusa (f)	ငါးဖန်ခွက်	nga: hpan gwe'
pulpo (m)	ရေဘဝဲ	jei ba. we:
estrella (f) de mar	ကြယ်ငါး	kje nga:
erizo (m) de mar	သိပုချွပ်	than ba. gjou'
caballito (m) de mar	ရေနဂါး	jei naga:
ostra (f)	ကမာကောင်	kama kaun

171

camarón (m)	ပုစွန်	bazun
bogavante (m)	ကျောက်ပုစွန်	kjau' pu. zun
langosta (f)	ကျောက်ပုစွန်	kjau' pu. zun

182. Los anfibios. Los reptiles

| serpiente (f) | မြွေ | mwei |
| venenoso (adj) | အဆိပ်ရှိသော | ahsei' shi. de. |

víbora (f)	မြွေပွး	mwei bwei:
cobra (f)	မြွေဟောက်	mwei hau'
pitón (m)	ဝါးအုံးမြွေ	saba: oun: mwei
boa (f)	ဝါးကြီးမြွေ	saba: gji: mwei

culebra (f)	မြက်လျှောမြွေ	mje' sho: mwei
serpiente (m) de cascabel	ခလောက်ဆွဲမြွေ	kha. lau' hswe: mwei
anaconda (f)	အနာကွန်ဒါမြွေ	ana kun da mwei

lagarto (m)	တွားသွားသတ္တဝါ	twa: dhwa: tha' tawa
iguana (f)	ဖွတ်	hpu'
varano (m)	ပုတ်သင်	pou' thin
salamandra (f)	ရေပုတ်သင်	jei bou' thin
camaleón (m)	ပုတ်သင်ညို	pou' thin njou
escorpión (m)	ကင်းမြီးကောက်	kin: mji: kau'

tortuga (f)	လိပ်	lei'
rana (f)	ဖား	hpa:
sapo (m)	ဖားပြုပ်	hpa: bju'
cocodrilo (m)	မိကျောင်း	mi. kjaun:

183. Los insectos

insecto (m)	ပိုးမွား	pou: hmwa:
mariposa (f)	လိပ်ပြာ	lei' pja
hormiga (f)	ပုရွက်ဆိတ်	pu. jwe' hsei'
mosca (f)	ယင်ကောင်	jin gaun
mosquito (m) (picadura de ~)	ခြင်	chin
escarabajo (m)	ပိုးတောင်မာ	pou: daun ma

avispa (f)	နကျယ်ကောင်	na. gje gaun
abeja (f)	ပျား	pja:
abejorro (m)	ပိတုန်း	pi. doun:
moscardón (m)	မှက်	hme'

| araña (f) | ပင့်ကူ | pjin. gu |
| telaraña (f) | ပင့်ကူအိမ် | pjin gu ein |

libélula (f)	ပုစဉ်း	bazin
saltamontes (m)	နကောင်	hnan gaun
mariposa (f) nocturna	ပိုးဖလံ	pou: ba. lan
cucaracha (f)	ပိုးဟပ်	pou: ha'
garrapata (f)	မွား	hmwa:

pulga (f)	သန်း	than:
mosca (f) negra	မှက်အသေးစား	hme' athei: za:

langosta (f)	ကျိုင်းကောင်	kjain: kaun
caracol (m)	ခရု	khaju.
grillo (m)	ပုရစ်	paji'
luciérnaga (f)	ပိုးစုန်းကြူး	pou: zoun: gju:
mariquita (f)	လေဒီဘတ်ပိုးတောင်မာ	lei di ba' pou: daun ma
sanjuanero (m)	အုန်းပိုး	oun: bou:

sanguijuela (f)	မျှော	hmjo.
oruga (f)	ပေါက်ဖတ်	pau' hpe'
lombriz (m) de tierra	တီကောင်	ti gaun
larva (f)	ပိုးတုံးလုံး	pou: doun: loun:

184. Los animales. Las partes del cuerpo

pico (m)	ငှက်နှုတ်သီး	hnge' hnou' thi:
alas (f pl)	တောင်ပံ	taun pan
pata (f)	ခြေထောက်	chei htau'
plumaje (m)	အမွေး	ahmwei
pluma (f)	ငှက်မွေး	hnge' hmwei:
penacho (m)	အမောက်	amou'

branquias (f pl)	ပါးဟက်	pa: he'
huevas (f pl)	ငါးဥ	nga: u.
larva (f)	ပိုးလောက်လန်း	pou: lau' lan:
aleta (f)	ရေးတောင်	hsu: daun
escamas (f pl)	ကြေးခွံ	kjei: gwan

colmillo (m)	အစွယ်	aswe
garra (f), pata (f)	ခြေသည်းရှည်ပါသောဖဝါး	chei dhi: shi ba dho: ba. wa:
hocico (m)	နှုတ်သီး	hnou' thi:
boca (f)	ပါးစပ်	pa: zi'
cola (f)	အမြီး	ami:
bigotes (m pl)	နှုတ်ခမ်းမွေး	hnou' khan: hmwei:

| casco (m) (pezuña) | ခွါ | khwa |
| cuerno (m) | ဦးချို | u: gjou |

caparazón (m)	လိပ်ကျောခွံ	lei' kjo: ghwan
concha (f) (de moluscos)	အခွံ	akhun
cáscara (f) (de huevo)	ဥခွံ	u. gun

| pelo (m) (de perro) | အမွေး | ahmwei |
| piel (f) (de vaca, etc.) | သားရေ | tha: ei |

185. Los animales. El hábitat

hábitat (m)	ကျက်စားရာဒေသ	kje' za: ja dei dha.
migración (f)	ပြောင်းရွှေ့နေထိုင်ခြင်း	pjaun: shwei nei dain gjin:
montaña (f)	တောင်	taun

173

| arrecife (m) | ကျောက်တန်း | kjau' tan: |
| roca (f) | ကျောက်ဆောင် | kjau' hsain |

bosque (m)	သစ်တော	thi' to:
jungla (f)	တောရိုင်း	to: jain:
sabana (f)	အပူပိုင်းမြင်ခင်းလွင်ပြင်	apu bain: gjin gin: lwin pjin
tundra (f)	တန်ဒြာ-ကျုတ်တီးမြေ	tun dra kje' bi: mjei

estepa (f)	မြက်ခင်းလွင်ပြင်	mje' khin: lwin bjin
desierto (m)	သဲကန္တာရ	the: gan da ja.
oasis (m)	အိုအေစစ်	ou ei zi'

mar (m)	ပင်လယ်	pin le
lago (m)	ရေကန်	jei gan
océano (m)	သမုဒ္ဒရာ	thamou' daja

pantano (m)	ရွှံ့ ညွန်	shwan njun
de agua dulce (adj)	ရေချို	jei gjou
estanque (m)	ရေကန်ငယ်	jei gan nge
río (m)	မြစ်	mji'

cubil (m)	သားရဲလျှောင်အိမ်တွင်း	tha: je: hlaun ein twin:
nido (m)	ငှက်သိုက်	hnge' thai'
agujero (m)	အခေါင်းပေါက်	akhaun: bau'
madriguera (f)	မြေတွင်း	mjei dwin:
hormiguero (m)	ခြေတောင်ပို့	cha. daun bou.

La flora

186. Los árboles

árbol (m)	သစ်ပင်	thi' pin
foliáceo (adj)	ရွက်ပြတ်	jwe' pja'
conífero (adj)	ထင်းရှူးပင်နှင့်ဆိုင်သော	htin: shu: bin hnin. zain de.
de hoja perenne	အဲဗားဂရင်းပင်	e ba: ga rin: bin
manzano (m)	ပန်းသီးပင်	pan: dhi: bin
peral (m)	သစ်တော်ပင်	thi' to bin
cerezo (m)	ချယ်ရီသီးအချိုပင်	che ji dhi: akjou bin
guindo (m)	ချယ်ရီသီးအချဉ်ပင်	che ji dhi: akjin bin
ciruelo (m)	ဆီးပင်	hsi: bin
abedul (m)	ဘုဇပတ်ပင်	bu. za. ba' pin
roble (m)	ဝက်သစ်ချပင်	we' thi' cha. bin
tilo (m)	လင်ဒန်ပင်	lin dan pin
pobo (m)	ပေါ့ပလာပင်တစ်မျိုး	po. pa. la bin di' mjou:
arce (m)	မေပယ်ပင်	mei pe bin
pícea (f)	ထင်းရှူးပင်တစ်မျိုး	htin: shu: bin ti' mjou:
pino (m)	ထင်းရှူးပင်	htin: shu: bin
alerce (m)	ကတော့ပုံထင်းရှူးပင်	ka dau. boun din: shu: pin
abeto (m)	ထင်းရှူးပင်တစ်မျိုး	htin: shu: bin ti' mjou:
cedro (m)	သစ်ကတိုးပင်	thi' gadou: bin
álamo (m)	ပေါ့ပလာပင်	po. pa. la bin
serbal (m)	ရာအန်ပင်	ra an bin
sauce (m)	မိုးမခပင်	mou: ma. ga. bin
aliso (m)	အိုလ်ဒါပင်	oun da bin
haya (f)	ယင်းသစ်	jin: dhi'
olmo (m)	အမ်ပင်	an bin
fresno (m)	အက်ရှ်အပင်	e' sh apin
castaño (m)	သစ်အယ်ပင်	thi' e
magnolia (f)	တတိုင်းမွှေးပင်	ta tain: hmwei: bin
palmera (f)	ထန်းပင်	htan: bin
ciprés (m)	စိုက်ပရက်စ်ပင်	sai' pa. je's pin
mangle (m)	လမုပင်	la. mu. bin
baobab (m)	ကန္တာရပေါက်ပင်တစ်မျိုး	kan ta ja. bau' bin di' chju:
eucalipto (m)	ယူကလစ်ပင်	ju kali' pin
secoya (f)	ဆီကွိုလာပင်	hsi gwou la pin

187. Los arbustos

mata (f)	ချုံပုတ်	choun bou'
arbusto (m)	ချုံ	choun

| vid (f) | စပျစ် | zabji' |
| viñedo (m) | စပျစ်ခြံ | zabji' chan |

frambueso (m)	ရက်စ�‌ဘယ်ရီ	re' sa be ji
grosellero (m) negro	ဘလက်ကားရန့်	ba. le' ka: jan.
grosellero (m) rojo	အနီ‌ရောင်ဘယ်ရီသီး	ani jaun be ji dhi:
grosellero (m) espinoso	ကုလားဆီးဖြူပင်	kala: zi: hpju pin

acacia (f)	အ‌ကေရှားပင်	akei sha: bin:
berberís (m)	ဘားဘယ်ရီပင်	ba: be' ji bin
jazmín (m)	စံပယ်ပင်	san be bin

enebro (m)	ဂျူနီပါပင်	gju ni ba bin
rosal (m)	နှင်းဆီရှို	hnin: zi gjun
escaramujo (m)	‌တောရိုင်းနှင်းဆီပင်	to: ein: hnin: zi bin

188. Los hongos

seta (f)	မှို	hmou
seta (f) comestible	စားသုံးနိုင်‌သောမှို	sa: dhoun: nein dho: hmou
seta (f) venenosa	အဆိပ်ရှိ‌သောမှို	ahsei shi. de. hmou
sombrerete (m)	မှိုဗွင်	hmou bwin.
estipe (m)	မှို‌ခြေ‌ထောက်	hmou gjei dau'

seta calabaza (f)	မှိုရှင်‌တောင်	hmou gjin daun
boleto (m) castaño	ထိပ်အဝါ‌ရောင်ရှိ‌သောမှို	htei' awa jaun shi. de. hmou
boleto (m) áspero	‌ခြေ‌ထောက်ရှည်မှိုတစ်မျိုး	chei htau' shi hmou di' mjou:
rebozuelo (m)	ချန်တ‌ရယ်မှို	chan ta. je hmou
rúsula (f)	ရှာ‌ဆယ်လာမှို	ja. ze la hmou

| colmenilla (f) | ထိပ်ပွလုံး‌သောမှို တစ်မျိုး | htei' loun: dho: hmou di' mjou: |

| matamoscas (m) | အနီ‌ရွှေ‌ရောင်ရှိ‌သော မှိုတစ်မျိုး | ani jaun shi. dho: hmou di' mjou: |

| oronja (f) verde | ဒက်ကုပ်မှို | de' ke. p hmou |

189. Las frutas. Las bayas

| fruto (m) | အသီး | athi: |
| frutos (m pl) | အသီးများ | athi: mja: |

manzana (f)	ပန်းသီး	pan: dhi:
pera (f)	သစ်‌တော်သီး	thi' to dhi:
ciruela (f)	ဆီးသီး	hsi: dhi:

fresa (f)	စ‌တော်ဘယ်ရီသီး	sato be ri dhi:
guinda (f)	ချယ်ရီရှင့်သီး	che ji gjin dhi:
cereza (f)	ချယ်ရီရှိုသီး	che ji gjou dhi:
uva (f)	စပျစ်သီး	zabji' thi:

| frambuesa (f) | ရက်စ‌ဘယ်ရီ | re' sa be ji |
| grosella (f) negra | ဘလက်ကားရန့် | ba. le' ka: jan. |

grosella (f) roja	အနီရောင်ဘယ်ရှိသီး	ani jaun be ji dhi:
grosella (f) espinosa	ကလားဆီးဖျူ	ka. la: his: hpju
arándano (m) agrio	ကရမ်ဘယ်ရှိ	ka. jan be ji

naranja (f)	လိမ္မော်သီး	limmo dhi:
mandarina (f)	ပျားလိမ္မော်သီး	pja: lein mo dhi:
piña (f)	နာနတ်သီး	na na' dhi:
banana (f)	ငှက်ပျောသီး	hnge' pjo: dhi:
dátil (m)	စွန်ပလွံသီး	sun palun dhi:

limón (m)	သံပုရာလွှသီး	than bu. jou dhi:
albaricoque (m)	တရှတ်ဆီးသီး	jau' hsi: dhi:
melocotón (m)	မက်မွန်သီး	me' mwan dhi:
kiwi (m)	ကီဝီသီး	ki wi dhi
toronja (f)	ဂရိတ်ဖရှသီး	ga. ri' hpa. ju dhi:

baya (f)	ဘယ်ရှိသီး	be ji dhi:
bayas (f pl)	ဘယ်ရှိသီးများ	be ji dhi: mja:
arándano (m) rojo	အနီရောင်ဘယ်ရှိသီးတစ်မျိုး	ani jaun be ji dhi: di: mjou:
fresa (f) silvestre	စတော်ဘယ်ရှရင်း	sato be ri jain:
arándano (m)	ဘီလ်ဘယ်ရှိအသီး	bi' l be ji athi:

---

190. Las flores. Las plantas

| flor (f) | ပန်း | pan: |
| ramo (m) de flores | ပန်းစည်း | pan: ze: |

rosa (f)	နှင်းဆီပန်း	hnin: zi ban:
tulipán (m)	ကျူးလစ်ပန်း	kju: li' pan:
clavel (m)	ဇော်မှားပန်း	zo hmwa: bin:
gladiolo (m)	သစ္စာပန်း	thi' sa ban:

aciano (m)	အပြာရောင်တောပန်းတစ်မျိုး	apja jaun dho ban: da' mjou:
campanilla (f)	ခေါင်းရှန်းအပြာပန်း	gaun: jan: apja ban:
diente (m) de león	တောပန်းအဝါတစ်မျိုး	to: ban: awa ti' mjou:
manzanilla (f)	မေမြို့ပန်း	mei. mjou. ban:

áloe (m)	ရှားစောင်းလက်ပတ်ပင်	sha: zaun: le' pa' pin
cacto (m)	ရှားစောင်းပင်	sha: zaun: bin
ficus (m)	ရော်ဘာပင်	jo ba bin

azucena (f)	နှင်းပန်း	hnin: ban:
geranio (m)	ကြွေပန်းတစ်မျိုး	kjwei ban: da' mjou:
jacinto (m)	ဗေဒါပန်း	bei da ba:

mimosa (f)	ထိကရုံးကြီးပင်	hti. ga. joun: gji: bin
narciso (m)	နားစိဆက်ခဲပင်	na: zi ze's pin
capuchina (f)	တောင်ကြာကလေး	taun gja galei:

orquídea (f)	သစ်ခွပင်	thi' khwa. bin
peonía (f)	ဝန္ထပန်း	san dapan:
violeta (f)	ဗိုင်းအိုးလက်	bain: ou le'
trinitaria (f)	ပေါင်ဒါပန်း	paun da ban:
nomeolvides (f)	ခင်မမေ့ပန်း	khin ma. mei. pan:

margarita (f)	ဒေစိပန်း	dei zi bin
amapola (f)	ဘိန်းပင်	bin: bin
cáñamo (m)	ဆေးခြောက်ပင်	hsei: chau' pin
menta (f)	ပူစီနံ	pu zi nan

muguete (m)	နင်းပန်းတစ်မျိုး	hnin: ban: di' mjou:
campanilla (f) de las nieves	နင်းခေါင်းလောင်းပန်း	hnin: gaun: laun: ban:

ortiga (f)	ဖက်ယားပင်	hpe' ja: bin
acedera (f)	မှော်ရှဉ့်ပင်	hmjo gji bin
nenúfar (m)	ကြာ	kja
helecho (m)	ဖန်းပင်	hpan: bin
liquen (m)	သစ်ကပ်မှော်	thi' ka' hmo

invernadero (m) tropical	ဖန်လုံအိမ်	hpan ain
césped (m)	မြက်ခင်း	mje' khin:
macizo (m) de flores	ပန်းစိုက်ခင်း	pan: zai' khan:

planta (f)	အပင်	apin
hierba (f)	မြက်	mje'
hoja (f) de hierba	ရွက်ချွန်း	jwe' chun:

hoja (f)	အရွက်	ajwa'
pétalo (m)	ပွင့်ချပ်	pwin: gja'
tallo (m)	ပင်စည်	pin ze
tubérculo (m)	ဥမြစ်	u. mi'

retoño (m)	အစို့အညှောက်	asou./a hnjau'
espina (f)	ဆူး	hsu:

florecer (vi)	ပွင့်သည်	pwin: de
marchitarse (vr)	ညှိုးနွမ်းသည်	hnjou: nun: de
olor (m)	အနံ့	anan.
cortar (vt)	ရိတ်သည်	jei' te
coger (una flor)	ခူးသည်	khu: de

191. Los cereales, los granos

grano (m)	နံစားပင်တို့၏ အစေ့အဆန်	hnan za: bin dou. i. asei. ahsan
cereales (m pl) (plantas)	ကောက်ပဲသီးနှံ	kau' pe: dhi: nan
espiga (f)	အနှံ	ahnan

trigo (m)	ဂျုံ	gja. mei: ka:
centeno (m)	ဂျုံရိုင်း	gjoun jain:
avena (f)	မြင်းစားဂျုံ	mjin: za: gjoun
mijo (m)	ကောက်ပဲသီးနှံပင်	kau' pe: dhi: nan bin
cebada (f)	မုယောစပါး	mu. jo za. ba:

maíz (m)	ပြောင်းဖူး	pjaun: bu:
arroz (m)	ဆန်စပါး	hsan zaba
alforfón (m)	ပန်းဂျုံ	pan: gjun
guisante (m)	ပဲစေ့	pe: zei.
fréjol (m)	ပိုလ်စားပဲ	bou za: be:

soya (f)	ပဲပုစဲ	pe: bou' pe
lenteja (f)	ပဲနီကလေး	pe: ni ga. lei:
habas (f pl)	ပဲအမျိုးမျိုး	pe: amjou: mjou:

GEOGRAFÍA REGIONAL

192. La política. El gobierno. Unidad 1

política (f)	နိုင်ငံရေး	nain ngan jei:
político (adj)	နိုင်ငံရေးနှင့်ဆိုင်သော	nain ngan jei: hnin. zain de
político (m)	နိုင်ငံရေးသမား	nain ngan jei: dhama:
estado (m)	နိုင်ငံ	nain ngan
ciudadano (m)	နိုင်ငံသား	nain ngan dha:
ciudadanía (f)	နိုင်ငံသားအဖြစ်	nain ngan dha: ahpji'
escudo (m) nacional	နိုင်ငံတော်တံဆိပ်	nain ngan da dan zei'
himno (m) nacional	နိုင်ငံတော်သီချင်း	nain ngan do dhi gjin:
gobierno (m)	အစိုးရ	asou: ja. hpja' te.
jefe (m) de estado	နိုင်ငံခေါင်းဆောင်	nain ngan gaun zaun
parlamento (m)	ပါလီမန်	pa li man
partido (m)	ပါတီ	pa ti
capitalismo (m)	အရင်းရှင်ဝါဒ	ajin: hjin wa da.
capitalista (adj)	အရင်းရှင်	ajin: shin
socialismo (m)	ဆိုရှယ်လစ်ဝါဒ	hsou she la' wa da.
socialista (adj)	ဆိုရှယ်လစ်	hsou she la'
comunismo (m)	ကွန်မြူနစ်ဝါဒ	kun mu ni' wa da.
comunista (adj)	ကွန်မြူနစ်	kun mu ni'
comunista (m)	ကွန်မြူနစ်ဝါဒယုံကြည်သူ	kun mu ni' wa da. joun kji dhu
democracia (f)	ဒီမိုကရေစီဝါဒ	di mou ka jei zi wa da.
demócrata (m)	ဒီမိုကရေစီယုံကြည်သူ	di mou ka jei zi joun gji dhu
democrático (adj)	ဒီမိုကရေစီနှင့်ဆိုင်သော	di mou ka jei zi hnin zain de.
Partido (m) Democrático	ဒီမိုကရေစီပါတီ	di mou ka jei zi pa ti
liberal (m)	လစ်ဘရယ်	li' ba. je
liberal (adj)	လစ်ဘရယ်နှင့်ဆိုင်သော	li' ba. je hnin. zain de.
conservador (m)	ကွန်ဆာဝေးတစ်လိုလားသူ	kun sa bei: ti' lou la: dhu:
conservador (adj)	ကွန်ဆာဝေးတစ်နှင့်ဆိုင်သော	kun sa bei: ti' hnin. zain de.
república (f)	သမ္မတနိုင်ငံ	thamada. nain ngan
republicano (m)	သမ္မတစနစ်လိုလားသူ	thamada. zani' lou la: dhu
Partido (m) Republicano	သမ္မတစနစ်လိုလားသော	thamada. zani' lou la: de.
elecciones (f pl)	ရွေးကောက်ပွဲ	jwei: kau' pwe:
elegir (vi)	မဲပေးရွေးရှယ်သည်	me: bei: jwei: gje de
elector (m)	မဲဆန္ဒရှင်	me: hsan da. shin
campaña (f) electoral	မဲဆွယ်ပွဲ	me: hswe bwe:
votación (f)	ဆန္ဒမဲပေးရြင်း	hsan da. me: pwei: gjin

| votar (vi) | သန္ဓမဲပေးသည် | hsan da. me: pwei: de |
| derecho (m) a voto | သန္ဓမဲပေးခွင့် | hsan da. me: khwin. |

candidato (m)	ကိုယ်စားလှယ်လောင်း	kou za: hle laun:
presentarse como candidato	ရွေးကောက်ပွဲဝင်သည်	jwei: kau' pwe: win de
campaña (f)	လုပ်ဆောင်မှုများ	lou' zaun hmu. mja:

| de oposición (adj) | အတိုက်အခံဖြစ်သော | atoi' akhan hpja' tho: |
| oposición (f) | အတိုက်အခံပါတီ | atoi' akhan ba di |

visita (f)	အလည်အပတ်	ale apa'
visita (f) oficial	တရားဝင်အလည်အပတ်	taja: win alei apa'
internacional (adj)	အပြည်ပြည်ဆိုင်ရာဖြစ်သော	apji pji zain ja bja' de.

| negociaciones (f pl) | ဆွေးနွေးပွဲ | hswe: nwe: bwe: |
| negociar (vi) | ဆွေးနွေးသည် | hswe: nwe: de |

193. La política. El gobierno. Unidad 2

sociedad (f)	လူထု	lu du
constitución (f)	ဖွဲ့စည်းပုံအခြေ ခံဥပဒေ	hpwe. zi: boun akhei gan u. ba. dei
poder (m)	အာဏာ	a na
corrupción (f)	ခြစားမှု	cha. za: hmu.

| ley (f) | ဥပဒေ | u. ba. dei |
| legal (adj) | တရားဥပဒေတောင်
တွင်းဖြစ်သော | taja: u ba dei baun twin: bji' te. |

| justicia (f) | တရားမျှတခြင်း | taja: hmja. ta. gjin: |
| justo (adj) | တရားမျှတသော | taja: hmja. ta. de. |

comité (m)	ကော်မတီ	ko ma. din
proyecto (m) de ley	ဥပဒေကြမ်း	u. ba. dei gjan:
presupuesto (m)	ဘဏ္ဍာချက်	ba' gje'
política (f)	မူဝါဒ	mu wa da.
reforma (f)	ပြုပြင်ပြောင်းလဲမှု	pju. bjin bjaun: le: hmu.
radical (adj)	အစွန်းရောက်သော	aswan: jau' de.

potencia (f) (~ militar, etc.)	အား	a:
poderoso (adj)	အင်အားကြီးသော	in a: kji: de.
partidario (m)	ထောက်ခံအားပေးသူ	htau' khan a: bei: dhu
influencia (f)	သြဇာ	o: za

régimen (m)	အစိုးရစနစ်	asou: ja. za. na'
conflicto (m)	အငြင်းပွားမှု	anjin: bwa: hmu.
complot (m)	လျှို့ဝှက်ပူးပေါင်း ကြံစည်ချက်	shou. hwe' pu: baun: kjan ze gje'
provocación (f)	ရန်စခြင်း	jan za gjin:

derrocar (al régimen)	ဖြုတ်ချသည်	hpjou' cha. de
derrocamiento (m)	ဖြုတ်ချခြင်း	hpjou' cha. chin:
revolución (f)	တော်လှန်ရေး	to hlan jei:
golpe (m) de estado	အာဏာသိမ်းခြင်း	a na thein: gjin:

golpe (m) militar	လက်နက်နှင့် အာဏာသိမ်းခြင်း	le' ne' hnin.a na dhain: gjin:
crisis (f)	အရက်အခိကာလ	akhe' akhe: ga la.
recesión (f) económica	စီးပွားရေးကျဆင်းခြင်း	si: bwa: jei: gja zin: gjin:
manifestante (m)	ဆန္ဒပြသူ	hsan da. bja dhu
manifestación (f)	ဆန္ဒပြပွဲ	hsan da. bja bwe:
ley (f) marcial	စစ်အရေးအနေ	si' achei anei
base (f) militar	စစ်စခန်း	si' sakhan
estabilidad (f)	တည်ငြိမ်မှု	ti njein hnu
estable (adj)	တည်ငြိမ်သော	ti njein de.
explotación (f)	ခေါင်းပုံဖြတ်ခြင်း	gaun: boun bja' chin:
explotar (vt)	ခေါင်းပုံဖြတ်သည်	gaun: boun bja' te
racismo (m)	လူမျိုးကြီးဝါဒ	lu mjou: gji: wa da.
racista (m)	လူမျိုးရေးခွဲခြားသူ	lu mjou: jei: gwe: gjal dhu
fascismo (m)	ဖက်ဆစ်ဝါဒ	hpe' hsi' wa da.
fascista (m)	ဖက်ဆစ်ဝါဒီ	hpe' hsi' wa di

194. Los países. Miscelánea

extranjero (m)	နိုင်ငံခြားသား	nain ngan gja: dha:
extranjero (adj)	နိုင်ငံခြားနှင့်ဆိုင်သော	nain ngan gja: hnin. zain de.
en el extranjero	နိုင်ငံရပ်ခြား	nain ngan ja' cha:
emigrante (m)	အခြားနိုင်ငံတွင် အခြေချသူ	apja: nain ngan dwin agjei gja dhu
emigración (f)	အခြားနိုင်ငံတွင် အခြေချခြင်း	apja: nain ngan dwin agjei gja gjin:
emigrar (vi)	အခြားနိုင်ငံတွင် အခြေချသည်	apja: nain ngan dwin agjei gja de
Oeste (m)	အနောက်အရပ်	anau' aja'
Oriente (m)	အရှေ့အရပ်	ashei. aja'
Extremo Oriente (m)	အရှေ့ဖျား	ashei. bja:
civilización (f)	လူနေမှုစနစ် ထွန်းကားခြင်း	lu nei hma za ni' htun: ga: gjin:
humanidad (f)	လူသားခြင်းစာနာမှု	lu dha: gjin: za na hmu
mundo (m)	ကမ္ဘာ	ga ba
paz (f)	ငြိမ်းချမ်းရေး	njein: gjan: jei:
mundial (adj)	ကမ္ဘာတစ်ခွင်ဖြစ်နေသော	ga ba ta khwin hpji' nei de.
patria (f)	မွေးရပ်မြေ	mwei: ja' mjei
pueblo (m)	ပြည်သူလူထု	pji dhu lu du.
población (f)	လူဦးရေ	lu u: ei
gente (f)	လူများ	lu mja:
nación (f)	လူမျိုး	lu mjou:
generación (f)	မျိုးဆက်	mjou: ze'
territorio (m)	နယ်မြေ	ne mjei
región (f)	အပိုင်း	apain:
estado (m) (parte de un país)	ပြည်နယ်	pji ne
tradición (f)	အစဉ်အလာ	asin ala

| costumbre (f) | ဓဝလ္ | da lei. |
| ecología (f) | ဂေဟဗေဒ | gei ha. bei da. |

indio (m)	အိန္ဒိယလူမျိုး	indi. ja thu amjou:
gitano (m)	ဂျိပ္ဆီ	gji' pa. si
gitana (f)	ဂျိပ္ဆီမိန်းကလေး	gji' pa. si min: ga. lei
gitano (adj)	ဂျိပ္ဆီနှင့်ဆိုင်သော	gji' pa. si hnin. zain de.

imperio (m)	အင်ပါယာ	in pa jaa
colonia (f)	ကိုလိုနီ	kou lou ni
esclavitud (f)	ကျွန်ဘဝ	kjun: ba. wa.
invasión (f)	ကျူးကျော်ခြင်း	kju: gjo gjin:
hambruna (f)	ငတ်မွတ်ခြင်းသော:	nga' mwa' khin: dhei:

195. Grupos religiosos principales. Las confesiones

| religión (f) | ဘာသာအယူဝါဒ | ba dha alu wa da. |
| religioso (adj) | ဘာသာရေးကိုင်းရှိုင်းသော | ba dha jei: gain: shin: de. |

creencia (f)	ယုံကြည်ကိုးကွယ်မှု	joun kji gou: gwe hmu.
creer (en Dios)	ယုံကြည်ကိုးကွယ်သည်	joun kji gou: gwe de
creyente (m)	ယုံကြည်ကိုးကွယ်သူ	joun kji gou: gwe dhu

| ateísmo (m) | ဖန်ဆင်းရှင်ဘုရား မှဲ့ဝါဒ | hpan zin: shin bu ja: me. wa da. |

| ateo (m) | ဖန်ဆင်းရှင်ဘုရား မှဲ့ဝါဒ | hpan zin: shin bu ja: me. wa di |

cristianismo (m)	ခရစ်ယာန်ဘာသာ	khari' jan ba dha
cristiano (m)	ခရစ်ယာန်	khari' jan
cristiano (adj)	ခရစ်ယာန်နှင့်ဆိုင်သော	khari' jan hnin. zain de

catolicismo (m)	ရိုမန်ကတ်သလစ်ဝါဒ	jou man ga' tha. li' wa da.
católico (m)	ကတ်သလစ်ဂိုဏ်းဝင်	ka' tha li' goun: win
católico (adj)	ကတ်သလစ်နှင့်ဆိုင်သော	ka' tha li' hnin zein de

protestantismo (m)	ပရိုတက်စတင့်ဝါဒ	pa. jou te' sa tin. wa da.
Iglesia (f) protestante	ပရိုတက်စတင့်အသင်းတော်	pa. jou te' sa tin athin: do
protestante (m)	ပရိုတက်စတင့်ဂိုဏ်းဝင်	pa. jou te' sa tin gain: win

ortodoxia (f)	အော်သိုဒေါ့ဝါဒ	o dhou do. athin wa da.
Iglesia (f) ortodoxa	အော်သိုဒေါ့အသင်းတော်	o dhou do. athin: do
ortodoxo (m)	အော်သိုဒေါ့နှင့်ဆိုင်သော	o dhou do. athin: de.

presbiterianismo (m)	ပရက်စ်ဘိုင်တီးရီးယန်းဝါဒ	pa. je's bain di: ji: jan: wa da.
Iglesia (f) presbiteriana	ပရက်စ်ဘိုင်တီးရီး ယန်အသင်းတော်	pa. je's bain di: ji: jan athin: do
presbiteriano (m)	ပရက်စ်ဘိုင်တီးရီး ယန်းဂိုဏ်းဝင်	pa. je's bain di: ji: jan: gain: win

Iglesia (f) luterana	လူသာရင်ဝါဒ	lu dha jin wa da.
luterano (m)	လူသာရင်ဂိုဏ်းဝင်	lu dha jin gain: win
Iglesia (f) bautista	နှစ်ခြင်းအသင်းတော်	hni' chin: a thin: do
bautista (m)	နှစ်ခြင်းဂိုဏ်းဝင်	hni' chin: gain: win

Iglesia (f) anglicana	အင်္ဂလိကန်အသင်းတော်	angga. li kan - athin: do
anglicano (m)	အင်္ဂလိကန်ဝိုက်းဝင်	angga. li kan gain win
mormonismo (m)	မောမောန်ဝါဒ	mo maun wa da.
mormón (m)	မော်မောန်ဝိုက်းဝင်	mo maun gain: win
judaísmo (m)	ဂျူးဘာသာ	gju: ba dha
judío (m)	ဂျူးဘာသာဝင်	gju: ba dha win
budismo (m)	ဗုဒ္ဓဘာသာ	bou' da. ba dha
budista (m)	ဗုဒ္ဓဘာသာဝင်	bou' da. ba dha win
hinduismo (m)	ဟိန္ဒူဘာသာ	hin du ba dha
hinduista (m)	ဟိန္ဒူဘာသာဝင်	hin du ba dha win
Islam (m)	အစ္စလမ်ဘာသာ	a' sa. lan ba dha
musulmán (m)	မွတ်စလင်ဘာသာဝင်	mu' sa lin ba dha win
musulmán (adj)	မွတ်စလင်နှင့်ဆိုင်သော	mu' sa lin hnin. zain de.
chiísmo (m)	ရှီးအိုက်အစွလာမ်ဝိုက်း	shi: ai' asa. lan gain:
chiita (m)	ရှီးအိုက်ထောက်ခံသူ	shi: ai' htau' khan dhu
sunismo (m)	စွန်နီအစွလာမ်ဝိုက်း	sun ni i' sa lan gain:
suní (m, f)	စွန်နီထောက်ခံသူ	sun ni dau' khan dhu

196. Las religiones. Los sacerdotes

sacerdote (m)	ခရစ်ယာန်ဘုန်းကြီး	khari' jan boun: gji:
Papa (m)	ပုပ်ရဟန်းမင်းကြီး	pou' ja. han: min: gji:
monje (m)	ဘုန်းကြီး	hpoun: gji:
monja (f)	သီလရှင်	thi la shin
pastor (m)	သင်းအုပ်ဆရာ	thin: ou' zaja
abad (m)	ကျောင်းထိုင်ဆရာတော်	kjaun: dain zaja do
vicario (m)	ဗိကာဘုန်းတော်ကြီး	bi ka boun: do kji:
obispo (m)	ဘစ်ရှော့ပ်ဘုန်းကြီး	ba' shau' hpoun: gja:
cardenal (m)	ကာဒီနယ်ဘုန်းကြီး	ka di ne boun: gji:
predicador (m)	ခရစ်ယာန်တရားဟောဆရာ	khari' jan da. ja ho: zaja
prédica (f)	တရားဟောခြင်း	taja ho: gjin:
parroquianos (pl)	အသင်းတော်နှင့်သက်ဆိုင်သူများ	athin: do hnin. dha' hsain: dhu mja:
creyente (m)	ယုံကြည်ကိုးကွယ်သူ	joun kji gou: gwe dhu
ateo (m)	ဖန်ဆင်းရှင်မရှိယုံကြည်သူ	hpan zin: shin ma. shi. joun gji dhu

197. La fe. El cristianismo. El islamismo

| Adán | အာဒံ | adan |
| Eva | ဧဝ | ei wa. |

Dios (m)	ဘုရား	hpaja:
Señor (m)	ဘုရားသခင်	hpaja: dha gin
el Todopoderoso	ထာဝရဘုရားသခင်	hta wa. ja: bu. ja: dha. gin

pecado (m)	အပြစ်	apja'
pecar (vi)	မကောင်းမှုပြုသည်	ma. gaun: hmu. bju. de
pecador (m)	မကောင်းမှုပြုလုပ်သူ	ma. gaun: hmu. bju. lou' thu
pecadora (f)	မကောင်းမှုပြုလုပ်သူ	ma. gaun: hmu. bju. lou' thu

infierno (m)	ငရဲ	nga. je:
paraíso (m)	ကောင်းကင်ဘုံ	kaun: gin boun

Jesús	ယေရှု	jei shu
Jesucristo (m)	ယေရှုခရစ်တော်	jei shu khari' to

el Espíritu Santo	သန့်ရှင်းသောဝိညာဉ်တော်	than. shin: dho: bein njin do
el Salvador	ကယ်တင်ရှင်သခင်	ke din shin dhakhin
la Virgen María	ဘုရားသခင်၏ မိခင်အပျိုစင်မာရိ	hpaja: dha gin i. amjou za' ma ji.

el Diablo	မကောင်းဆိုးဝါး	ma. gaun: zou: wa:
diabólico (adj)	မကျက်ဆင်းဆိုးဝါး နှင့်ဆိုင်သော	ma. gaun: zou: wa: hnin. zain de.
Satán (m)	စာတန်မာရ်နတ်	hsa tan ma na'
satánico (adj)	စေတန်မာရ်နတ်ဖြစ်သော	sei tan man na' hpji' te.

ángel (m)	ဘုရားသခင်၏တမန်	hpaja: dha gin i. da man
ángel (m) custodio	ကိုယ်စောင့်ကောင်းကင်တမန်	kou zaun. kan: kin da. man
angelical (adj)	အပြစ်ကင်းစင်သော	apja' kin: zin de.

apóstol (m)	တမန်တော်	taman do
arcángel (m)	ကောင်းကင်တမန်မင်း	kaun: gin da. man min:
anticristo (m)	အန္တိခရစ်-ခရစ်တော် ကိုဆန့်ကျင်သူ	anti khari' - khari' to kou zin. kjin dhu

Iglesia (f)	အသင်းတော်	athin: do
Biblia (f)	ခရစ်ယာန့်သမ္မာကျမ်းစာ	khari' jan dhan ma gjan: za
bíblico (adj)	သမ္မာကျမ်းလာ	than ma gjan: la

Antiguo Testamento (m)	ဓမ္မဟောင်းကျမ်း	dama. hain gjan:
Nuevo Testamento (m)	ဓမ္မသစ်ကျမ်း	dama. dha' kjan:
Evangelio (m)	ခရစ်ဝင်ကျမ်း	khari' win gjan:
Sagrada Escritura (f)	သန့်ရှင်းမြင့်မြတ် သောသမ္မာကျမ်းစာ	than. shin: mjin. mja' te. than ma gjan: za

cielo (m)	ကောင်းကင်ဘုံ	kaun: gin boun

mandamiento (m)	ကျင့်စောင့်ရမည့် ပညတ်တရား	kjin. zain. ja. mji. ba. nja' ta ja:

profeta (m)	ပရောဖက်	pa. jo. hpe'
profecía (f)	ကြိုတင်ဟောကိန်း	kjou din ho: kein:

Alá	အလ္လာဟ်	al la'
Mahoma	မိုဟာမက်	mou ha ma'
Corán, Korán (m)	ကိုရန်ကျမ်း	kou jan kjein:
mezquita (f)	ဗလီ	bali
mulá (m), mullah (m)	ဗလီဆရာ	bali zaja

oración (f)	ဆုတောင်းစကား	hsu. daun: zaga:
orar, rezar (vi)	ရှိခိုးသည်	shi. gou: de
peregrinación (f)	ဘုရားဖူးခရီး	hpaja: hpu: ga ji:
peregrino (m)	ဘုရားဖူး	hpaja: hpu:
La Meca	မက္ကာမြို့	me' ka mjou.
iglesia (f)	ခရစ်ယာန်ဘုရားကျောင်း	khari' jan bu. ja: gjaun:
templo (m)	ဘုရားကျောင်း	hpaja: gjaun:
catedral (f)	ဘုရားရှိခိုးကျောင်းတော်	hpaja: gjaun: do:
gótico (adj)	ဂေါ့သစ်စ် ဗိသုကာဖြစ်သော	go. dhi' kh bi. dhou ka bji' de
sinagoga (f)	ဂျူးဘုရားရှိခိုးကျောင်း	gju: bou ja: shi. gou: kjaun:
mezquita (f)	ဗလီ	bali
capilla (f)	ဝတ်ပြုဆုတောင်းရာနေရာ	wa' pju. u. daun: ja nei ja
abadía (f)	ခရစ်ယာန်ကျောင်းတိုက်	khari' jan gjaun: dai'
convento (m)	သီလရှင်ကျောင်း	thi la shin kjaun:
monasterio (m)	ဘုန်းကြီးကျောင်း	hpoun: gji: gjaun:
campana (f)	ခေါင်းလောင်း	gaun: laun:
campanario (m)	ခေါင်းလောင်းစင်	gaun: laun: zin
sonar (vi)	တီးသည်	ti: de
cruz (f)	လက်ဝါးကပ်တိုင်	le' wa: ka' tain
cúpula (f)	လိပ်ခုံးပုံအမိုး	lei' khoun: boun amou:
icono (m)	ခရစ်ယာန်သူတော်စင်ပုံ	khari' jan dhu do zin boun
alma (f)	အသက်ဝိညာဉ်	athe'
destino (m)	ကံတရား	kan daja:
maldad (f)	အဆိုး	ahsou:
bien (m)	ကောင်းမှု	kaun: hma.
vampiro (m)	သွေးစုပ်ဖုတ်ကောင်	thwei: zou' hpou' kaun
bruja (f)	စုန်းမ	soun: ma.
demonio (m)	နတ်ဆိုး	na' hsou:
espíritu (m)	ဝိညာဉ်	wi. njan
redención (f)	အပြစ်မှကယ်နှုတ်ခံရခြင်း	apja' hma. ge hnou' knan ja. gjin:
redimir (vt)	အပြစ်မှကယ်နှုတ်သည်	apja' hma. ge nou' te
culto (m), misa (f)	အသင်းတော်ဝတ်ပြုစည်းဝေး	athin: do wu' pju zi: wei:
decir misa	ဝတ်ပြုသည်	wa' pju. de
confesión (f)	ဝန်ခံခြင်း	wun khan gjin:
confesarse (vr)	အပြစ်ဝန်ခံသည်	apja' wun gan de
santo (m)	သူတော်စင်	thu do zin
sagrado (adj)	မြင့်မြတ်သော	mjin. mja' te.
agua (f) santa	သန့်ရှင်းမြင့်မြတ်သောရေ	than. shin: mjin. mja' te. jei
rito (m)	ထုံးတမ်းဓလေ့	htoun: dan: dalei.
ritual (adj)	ထုံးတမ်းဓလေ့ဖြစ်သော	htoun: dan: dalei. bji' te.
sacrificio (m)	ယဇ်ပူဇော်ခြင်း	ji' pu zo gjin:
superstición (f)	အယူသီးခြင်း	aju dhi: gjin:
supersticioso (adj)	အယူသီးသော	aju dhi: de

vida (f) de ultratumba	တမလွန်	tamalun
vida (f) eterna	ထာဝရ ရှင်သန်ခြင်းဘဝ	hta wa. ja. shin dhan gjin: ba. wa.

MISCELÁNEA

198. Varias palabras útiles

alto (m) (parada temporal)	ရပ်နားခြင်း	ja' na: gjin:
ayuda (f)	အကူအညီ	aku anji
balance (m)	ဟန်ချက်ညီမျှမှု	han gje' nji hma. hmu.
barrera (f)	အတားအဆီး	ata: ahsi:
base (f) (~ científica)	အခြေခံ	achei khan

categoría (f)	အမျိုးအစား	amjou: asa:
causa (f)	အကြောင်း	akjaun:
coincidencia (f)	တိုက်ဆိုင်မှု	tai' hsain hmu.
comienzo (m) (principio)	အစ	asa.
comparación (f)	နိုင်းယှဉ်ခြင်း	hnain: shin gjin:

compensación (f)	လျော်ကြေး	jo kjei:
confortable (adj)	သက်သောင့်သက်သာရှိသော	the' thaun. dhe' tha shi. de
cosa (f) (objeto)	ပစ္စည်း	pji' si:
crecimiento (m)	ကြီးထွားမှု	kji: htwa: hmu.

desarrollo (m)	ဖွံ့ဖြိုးတိုးတက်မှု	hpjun. bjou: dou: de' hmu.
diferencia (f)	ကွာဟချက်	kwa ha. che'
efecto (m)	အကျိုးဆက်	akjou: amja' hse'
ejemplo (m)	နမူနာ	na. mu na
variedad (f) (selección)	ရွေးချယ်မှု	jwei: che hmu.

elemento (m)	အစိတ်အပိုင်း	asei' apain:
error (m)	အမှား	ahma:
esfuerzo (m)	အားထုတ်ကြိုးပမ်းမှု	a: htou' kjou: ban: hmu.
estándar (adj)	စံဖြစ်သော	san bji' te.
estándar (m)	စံ	san

estilo (m)	ပုံစံ	poun zan
fin (m)	အဆုံး	ahsoun:
fondo (m) (color de ~)	နောက်ခံ	nau' khan
forma (f) (contorno)	ပုံသဏ္ဌာန်	poun thadan
frecuente (adj)	မကြာခဏဖြစ်သော	ma. gja gan bji' de.

grado (m) (en mayor ~)	အတိုင်းအတာ	atain: ata
hecho (m)	အချက်အလက်	ache' ale'
ideal (m)	စံပြ	san bja.
laberinto (m)	ဝင်္ကပါ	win gaba
modo (m) (de otro ~)	နည်းလမ်း	ne: lan:

momento (m)	အခိုက်	akhai'
objeto (m)	အရာ	aja
obstáculo (m)	အဟန့်အတား	ahan. ata:
original (m)	မူရင်း	mu jin:
parte (f)	အပိုင်း	apain:

partícula (f)	အမှုန့်	ahmoun.
pausa (f)	ရပ်ခြင်း	ja' chin:
posición (f)	နေရာ	nei ja
principio (m) (tener por ~)	အခြေခံသဘောတရား	achei khan dha. bo da. ja:
problema (m)	ပြဿနာ	pjadhana

proceso (m)	ဖြစ်စဉ်	hpji' sin
progreso (m)	တိုးတက်မှု	tou: te'
propiedad (f) (cualidad)	အရည်အချင်း	aji achin:
reacción (f)	တုံ့ပြန်မှု	toun. bjan hmu

riesgo (m)	စွန့်စားခြင်း	sun. za: gjin:
secreto (m)	လျှို့ဝှက်ချက်	shou. hwe' che'
serie (f)	အစဉ်	asin
sistema (m)	စနစ်	sani'
situación (f)	အခြေအနေ	achei anei

solución (f)	ဖြေရှင်းချက်	hpjei shin: gje'
tabla (f) (~ de multiplicar)	ဇယား	za ja:
tempo (m) (ritmo)	အရှိန်	ashein
término (m)	ဝေါဟာရ	wo: ha ra.

tipo (m) (p.ej. ~ de deportes)	အမျိုးအစား	amjou: asa:
tipo (m) (no es mi ~)	အမျိုးအစား	amjou: asa:
turno (m) (esperar su ~)	အလှည့်	ahle.
urgente (adj)	အမြန်လိုသော	aman lou de.

urgentemente	အမြန်	aman
utilidad (f)	အကျိုး	akjou:
variante (f)	အမျိုးကွဲ	amjou: asa: gwe:
verdad (f)	အမှန်တရား	ahman da ja:
zona (f)	ဇုန်	zoun